El Poder de la HIPNOSIS

Manual Teórico-Práctico de Formación en HIPNOSIS
Y el Desarrollo de Habilidades Hipnóticas Persuasivas

Extraordinario Libro sobre Principios Generales de la HIPNOSIS MODERNA, TRANCE y FENÓMENOS HIPNÓTICOS, HIPNOSIS ERICKSONIANA y FREUDIANA, SUGESTIONES e INDUCCIONES HIPNÓTICAS, HIPNOSIS CONVERSACIONAL, PATRONES HIPNÓTICOS PERSUASIVOS y SHOW DE HIPNOSIS DE ESPECTÁCULO, que te ayudarán a comprender y dominar este maravilloso arte magistral de la HIPNOSIS en un *fantástico viaje de* **formación y aprendizaje teórico-práctico,** *que* **junto a las metodologías modernas más avanzadas, las técnicas y estrategias más eficaces** *te permitirán finalmente llevar esta habilidad al siguiente nivel.*

En este **LIBRO** en su **EDICIÓN ESPECIAL** aprenderás a:

- BioReprogramar tú mente consciente y subconsciente a través de las *Metodologías Modernas* y las *Técnicas más Efectivas* de la HIPNOSIS Aplicada.

- Permitir una óptima configuración de creencias potencializadoras y dominar las *inducciones sugestivas,* así como las *sugestiones* y los *patrones hipnóticos* más eficaces que te permitan *consolidar tú capacidad para generar trances y fenómenos hipnóticos de alto nivel en tus sesiones de coaching, sesiones de hipnoterapia y show hipnótico de espectáculo en tu audiencia y público en general*.

- Promover la flexibilidad del pensamiento táctico – estratégico, y la comprensión de los procesos mentales y psicológicos en *la dinámica holística entre* **la mente (Neuro),** *el lenguaje* **(Lingüística),** *y* **la interacción entre ambas (Programación),** *que te permita el correcto uso de la* **HIPNOSIS** *y la* **PERSUASIÓN** *junto a las herramientas de la* **PNL Aplicada** *y la* **Reingeniería Mental** *para reforzar tu aprendizaje y formación.*

- *Contar con un* **Plan de Acción** *bien claro y definido paso a paso, que te permita desarrollar las* **HABILIDADES HIPNÓTICAS** *y* **PERSUASIVAS** *necesarias para alcanzar nuevos* **estados de trance hipnótico** *deseados* **(mentales, emocionales y psicológicos).**

- *Aumentar tú* **CÍRCULO DE POTENCIA** *y tú* **Nivel de Fuerza** *o* **Nivel de Autoridad** *a un* **NIVEL SUPERIOR (FP´s)** *que te permitan desarrollar tus* **habilidades hipnóticas** *y crear* **órdenes, inducciones** *y* **sugestiones** *de manera más óptima y efectiva.*

3ª Edición Especial, *Revisada, Actualizada y Extendida (Incluye Ejercicios y Plan de Acción)*

Coach Transformacional
Ylich Tarazona
Escritor y Conferenciante Internacional

SI, se puede aprender a **HIPNOTIZAR,** *a cualquier persona, en cualquier momento y en cualquier lugar. El asunto no es, si entrara en* **HIPNOSIS,** *la cuestión es, cuando entrara. Ya que toda persona es* **HIPNOTIZABLE** *si se sabe el "CÓMO" y al "QUE" responde.*

Manual Teórico-Práctico de Formación en HIPNOSIS
Y el Desarrollo de Habilidades Hipnóticas Persuasivas
Escrito por el **Máster Coach YLICH TARAZONA**

3ª Edición Especial Revisada y Actualizada por: **Ylich Tarazona** noviembre 2017.
Diseño y Elaboración de Portada por: **Ylich Tarazona**

ISBN-13: 978-1979731751

ISBN-10: 1979731756

SELLO: Independently Published ©

BISAC: Hipnotismo / Hipnosis / AutoHipnosis / Hipnoterapia / Hypnosis
El derecho de **YLICH TARAZONA** a ser identificado como el **AUTOR** de este trabajo ha sido afirmado por *SafeCreative.org, Código de Registro:* 1710184603711, de conformidad con los ***Derechos de Autor en Todo el Mundo***.
Publication Date: *18 de octubre 2017.*

Manual Teórico-Práctico de Formación en HIPNOSIS
Y el Desarrollo de Habilidades Hipnóticas Persuasivas
Escrito por el **Máster Coach YLICH TARAZONA**

REINGENIERÍA MENTAL CON PNL es una **Comunidad Virtual para Emprendedores**. Uno de los **Website de Internet** dedicado a brindar **COACHING** en la **CONSOLIDACIÓN de Competencias** y el **Desarrollo del Máximo Potencial Humano**. *Especialistas en el Entrenamiento, Formación y Adiestramiento de alto nivel a través de la PNL o Programación Neurolingüística*, especializados en el suministro de productos de formación y cursos para **Alcanzar Metas**, **Concretar Objetivos** y **Consolidar Resultados Eficaces de Óptimo Desempeño**; a través de una serie de **Libros, EBook's, Audios, Podcasters, Tele-Seminarios Online, Talleres Audio-Visuales, Webminars** y **Conferencias Magistrales de Carácter Presencial**.

No se puede pretender estar asociado con **YLICH TARAZONA** & **REINGENIERÍA MENTAL CON PNL** en cualquier forma o utilizar nuestro nombre en conexión con su propia práctica personal o profesional, a menos que esté debidamente capacitado, y con certificación valida que avale que formalmente se ha capacitado, formado o adiestrado apropiadamente con nosotros.

3ª Edición Especial Revisada y Actualizada por: **Ylich Tarazona** *noviembre 2017.*
Diseño y Elaboración de Portada por: **Ylich Tarazona**

ISBN-13: 978-1979731751

ISBN-10: 1979731756

SELLO: Independently Published ©

BISAC: Hipnotismo / Hipnosis / AutoHipnosis / Hipnoterapia / Hypnosis
Código de Registro: 1710184603711 / *LICENCIA: Todos los Derechos Reservados* ©
por **SafeCreative.org** / *Fecha Registro de Propiedad Intelectual: 18-Oct-2017.*

<u>COLABORADORES</u>:
Mariam Charytin Murillo Velazco
Ylich Leavitt Gabriel Smith Tarazona Peña
Jeffry Samuel Tarazona Peña
Génesis Zarahemla Odaylich Tarazona Maldonado

Si éste **LIBRO DEL PODER DE LA HIPNOSIS** en su **EDICIÓN ESPECIAL** le ha interesado y desea que lo mantengamos informado de nuestras próximas **publicaciones, ediciones, mini cursos, reportes especiales, video conferencias, webminars, seminarios online y offline, audiolibros, podcasters** o nuestros **servicios online y offline** como **sesiones, coaching, terapias, eventos corporativos, cursos, talleres, seminarios, conferencias presenciales** entre otras **actividades** o **materiales didácticos DISEÑADOS** y **CREADOS POR EL AUTOR** & **REINGENIERÍA MENTAL CON PNL**; escríbanos, indicándonos cuáles son los temas de su interés y gustosamente le mantendremos actualizado.

También puede contactarse directamente con el **AUTOR** vía e-mail por:
MásterCoach.YlichTarazona@gmail.com

DEDICATORIA

Dedicado especialmente para **TI "APRENDIZ"**

Que el contenido de este presente libro "**EL PODER DE LA HIPNOSIS - Manual Teórico-Práctico de Formación en HIPNOSIS y el Desarrollo de Habilidades Hipnóticas Persuasivas ©-®**". *Te aporten las herramientas que requieres para comenzar a desarrollar tus* **habilidades hipnóticas** *al siguiente nivel.*

Y esta es mi intención para ti...

Tu Amigo el Coach *Ylich Tarazona*

INTRODUCCIÓN

Información Relevante de la Presente Edición.

Hola que tal, mis apreciados lectores. *Antes que todo, gracias por adquirir este extraordinario **Libro de Hipnosis** e **Hipnotismo**, que escribí pensando en ti.*

Antes de comenzar, quiero comunicarte de algunos cambios esenciales que he realizado en ésta **3ª Edición Especial**. Si posees algunas de mis versiones anteriores; comprobaras que he llevado a cabo algunas revisiones y actualizaciones importantes en las últimas ediciones, ya que me parecieron necesarias para lograr cumplir el propósito por el cual escribí este **LIBRO** para ti. *Entre los cambios que he realizado, he incorporado una serie de ejemplos y ejercicios prácticos relacionados con la lección de algunos de los capítulos más relevantes.* **En los pocos casos en los que edite el texto o cambie parte del contenido, han sido para adaptarlas mejor a los ejemplos y ejercicios incorporados recientemente en la presente obra.**

Estas modificaciones son casi imperceptibles en la mayoría de los casos, ya que ante todo he querido respetar el **manuscrito original** y la **idea principal** del presente **LIBRO** con sus defectos y virtudes. *Por lo que en las pocas ocasiones en las que he incorporado ciertas ideas, he agregado algún punto adicional o he añadido algunos elementos de interés para mis lectores y aprendices, es porque me ha parecido conveniente o necesario, y de vital importancia para la* **correcta aplicación de los principios de la** "**hipnosis moderna, trance y fenómenos hipnóticos, hipnosis ericksoniana y freudiana, sugestiones e inducciones hipnóticas, hipnosis conversacional, patrones hipnóticos persuasivos** y **show de hipnosis de espectáculo**" contenida en esta **Edición Especial**.

Si has tenido la oportunidad de leer algunos de mis otros libros impresos o digitales, has podido apreciar que tanto el estilo literario de mis escritos; así como el estilo característico tipográfico que utilizo al momento de plasmar mis ideas, pretenden un único propósito. ***Ayudarte a desarrollar el máximo de tu potencial humano al siguiente nivel, y permitirte comprender mejor los conceptos, definiciones y plan de acción que comparto con todos ustedes, con el fin de ayudarlos a interiorizar estos principios vitales y esenciales a su propia vida.***

Para lograr este objetivo; al final de algunos capítulos claves, comparto una gama de ejercicios que te permitan poner en práctica la esencia de lo que acabas de estudiar. *De igual manera, también les ofrezco una serie de recapitulaciones o principios básicos para reflexionar que te ayudarán a reforzar lo que has aprendido.*

De esta manera, campeones y campeonas, al finalizar el libro ustedes podrán contar con estrategias reales, técnicas, herramientas y metodologías efectivas que han sido estudiadas y verificadas a través de los años por los más grandes expertos en la materia. *De igual forma, estos principios han sido puestos en práctica y puestos en acción una y otra vez por el mismo **AUTOR**, tanto a nivel personal, como en sus* *secciones, shows y conferencias magistrales tanto virtuales como presenciales, con miles de personas que han aplicado dichos principios eficazmente a su propia vida.*

*Dichos procedimientos han sido incorporados sistemáticamente en este **CURSO AVANZADO** a fin de garantizarte resultados óptimos por medio de **MODELOS efectivos de la PNL** o **PROGRAMACIÓN NEUROLINGÜÍSTICA APLICADA** a la **HIPNOSIS** y a la **PERSUASIÓN** que han sido comprobadas a través de los años por los expertos más reconocidos. Evitando así, la utilización de conjeturas o simples teorías.*

*Por tal razón, APRENDIZ y apreciados lectores, voy a darte algunos consejos: Conéctate con la esencia de éste libro, **LEE ACTIVAMENTE, cada palabra, cada línea, cada párrafo, cada página, cada capítulo, cada idea, cada enseñanza, cada ejemplo, cada historia, cada ejercicio, cada principio que con amor comparto con todos ustedes,** y verán cómo; poco a poco, paso a paso, línea a línea y precepto tras preceptos comenzarán a tener los excelentes resultados que requieren en todos y cada uno de los aspectos más importantes y esenciales de su vida.*

Este **CURSOS** mis apreciados lectores es una poderosa herramienta teórica-práctica para todos aquellos que desean aprender a **desarrollar cualidades hipnóticas efectivas**. Claro está, éste libro no es el único medio para aprender **HIPNOSIS**. *Sin embargo, si sigues las direcciones paso a paso que doy en este libro, y tienes la adecuada actitud, así como la suficiente confianza, determinación y compromiso te aseguro podrás aplicar estos principios en cualquier persona.*

Es importante aclarar en este punto, que las **habilidades hipnóticas** que aprenderás en este **CURSO AVANZADO** conllevan mucha responsabilidad y ética profesional. ***Ten siempre presente que la correcta aplicación de la HIPNOSIS puede ser debidamente utilizada, bien sea para divertirnos sanamente y producir algunas risas en nuestro entorno en algún Show Hipnótico de Espectáculo "o" también la podemos utilizar la hipnosis apropiadamente en los CAMPOS TERAPÉUTICOS para generar grandes y extraordinarios cambios psicológicos mentales y emocionales en las personas en nuestras SESIONES DE COACHING o HIPNOTERAPIA.*** Con esta idea en mente, deseo que entiendas que este libro te proporciona la información y los recursos necesarios en ambos casos para **Utilizar La Hipnosis Profesionalmente** y sobretodo éticamente de tal manera que garantice el bienestar de todos los que participan en él. *El uso que le des, dependerá de tu elección, pero recuerda sea cual sea el propósito que deseas conseguir, siempre debe estar basado en las normas más elevadas de la ética profesional y las buenas costumbres, edificada en los principios y los valores morales más altos.*

TE IMAGINAS** todo lo que puedes lograr conseguir al aprender aplicar estas **leyes universales del éxito** en tu propia vida. **TE PUEDES IMAGINAR** cómo cambiaría tu existencia extraordinariamente para bien, al poder conquistar todos tus más anhelados sueños, metas y objetivos que te propongas alcanzar en esta vida, gracias a estos **principios básicos para triunfar. ¡AHORA ES POSIBLE!

ESTILO LITERARIO Y TIPOGRÁFICO DE MIS OBRAS

Las enseñanzas que contienen mis **LIBROS** y **CURSOS** en su gran mayoría, son una combinación estratégica mesclada con poderosas **METÁFORAS, PARÁBOLAS, ALEGORÍAS, EJEMPLOS, HISTORIAS, CITAS** y **FRASES CÉLEBRES** que he venido recopilando y compendiando en el transcurso de los años de diferentes fuentes; tales como, Libros y Obras de Diversos Autores *(a los cuales, les otorgó TODO el mérito y el reconocimiento que ellos merecen por sus valiosas aportaciones).*

*El objetivo de extraer tan **extraordinaria colección** de estos **grandes** y **RECONOCIDOS ESCRITORES** y **plasmarlas en mis obras** es; ayudarles a comprender mejor a mis lectores, la información que quiero transmitirles de manera subjetiva. De esta manera; a través del aprendizaje de representaciones simbólicas y figuradas, ustedes mis amigos y amigas puedan adquirir las ideas principales.*

*Así; mis libros, por medio de sus **citas, frases célebres, pensamientos, reflexiones relatos y narraciones ilustrativas** pueda llegar a ser una fuente de inspiración para ayudar a todos aquellos individuos que con integro propósito de corazón quieran cambiar y transformar sus vidas de manera continua y permanente.*

Otras de las **METODOLOGÍAS** tipográficas que empleo al redactar mis trabajos; es que utilizo diferentes estilos literarios, introduciendo una variedad de *signos de puntuación,* **negritas,** *cursivas,* <u>*subrayados,*</u> *combinaciones de minúsculas y MAYÚSCULAS, entre otras repeticiones consientes de ideas y enseñanzas transmitidas varias veces; una y otra vez, pero en distintos contextos y situaciones, para grabarlas en su mente consciente y subconsciente.* Así como también en ocasiones "***cambio estratégicamente la forma de escribir y expresar mis ideas intencionalmente en primera, segunda y tercera persona***" *mientas transmito la información, con el fin de hacer la lectura más didáctica, versátil y placentera para todos mis lectores.*

*Si esto llegase a parecer inadecuado o incorrecto en cierto momento para algunos de mis lectores, quiero anticiparles de antemano que no se trata en modo alguno de un descuido por mi parte, o desconocimiento de edición y transcripción de la obra. Al contrario, **TIENE UN CLARO OBJETIVO** y persigue un fin concreto. **CONFÍA EN MÍ. TIENE UN PROPÓSITO PARA TI,** sigue leyendo y comprenderás a lo que me refiero.*

En otro orden de idea; es importante destacar que también incorpore en el transcurso del libro una gran variedad de ***frases célebres, citas inspiradas de las escrituras, versículos bíblicos, conceptos filosóficos, ejemplos, símiles, exposiciones, descripciones*** *y* ***lenguaje figurado*** *en el transcurso de toda la obra. Ya que este tipo de expresiones, conceptos e ideas son capaces de estimular subjetivamente una gran variedad de **SENSACIÓNES MULTI-SENSORIALES** tanto a nivel **(Visual, Auditiva y Kinestésica)** que permiten evocar imágenes, sonidos, sensaciones y emociones, en la mente del lector.*

Siguiendo ese mismo orden de idea; también incluyo, en todos mis trabajos una serie de **Declaraciones Positivas, Autoafirmaciones Empoderadoras**, basadas en el **META-MODELOS estratégicos de la PNL** a través de una serie de **COMANDOS HIPNÓTICOS** y **PATRONES PERSUASIVOS** que permitan al lector incorporar dichas **SUGESTIONES** e **INDUCCIONES SUBLIMINALES** en su mente consiente y subconsciente, produciéndoles así cambios radicalmente positivos en su estructura mental y psicológica, **CREÁNDOLES nuevas conexiones neuronales más empoderadoras.**

Y finalmente **APRENDIZ**, entre otro de los recursos que utilizo son las expresiones personales como **TÚ** y **TI**, para referirme directamente a mis lectores, *con la única intención de que puedan sentirse identificados con mis palabras, y tengan la plena certeza y convicción de que todos mis libros lo escribo pensando en ellos.*

En las *Versiones Audibles, como son en los casos de los Audio-Libros, los Podcasters, los Webminars, los Tele-Seminarios y las Conferencias Online utilizo fondo musical instrumental junto a sonidos de la naturaleza, y en ciertas ocasiones ondas biaurales en diferentes frecuencias. A fin de* **inducir ciertos estados positivos en el cerebro.** Entre los muchos beneficios que ofrecen estas poderosas herramientas, es que propician **el aprendizaje acelerado, la reflexión consciente, la adecuada asimilación de las ideas, la agilidad mental,** la **estimulación de la creatividad, la relajación, la concentración** y **la meditación** entre otras muchas ventajas. *Como se han demostrado en los numerosos estudios realizados sobre el tema. Entre ellos la tesis doctoral de <u>Pedro Miguel González Velasco Doctor en Neurociencia de la UNIVERSIDAD COMPLUTENSE DE MADRID FACULTAD DE PSICOLOGÍA</u>, las cuales nos reportan los excelentes y maravillosos efectos positivos de estos sonidos, tanto a nivel psicológico como fisiológicos.*

El **PROPÓSITO** de introducir esta **GAMA DE ESTILOS LITERARIOS, TIPOGRÁFICOS; METAFÓRICOS** y **BIAURALES** *(Este último, solo en los casos Audible)*, fusionado con un variado conjunto de **Técnicas de la PNL** o **Programación Neurolingüística Aplicada,** principios de **Reingeniería Cerebral, Neuro-Coaching AutoHipnosis** entre otras herramientas. *Es para permitirles a mis lectores recibir una Enseñanza Transformacional más útil, holística e integral, que les permita* **ADOPTAR NUEVAS IDEAS,** *evitando así, la menor resistencia al cambio, y* **CREANDO** *un mayor* **impacto psíquico - emocional** *en el proceso de* **retención - aprendizaje.**

********IMPORTANTE********

Este **LIBRO** en su **EDICIÓN ESPECIAL** es una transcripción adaptada del **Podcasters, Webminars, Tele-Seminario, CURSO ONLINE** y **Conferencia Presencial** del **Coach Ylich Tarazona** titulada "EL PODER DE LA HIPNOSIS - Manual Teórico-Práctico de Formación en HIPNOSIS y el Desarrollo de Habilidades Hipnóticas Persuasivas © ®". *Por tal razón; este libro, refleja un estilo único y original de transcripción. Ya que es una obra adaptación de un* **Audio Curso** y **Video Conferencia;** *más que de una obra literaria, escrita como tal.*

TABLA DE CONTENIDO

CAPÍTULO I: PRINCIPIOS DE LA HIPNOSIS Y LA SUGESTIÓN HIPNÓTICA A TRAVÉS DE LA HISTORIA

Primera Parte: Breve Reseña Histórica de la Hipnosis

Hola que tal, campeones y campeonas, este **LIBRO** en particular es especial para mí, ya que la **HIPNOSIS** y la **SUGESTIÓN** son una de las herramientas y metodologías de la comunicación más poderosas que me impactaron cuando comencé mi camino en el estudio de este maravilloso arte de la **PNL**, el **Neuro Coaching**, la **Reingeniería Cerebral** y la **BioProgramación**. *Por tal motivo, quiero compartir con todos ustedes estos conocimientos de manera simple, adentrándolos en este tema tan fascinante y a la vez tan complejo, de forma sencilla pero eficaz.*

Una buena forma de introducirnos en este maravilloso **mundo de la HIPNOSIS**, es transitar por su historia a través de los siglos. De este modo, recorriendo juntos **TÚ** y **YO** a través del tiempo, comprenderemos más acerca de este fenómeno. Y, por ende, estaremos en mejores condiciones para entenderla, comprenderla y aplicarla. *Les propongo, por lo tanto, que demos un breve recorrido histórico, que nos sirva para contextualizar la **HIPNOSIS** y todos los aspectos relacionados con ella.*

Para comenzar podemos decir que la **HIPNOSIS** al igual que la **SUGESTIÓN** es tan antigua; como la humanidad misma, es decir que existen desde los primeros orígenes de la historia humana, en el momento en que los seres humanos se comunicaron. Ya los Antiguos sumerios, los egipcios y los babilónicos la practicaban, consiguiendo lo que ellos consideraban "**Curaciones Milagrosas**" por medio de ella. ***Es importante destacar, claro está, que la HIPNOSIS ANTIGUA ha evolucionado, y ha tenido muchas "formas de prácticas" y muchos "nombres antiguos" a lo largo de toda la Historia.*** Posteriormente, este componente esotérico y terapéutico fue evolucionando y desarrollándose en la práctica tal y como la conocemos hoy en día. *Aunque no es posible fijar el momento exacto de la historia en la que se produjo este descubrimiento, tenemos algunos datos históricos muy relevantes que nos proporcionan valiosísima información al respecto.*

*Aprendiz, el arte de la **HIPNOSIS ANTIGUA**, fue un proceso **MÍSTICO** y **TERAPÉUTICO** progresivo, que fue desarrollándose y evolucionando gradualmente a través de los años, por medio de un largo y costoso recorrido, seguramente con precisiones y errores, éxitos y fracasos, mitos y realidades, especulaciones y acierto, hasta llegar a nuestros días.*

Nadie sabe con certeza los orígenes de la **sugestión mental** y la **HIPNOSIS ANTIGUA**. Ya que, desde los comienzos de la historia humana, existen muchos indicios de que los hombres de todas las civilizaciones y culturas primitivas utilizaban **procedimientos hipnóticos sugestivos** con fines tantos místicos, mágicos, curativos, esotéricos como terapéuticos entre ellos, en el alivio del dolor, así como también en ciertas patologías psíquico-mentales y espirituales.

La ***HIPNOSIS*** y la ***SUGESTIÓN HIPNÓTICA*** en sus muchas variantes, ha sido utilizada por diferentes culturas milenarias a través de los años. *Muchas **NACIONES ANTIGUAS** utilizaban este tipo de prácticas entre sus rituales.* Conocidos hoy día como ***ESTADOS DE "TRANCE HIPNÓTICO"*** que están descritos en jeroglíficos, pergaminos, planchas y en otros cientos de escrituras desde épocas muy antiguas.

En las culturas no occidentales se empleaba la **HIPNOSIS ANTIGUA** sobre todo por parte de los "**curanderos**", "**brujos**", "**chamanes**" o "**sacerdotes**", siendo generalmente ellos *(**los curanderos** y **brujos**)* quienes entraban en **estado de trance** como parte de las ceremonias de curación y purificación. *Por otra parte, los antiguos pueblos como los mayas, aztecas, persas, griegos, egipcios y los sumerios utilizaban también la hipnosis como medio de sanación.* Principalmente entre los *(**sacerdotes** y **chamanes**)* que provocaban un estado de trance llamado "**SUEÑO MÁGICO**" a través de la imposición de las manos, ofrenda a los dioses y ancestros, así como otros rituales caracterizados con cantos y bailes con un ritmo monótono.

La **sugestión hipnótica**, así como la **HIPNOSIS** es una vieja ciencia estudiada y utilizada al servicio de la humanidad. Por ejemplo: *Los antiguos egipcios hace unos 4.500 años la llamaban la **CURA DEL SUEÑO** que era un estado de trance muy similar al "**SUEÑO MÁGICO**". Principalmente en las grandes civilizaciones más avanzadas como las naciones sumerias, egipcias, babilónicas y griegas empleaban la **HIPNOSIS** con distintos fines tanto médicos, curativos como sanadores.*

Aprendiz, como hemos podido aprender, en los párrafos anteriores la **HIPNOSIS,** así como la **SUGESTIÓN** han existido a través de la historia. *Entre las civilizaciones de las que se tiene registro histórico comprobado en el uso de este tipo de habilidades mentales y psíquicas, podemos encontrar las ya mencionados **antiguos sumerios, babilonios, los sirios, los magos antiguos de persas, los griegos y los sacerdotes egipcios** (que eran las civilizaciones más avanzadas en el uso de estas prácticas para la época antigua), **algunos de los maestros y monjes***

chinos, budistas, tibetanos e hinduista (quienes practicaban una especie de meditación, que les hacía entrar en un estado de trance profundo), así como los diversos curanderos y magos de las antiguas civilizaciones africanas (quienes mayormente eran los que entraban en una especie de trance) , y finalmente los chamanes de las culturas prehispánicas y mesoamericanas tales como los mayas y aztecas (quienes hacían entrar en un sueño profundo a los miembros de las tribus, a través de bebedizos mágicos, hongos alucinógenos y cientos de otras experiencias místicas ancestrales "epifanía"), entre otros.

Esta ciencia en sus inicios, como hemos venido estudiando a través de su historia, fue practicada reservada y secretamente por muy pocos. Y trasmitida clandestina y esotéricamente entre las civilizaciones antiguas a través del tiempo, **CREANDO ASÍ, MUCHOS TABÚES, MITOS** y **ESPECULACIONES** a su alrededor. Ya que muchas de estas culturas milenarias atribuían sus efectos erróneamente, a poderes divinos, místicos, esotéricos y hasta sobrenaturales.

Como hemos aprendido hasta ahora aprendiz, las primeras manifestaciones de la **HIPNOSIS** se dieron en épocas pasadas, en forma de **AUTOHIPNOSIS** y **SUGESTIONES HIPNÓTICAS** entre los hombres primitivos de la antigüedad, quienes, con sus canticos misteriosos, sus bailes ritualistas de ritmos monótonos, sus pases enigmáticos, palabras claves e invocaciones a dioses y ancestros, hacían de la **HIPNOSIS ANTIGUA** una serie de conjuros relacionados a supuestos poderes mágicos, místicos y milagrosos. Así, llegaban a insensibilizarse colectivamente en ocasiones con la provocación del dolor infundido *(como en los casos de los trances en las antiguas y modernas civilizaciones de las tribus africanas donde se llega a estados hipnóticos catalépticos y catatónicos a través de sus rituales mágicos).*

Otros rasgos característicos de la **HIPNOSIS ANTIGUA** era que se creía tener visiones y manifestaciones espirituales **(EPIFANÍA)** donde para entrar en estos estados místicos dominaban el cansancio o "**SUEÑO MÁGICO**", que permitió la cura de trastornos funcionales entre otras sanidades tanto mentales como espirituales. De hecho, este fue el inicio de la magia, la aparición de curanderos, hechiceros chamanes, sanadores y la introducción de la superchería sacerdotal que ejercían una gran influencia sobre la tribu o civilizaciones antiguas. *Siendo estas las causantes de muchos de los MITOS, TABÚES, ESPECULACIONES y FALSEDADES que existen aún hoy en día alrededor de la práctica de la HIPNOSIS MODERNA.*

Como nos hemos dado cuenta aprendiz, hace miles de años. Ya los antiguos sumerios, egipcios y babilónicos se dieron cuenta de que la **HIPNOSIS** era un arma tremendamente poderosa que ejercía un poder y una gran influencia, que les permitió desencadenar unas fuerzas enormes increíbles en la mente subconsciente de sus súbitos. *Naturalmente, ellos deseaban tener ese poder oculto solo bajo su control absoluto, así que rodearon a la HIPNOSIS de "magia" y de toda una serie de rituales y ocultismo.* Aquellos *hechiceros, magos, brujos, chamanes y sacerdotes antiguos* sabían que la gente suele resistirse a las "explicaciones sencillas", y que suele considerar más ciertas, místicas y misteriosas las explicaciones más complicadas y difíciles, por lo que rodearon la hipnosis de todas esas teatralidades.

Por esa razón aprendiz, cuando aquellos *hechiceros, magos, brujos, chamanes y sacerdotes practicaban la* **HIPNOSIS ANTIGUA**, realizaban extraños rituales lleno de simbolismos, canticos, círculos mágicos, pases enigmáticos, palabras claves y evocaciones a los dioses y ancestros, así como también la utilización de velas, incienso, sonidos extraños, entre otras cosas. Y todas esas ***teatralidades*** y ***dramatizaciones*** tenían como único fin, y el propósito era mantener a la **HIPNOSIS** como algo ocultista, mística, esotérica y mágica, fuera del alcance de la gente común, es decir de sus súbitos. Ya que ellos percataban que aquellas personas incautas que presenciaban esos supuestos rituales, creían que aquel poder supuestamente sobrenatural de la **HIPNOSIS ANTIGUA** era los que les curaba, era los que les proporcionaban sanación a través de aquellos "rituales complejos", aquellas "invocaciones a dioses" y aquellos dibujos "místicos", canticos y simbolismos. **Cuando en realidad era la propia SUGESTIÓN MENTAL de la persona la que surtía efecto** y los *(hechiceros, magos, brujos, chamanes y sacerdotes lo sabía muy bien).* **Ellos entendían muy bien, que era la propia mente del paciente la que realizaba la curación**, por medio del **poder sugestivo de la hipnosis antigua**. *Y eso exactamente de igual manera aprendiz, es lo que ocurre hoy en día más de 4,000 años después, cientos de supuestos hipnólogos clínicos e hipnotistas modernos, así como cientos de hipnotistas de teatro o show de espectáculos siguen manteniendo la* **HIPNOSIS** *como algo ocultista, mística y esotérica, trayendo como consecuencia la gran cantidad de* **TABÚES, MITOS, FALSEDADES** *y* **ESPECULACIONES** *que existen hoy en día alrededor de esta práctica.*

> **¿AHORA APRENDIZ, YA PUEDES ENTENDER PORQUE HAY TANTA CONFUSIÓN ALREDEDOR DE LA HIPNOSIS?** *¿Si la **HIPNOSIS** es **REAL** porque entonces hay tanta especulaciones, mitos y falsedades a su alrededor?*... **¿Ahora puedes entender de donde salieron todas esas especulaciones, mitos y falsedades que existen hasta el día de hoy?**... *El propósito de este **LIBRO** es enseñarte claramente toda la evolución histórica de la **HIPNOSIS**, como lo he hecho hasta ahora. Mi objetivo con esta obra, es demostrarte que la **HIPNOSIS es REAL**; pero que al igual que muchas otras prácticas antiguas, esta llego a nuestros días con muchas tergiversaciones.* ***Y mi intención es aclararte todas esas dudas, desmentir todas esas falsedades y despejarte las incertidumbres, al igual que también demostrarte su eficacia, preséntate las pruebas médicas – científicas, corroborándote su valides terapéutica y comprobar su vigencia en nuestro tiempo.***
>
> Así que, sin más preámbulos, mis apreciados lectores continuemos…

Escrito por el **Máster Coach YLICH TARAZONA**

Ante de continuar aprendiz, y para ir aclarando el asunto y traer más luz sobre este tema, considero apropiado e importante destacar en esta parte del capítulo que, aunque en aquellas épocas se utilizaban los **patrones hipnóticos** y la **sugestión**, éstas no se le conocía con estos nombres específicos en particular, sino hasta tiempo más recientes. *Ya que estos términos aludidos a la HIPNOSIS MODERNA. Son una invención reciente. Es decir, son una creación lingüística actual y un vocablo moderno, utilizada por la ciencia actual presente, así como en otras ramas de la medicina terapéutica y ciertos sistemas esotéricos de la nueva era.*

Te explico un poco más aprendiz, para ir adentrándonos más en el tema y puedas tener una mejor comprensión de lo que te estoy enseñando. No sería sino a hasta mediados de los años 1700 y 1800 aproximadamente de nuestra era, cuando se inicia el primer estudio sistemático de lo que se conocería al principio como un **estado mental psico-fisiológico especial**. Ya que, solo fue a partir del siglo XVIII, cuando se comenzó a utilizar los **patrones hipnóticos**, la **sugestión** y la **persuasión** de forma abierta como la conocemos hoy día en la ciencia médica moderna. *La HIPNOSIS comenzó a tomar credibilidad científica y terapéutica a raíz del descubrimiento desarrollado por Franz Anton Mesmer del "MAGNETISMO ANIMAL" posteriormente llamado MESMERISMO, que más tarde por medio de James Braid se le conocería y se le popularizaría con el término de HIPNOSIS.*

Franz Anton Mesmer fue el precursor en el siglo XVIII de lo que se conocería posteriormente más adelante como **HIPNOSIS**. *Franz Anton Mesmer fue el precursor que dio a conocer un tipo de* **hipnotismo moderno**. *Ya que este empleo un* **modelo sistemático sugestivo y persuasivo** *de la HIPNOSIS convencido de que a través de la "CURA MAGNÉTICA", conocida como el "MAGNETISMO ANIMAL" posteriormente llamado "MESMERISMO" podía curar muchas enfermedades.* **Mesmer** doctorado en Medicina y Filosofía a sus 35 años en Viena, escribió su tesis doctoral titulada **DE PLANETARIUM INFLUXU,** *influenciada por las teorías de* **Paracelso** (1234-5678) sobre la interrelación entre los cuerpos celestes y el ser humano. **Mesmer** formuló la famosa **Teoría del Magnetismo Animal** que nos venía a decir que todo ser vivo irradia un tipo de energía fluídica similar o parecida al magnetismo físico de otros cuerpos, y que este campo energético podía transmitirse de una persona a otra, llegando a tener una aplicación terapéutica.

Mesmer vino con una nueva y reciente teoría o forma de tratar las enfermedades de las personas a través de la supuesta **CURA MAGNÉTICA** o **"MAGNETISMO ANIMAL"** que tenía que ver supuestamente con la interrelación entre los cuerpos celestes y el ser humano, y que aparentemente esta influencia ayudaba a la gente a mejorar su salud. *Sus ideas y teorías, no se basaban en conceptos hipotéticos de hipótesis no comprobadas como una ciencia terapéutica real. Sino más bien, gracias a sus valiosas aportaciones sobre el "magnetismo animal", Mesmer dio lugar a la introducción de nuevas ideas más precisas y revolucionarias sobre lo que en realidad seria la HIPNOSIS MODERNA en nuestros días, años después.*

Mesmer tenía la creencia que, entre todos los campos magnéticos conocidos por la ciencia hasta ese momento, existía un campo energético al que él llamaba campo animado, que supuestamente era un líquido que fluía en la vida. Él definió la salud como el libre fluido de la materia. Que supuestamente era un líquido que fluía por medio de miles de canales a través de todo el cuerpo humano. *Para el Mesmerismo la enfermedad era el resultado de la obstrucción de ese libre fluido energético. La liberación de este campo animado y la consecuente restauración de este fluido en el cuerpo a través de la **hipnosis** daban como resultado la supuesta mejora de la salud.*

Mesmer tenía la extraña creencia que cuando la naturaleza no hacía *ese libre fluido* espontáneamente en las personas, *entonces debían ponerse en contacto con un conductor del supuesto "MAGNETISMO ANIMAL" que para **Franz Anton Mesmer** era una condición necesaria y suficiente para restablecer la salud del paciente.*

En otro orden de idea, **Franz Anton Mesmer** creía que él era un conductor de ese supuesto **magnetismo animal** y que él podría influir en la conducción de ese fluido y supuestamente restablecer ese campo energético al que él llamaba campo animado. *Entre una de las cualidades de esta extraña manera de hipnotizar, **Mesmer** hacia ciertos movimientos con sus manos desde los hombros del paciente hacia debajo, y era común que realizara estos movimientos con ciertos imanes o magnetos.*

Es importante destacar en este punto aprendiz que, aunque **LA HIPNOSIS ES REAL Y PRACTICA** en tiempos antiguos se aplicaba diferente. Para entender la teoría propuesta por el **Mesmerismo,** tenemos que comprender que para los siglos XXVIII y XIX la idea popular de aquel entonces entre la comunidad médica científica ortodoxa, era que había algunos supuestos flujos invisibles energéticos o influencia viajando desde el "**hipnotista** o **hipnotizador**" hasta el paciente.

*Por tal razón, en la época de **Franz Anton Mesmer** la HIPNOSIS de aquellos años, fue vista por muchos como algo en el que solo el HIPNOTISTA o HIPNOTIZADOR era el único responsable de llevar al paciente a esos **supuestos ESTADOS DE TRANCE HIPNÓTICOS**; y que los **hipnotistas** o **hipnotizadores** eran los únicos capaces de llevar a la gente a esos **estados hipnóticos** a través de las instrucciones e inducciones que supuestamente ellos le deban.* Trayendo como consecuencias la prolongación y creación de más ***TABÚES**, **MITOS** y **ESPECULACIONES*** a alrededor de la hipnosis. ***Mitos, Tabúes y falsedades que aclarare más adelante en detalles.***

Para continuar con la idea anterior aprendiz, y entender mejor el concepto del ***MAGNETISMO ANIMAL** o **MESMERISMO*** como se le conoció posteriormente, es de vital importancia comprender que para el tiempo de ***Franz Anton Mesmer*** este tipo de procedimientos magnéticos o fluídicos era una especie de **HIPNOSIS**

Escrito por el **Máster Coach YLICH TARAZONA**

rodeada de *<u>teatralidades</u>* y *<u>dramatizaciones</u>* que tenían como único propósito mantener a la **HIPNOSIS** como un procedimiento ocultista, esotérico y místico.

*Como ya me réferi antes, el término de **HIPNOSIS** tal cual cómo se usa y se conoce hoy día, empezó a popularizarse aproximadamente hace dos siglos en Francia.* La palabra **"HIPNOSIS"** provino del vocablo griego **"HYPNOS"** que significa **SUEÑO** y la expresión **"SIS"** sufijo que significa **acción, proceso** o **resultado de**... Por lo tanto, la **HIPNOSIS** sería una acción o proceso de resultado de un **estado mental de "hiper – sugestionabilidad"** también llamada **estado de trance hipnótico** tal y como fue definida, introducida y popularizada por el ya nombrado **James Braid** en 1843, personaje del cual hablaremos detalladamente más adelante.

En otras palabras, aprendiz, para este **James Braid** el verdadero origen y la esencia de la condición hipnótica era a través de *la **sugestión**, la **inducción**, la **abstracción** o **concentración mental** del individuo en una idea en particular, en el que, como en un sueño simbólicamente hablando, los poderes de la mente humana quedan absortos a una sola idea o línea de pensamiento. Creando como resultado, que en ese momento el **estado de trance** la **HIPNOSIS** permitiera que el individuo conectara con su inconsciente o mente subconsciente,* 

creando una indiferencia consciente del resto de las demás realidades a su alrededor, abandonado así, todas las demás opiniones e impresiones del pensamiento del factor crítico, creando de esta manera nueva realidad subjetiva en el sujeto.

<u>Práctica de la HIPNOSIS en Tiempos Actuales</u>

*Como lo afirmaba en los párrafos anteriores, fue alrededor de tan solo hace unos 200 a 300 años, afínales del **SIGLO XVII** y comienzo del siglo **XVIII**, que la **HIPNOSIS**, y la **SUGESTIÓN** comenzaron a popularizarse y tomar credibilidad científica, y ser practicadas en manos de profesionales médicos, así como otros psiquiatras, neurofisiológicos, psicoterapeutas y especialistas de otras ramas profesionales antiguas así como modernas, que descubrieron que este tipo de **TERAPIA HIPNÓTICA** producía excelentes resultados subjetivos y mentales en la mejora de sus pacientes, haciéndose popular tanto en épocas pasadas, como en nuestros días.*

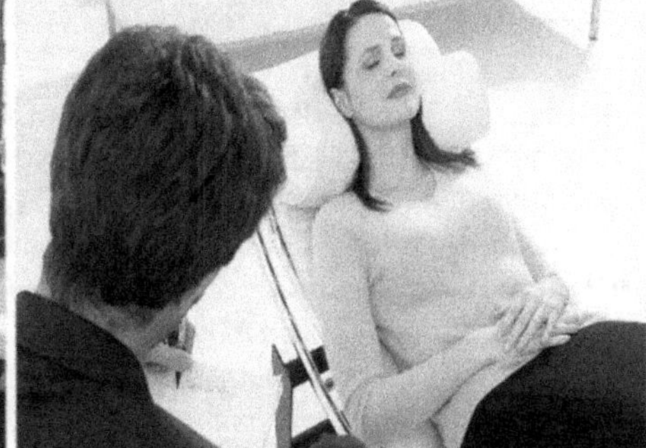

El análisis histórico de los **Fenómenos de la Sugestión** y de la **Hipnosis**, como lo hemos venido estudiando hasta ahora, nos demuestra su constante desarrollo y evolución progresiva, que junto a los estudios e investigaciones recientes han producidos unos cambios cualitativos y cuantitativos a través de los años. *Actualmente nadie niega que la **SUGESTIÓN** y la **HIPNOSIS** actúan sobre la psique de las personas; es decir, que pueden influir sobre la fuerza o intensidad de fenómenos psíquicos como la percepción, la sugestionabilidad, la memoria, el pensamiento, los sentimientos, la imaginación, la creatividad, los recuerdos y la voluntad, entre otros.*

Hoy día aprendiz, es conocida la estrecha relación existente entre los **aspectos somáticos** y **psíquicos (Cuerpo-Mente)** del ser humano. Está científicamente demostrado que cualquier **cambio fisiológico** y **bioquímico** en el organismo provoca cierta **reacción psíquica** y viceversa. Por eso se utilizan los términos **psicosomático** y **somatopsíquico**. Y sobre ambos aspectos es posible trabajar actualmente con la **HIPNOSIS**, como una terapia efectiva en ambos campos.

Claro está, que la utilización de la **HIPNOSIS** y la **SUGESTIÓN** como recurso **psicoterapéutico** ha tenido que recorrer un sinfín de adversidades a través del tiempo, y recorrer caminos llenos de obstáculos y desafíos en su desarrollo y evolución histórica; *pero finalmente se ha podido comprobar su carácter médico-científico y su significativo valor terapéutico en la medicina moderna, convirtiendo la HIPNOSIS en una de las terapias más reconocidas mundialmente.*

<u>**Entre los hombres más conocidos y renombrados de la historia a quienes se les atribuyen los estudios pioneros de la HIPNOSIS MODERNA podemos mencionar y destacar a los siguientes personajes históricos:**</u>

- El ya antes mencionado **Franz Anton Mesmer** (1734 – 1815), nacido en Alemania, conocido como el padre de la hipnosis moderna, fue un médico alemán que descubrió lo que él llamó **MAGNETISMO ANIMAL**, *(que se refiere principalmente a la SUGESTIÓN)* y que otros de sus seguidores años después, lo denominaron **MESMERISMO**. *Franz Anton Mesmer* obtuvo su doctorado en medicina en 1766, realizó sus primeros experimentos en 1773 utilizando una técnica que llamó y dio a conocer como **"CURA MAGNÉTICA"**; él usaba **elementos magnéticos (IMANES)** para tratar a sus pacientes. Sin embargo, más adelante se concluyó que lo que **Mesmer** hacía era **inducir** o **sugestionar** a sus pacientes a un **estado alterado de la mente** mediante SUGESTIONES o Patrones Hipnóticos Persuasivos. *Mesmer* realizó su primera publicación referente a la **Cura Magnética** en 1775. En noviembre de 1841 un **Magnetizador** conocido como **LA FONTAINE**, quien practicaba el **Mesmerismo**, introdujo a **James Braid** al Mesmerismo y sus experimentos, siendo este el que popularizo el término de hipnosis.*

Escrito por el **Máster Coach YLICH TARAZONA**

- Más tarde, la revolución y evolución de las ideas y prácticas hipnóticas de *Franz Anton Mesmer desarrollador del* **Magnetismo Animal** *y el* **Mesmerismo**, hicieron que el ya mencionado *JAMES BRAID* (1795-1860) doctor neurocirujano escocés, desarrollara, definiera, introdujera y popularizara el termino de **HIPNOSIS** e **HIPNOTISMO** en la comunidad médica científica tal y como se le conoce hoy día. *Aunque luego el mismo* **James Braid** *tiempo después tratara de cambiar el nombre de "HIPNOSIS" por el seudónimo de «MONOIDEISMO» haciendo acotación a la teoría que el proponía refiriéndose a la (Fijación en una sola idea).* Pero la rápida popularización del término y la aceptación internacional del nombre «HIPNOSIS» impidieron que el cambio al seudónimo de «Monoideismo» se diera en fechas subsiguientes, de forma que la denominación del vocablo **HIPNOSIS** permaneció inalterada hasta nuestros días.

James Braid causo un cambio en el paradigma del mesmerismo de siglo XVIII y principios del siglo XIX. *Braid* después de observar demostraciones del mesmerismo creía supuestamente haber descifrado el por qué las personas iban a ese estado particular de trance hipnótico, y reafirmaba que no tenía nada que ver con esos supuestos flujos de fuerzas magnéticas propuestas por **Mesmer.** *Braid sugirió una base más psicológica para el* **magnetismo animal** *y concluyo que el estado del* **mesmerismo (Hipnosis)** *era causado por la fatiga de un nervio óptico mientras se mantenía fijo la mirada en punto en particular, por lo tanto, la asociación de enfocar la vista en péndulos, luces estroboscópicas o discos hipnóticos entre otros, era lo que producía dichos estados hipnóticos.*

Al parecer **James Braid** al principio de su teoría pasaba por alto, que la **SUGESTIÓN VERBAL** era tan importante en el **trance hipnótico** como el **ENFOQUE VISUAL.** Ya que el hecho de que el **ENFOQUE VISUAL** era lo que causaba que los ojos del paciente se sentirían cansados y sus parpados se serraran al enfocar su vista en los péndulos, las luces estroboscópicas o discos hipnóticos, como es lógico, claro está. *Pero era la SUGESTIÓN VERBAL, a través de las INDUCCIONES ORALES lo que verdaderamente sumergían a las personas a entrar en el ESTADO DE TRANCE HIPNÓTICO deseado.*

Más tarde, en sus escritos, parece cambiar el énfasis de su teoría, aunque no abandona por completo la **fijación de los ojos**, ya que señaló que no se trataba sólo de la mirada por medio del **ENFOQUE VISUAL**, lo que producía el trance hipnótico, sino que era la **SUGESTIÓN VERBAL** a través de las **inducciones orales** lo que permitiá que el **ojo de la mente** entrara en acción. *En otras palabras, cuando nos enfocamos en algo a través del ENFOQUE VISUAL y la SUGESTIÓN VERBAL, la mente consciente queda fascinada, permitiendo que el subconsciente se enfoque en torno a una sola idea o línea de pensamiento, produciéndose así el fenómeno hipnótico esperado.*

*Aprendiz, a modo de recapitulación, podemos afirmar que: **James Braid** definió a la **HIPNOSIS** como «Un estado particular del sistema nervioso, que podía ser provocado artificialmente por medio de una serie de procedimientos estratégicos desarrolladas para tal fin» conocidas como técnicas de **fijación de los ojos** creadas por **James Braid**, preparadas para causar fatiga en el nervio óptico a través de la estimulación o enfoque visual y que través de las sugestiones verbales e inducciones se producían los fenómenos hipnóticos deseados.*

Como ya hemos leído anteriormente aprendiz, fue entre los años 1842 y 1843 que **James Braid** popularizo el termino de **HIPNOTISMO** e **HIPNOTISTA** entre la comunidad médica científica, cambiando el nombre de **MESMERISMO** a **HIPNOSIS**, haciendo referencia a los *Templos del Sueño Egipcios*. Todo esto después de la famosa publicación de su libro *"**Neuro-Psicología, o la razón del sueño nervioso considerado en relación con el magnetismo animal, ilustrado por numerosos casos de aplicación con éxito en el alivio y la curación de la enfermedad**"* o *"Neurypnology, or the rationale of Nervous Sleep considered in relation to Animal Magnetism, Ilustrated by Numerous Cases of Succesful Aplication in Relief and Cure of Disease"*; donde utiliza el término "**hipnotismo**" para referirse a un **estado de trance** o "**sueño nervioso**", que manifestaba era normal debido a la fijación y cansancio palpebral al mantener la mirada fija en un objeto brillante como podría ser el *("**péndulos**"), las ("**luces estroboscópicas**") o los muy conocidos (**"discos hipnóticos"**).*

Como ya nos hemos referido previamente también, la palabra **HIPNOSIS** fue inspirada del vocablo griego "**Hypnos**" que significa **SUEÑO** y la expresión "**Sis**" sufijo que significa **acción**, **proceso** o **resultado de**… Queriendo *James Braid* traer como acotación metafórica y simbólica a la **HIPNOSIS** como un estado de adormecimiento o trance profundo similar al sueño. Por tal razón, la **HIPNOSIS** hoy día es comparada metafóricamente a ese estado similar al sueño o estado de relajación profunda, haciendo referencia a los *Templos del Sueño Egipcios. Pero finalmente tenemos que comprender y puntualizar que: La **HIPNOSIS REAL** es muy diferente al **SUEÑO FISIOLÓGICO** que conocemos como (DORMIR)".*

Por tal razón, el mismo **James Braid** años después al darse cuenta de que **las manifestaciones del estado hipnótico no tenían debidamente nada que ver con el sueño fisiológico normal** que conocemos como el acto de **DORMIR**, trató de cambiar el nombre en varias oportunidades. *Su idea era cambiar el nombre de "HIPNOTISMO" por el calificativo de «MONOIDEISMO» que hacía más acotación a la hipótesis que él había desarrollado de la **fijación de los ojos** o ENFOQUE VISUAL que era la (**Fijación en una sola idea**). Pero fue tan rápida la popularización y la aceptación del término «HIPNOSIS» a nivel universal que impidió en años sucesivos lograr que tal cambio ocurriera, de tal forma, que la denominación del término **HIPNOSIS** permaneció inalterado hasta nuestros días.*

- *Bernheim y Liébeault:* **Hippolyte Bernheim** (1840-1919) médico francés psiquiatra nacido en Alsacia, que era profesor agregado de la facultad de Medicina de Estrasburgo, definió a la **HIPNOSIS** como «*Un estado mental en el que se producía un grado de hiper-sugestibilidad exaltada*». Este mismo *Hippolyte Bernheim* contactó con un médico rural, **Ambroise-Auguste Liébault**, (1823-1904) fundador de la Escuela de Nancy, en la ciudad francesa de Nancy 1886, dedicado al estudio de la **sugestión hipnótica** en el cuidado de la salud. *Bernheim y Liébeault* desarrollaron un *MÉTODO HIPNÓTICO* muy parecido al que se emplea en algunas ramas psicoterapéuticas hoy en día. *Esta metodología se apartaba completamente de las* **turbias teatralidades** *y* **dramatizaciones** *del Método* **Mesmeriano** *(ya antes mencionado).* Creando un tipo de hipnosis más terapéutica enfocada en las sugestiones verbales y las inducciones orales como parte del proceso psicoterapéutico sin hacer alusión o referencia al *magnetismo animal*. *Hippolyte Bernheim y Ambroise-Auguste Liébault* crearon la "*Escuela Psicológica de Nancy*", auténtica pionera en el estudio de la hipnosis moderna, y opuesta a la "*Escuela Neurofisiológica de París*" del Hospital de la Salpetriére, fundada por el neurólogo francés más importante de aquellos tiempos *Jean-Martin Charcot*. La "**Escuela Psicológica de Nancy**" aunque poco reconocida en su época, tuvo una gran trayectoria e influencia, trabajo de forma reservada compartiendo publicaciones abiertamente, que se convirtieron en las predecesoras enseñanzas de la moderna **medicina psicosomática**, y de las aplicaciones del **TRANCE HIPNÓTICO** en este tipo de enfermedades **(Psíquico – Mentales).**

- **Jean-Martin Charcot**, (1825-1893) Uno de los neurólogos más influyentes de aquella época, era profesor de anatomía patológica, titular de la cátedra de enfermedades del sistema nervioso, miembro de la academia de medicina 1873 y de la academia de ciencias 1883, que junto al médico *Guillaume Duchenne* (1806-1875) investigador clínico francés del siglo XIX, considerados como pioneros en la neurología y la fotografía médica, fundaron la "*Escuela Neurofisiológica de París*" pionera de la neurología moderna. Ambos impartían sus lecciones de neurología, incluyendo psiquiatría e **HIPNOSIS**, siendo mucha más reconocida que la "*Escuela Psicológica de Nancy*". Una de las diferencias que presentaban ambas escuelas era que la *DOCTRINA DE CHARCOT, denominaba a la HIPNOSIS como «Neurosis Experimental» manifestando que solamente se podía hipnotizar a los enfermos histéricos, mientras que la "Escuela Psicológica de Nancy" afirmaba que la hipnosis podría practicarse psicoterapéuticamente en muchos otros casos.* Contrario a las ideas de *Bernheim y Liébeault*, *Jean-Martin Charcot* postuló que la hipnosis era un síntoma de histeria; y que, por tal razón, solamente las personas que la experimentaban, eran las que podían ser hipnotizables.

- *James, Prince, Sidis:* El interés de la **HIPNOSIS** se mantuvo en los Estados Unidos a través de los escritos de **William James** (1842-1910) filósofo estadounidense con una larga y brillante carrera en la Universidad de Harvard, donde fue profesor de psicología y fundador de la psicología funcional y gran creador de literatura relacionada con la **HIPNOSIS**. Por otra parte **Morton Prince** (1854-1929) Psiquiatra y psicoterapeuta norteamericano contemporáneo con

William James, fue un adversario declarado del **Freudismo**, pero brillante partidario de la **HIPNOSIS**, *Morton Prince* fue uno de los pioneros de la "*Escuela Bostoniana de Psicoterapia*" y finalmente otro contemporáneo fue **Boris Sidis** (1867-1923) Psicólogo y licenciado en medicina y filosofía, era un psiquiatra que publicó numerosos libros y artículos sobre **HIPNOSIS**, destacando principalmente en psicología anormal, interesados por las *extrañas manifestaciones hipnóticas* de ciertos pacientes histéricos con doble personalidad o con personalidad múltiple.

Pierre-Marie-Félix Janet (1859-1947) conocido simplemente como *Pierre Janet*, fue un psicólogo y neurólogo francés que hizo importantes contribuciones al estudio moderno de los desórdenes mentales y emocionales y fue quien acuñó el concepto de **MENTE CONSCIENTE** e **INCONSCIENTE** y **SUBCONSCIENTE**. Y usó la **HIPNOSIS** como un método para acceder a las capas más desconocidas de la conciencia. *Pierre Janet* desarrolló originalmente la teoría de **disociación** y **neodisociación**, que argumentaba que la **«DISOCIACIÓN»**, literalmente era la separación de algunos componentes de la conciencia, como resultado de su trabajo con pacientes histéricos. *Pierre Janet creía que la **HIPNOSIS** era resultado de la disociación, y que las áreas del control del comportamiento de un individuo están separadas del comportamiento ordinario.* **Pierre Janet** presuponía que la posibilidad de la formación de una consciencia secundaria se daba por **disociación**. Es decir, que en el **estado de trance hipnótico** se producía la formación de una segunda consciencia que durante la **HIPNOSIS** tomaba momentáneamente el lugar de la consciencia normal. *Esta interesante idea es compartida también por otros muchos investigadores en la actualidad, se trata en definitiva de un estado controlado de **disociación psíquica**, como la definía **Christenson** «La **HIPNOSIS** no produce disociación por sí misma, sino que emplea más bien la disociación existente entre consciente y subconsciente del sujeto para producir el fenómeno hipnótico» En este caso, la hipnosis quitaría algo de control de la mente consciente, lo que permitiá que el individuo respondería con un comportamiento autónomo y reflexivo.*

• **Josef Breuer** (1842-1925) médico, fisiólogo y psicólogo austriaco descubridor de la función del oído en la regulación del equilibrio y del mecanismo de la regulación térmica del cuerpo por medio de la respiración. *Creador del "**MÉTODO CATÁRTICO**" para el tratamiento de las psicopatologías de la histeria a través de la **HIPNOSIS**. Dicho método fue precursor del método psicoanalítico de Sigmund Freud.*

• **Sigmund Freud** (1856-1939) médico neurólogo austriaco de origen judío, padre del **PSICOANÁLISIS** y una de las mayores figuras intelectuales del siglo XX empleaban la **REGRESIÓN HIPNÓTICA** como base para llegar al análisis de los contenidos inconscientes traumáticos. *Freud* abandonó más adelante la técnica hipnótica, al desarrollar su propio **MÉTODO PSICOANALÍTICO**. *Pero, aunque Sigmund Freud nunca fue un buen hipnotista, siempre reconoció y mantuvo la validez de la **HIPNOSIS** como un método eficaz y terapéutico hasta el final de sus días.*

- **Émile Coué** (1857-1926): Fue un farmacéutico y psiquiatra francés 1857-1926. Autor del **método curativo basado en la AUTOSUGESTIÓN**, profundizó en la **HIPNOSIS** y en la **AUTOHIPNOSIS**. Durante la primera guerra mundial este médico, como tantos otros sufrió la carencia de drogas básicas para preparar sus recetas magistrales. *Ante la impotencia de este hecho decidió no decirles nada a sus pacientes, de lo que estaba sucediendo, y comenzó a probar con medicamentos placebos, esperanzado en solucionar pronto su problema de desabastecimiento, pero el normal abastecimiento de drogas para sus recetas tardó mucho más de lo que **Coué** imaginó.* Este tiempo fue el que le dio la oportunidad de observar qué muchos de sus pacientes habían hecho el proceso de recuperación curativa como si estuviesen medicados tradicionalmente. A partir de esta observación, comenzó a investigar el poder ilimitado de la mente humana para sanar el cuerpo y la mente. Sus investigaciones dieron origen a estas *Tres Leyes* llamadas las **LEYES DE COUÉ**.

- **Ivan Pávlov** (1849-1936) neurofisiologo y psicólogo ruso, premio Nobel (1904), centro sus estudios en la actividad del sistema nervioso superior, sobre reflejos condicionados. Sus teorías se aplicaron en psicología, fisiología, biología y por supuesto a la **HIPNOSIS** proporcionándole una explicación científica. *Ivan Pávlov creía que la **hipnosis** era un sueño parcial. Observó que los varios grados de **hipnosis** no diferían perceptible y fisiológicamente según él, del estado de despertar, y que la **hipnosis** dependía de insignificantes cambios de estímulos ambientales. **Ivan Pávlov*** también sugirió que los mecanismos más bajos del cerebro, estaban envueltos en condición hipnótica constantes. **Pávlov** con sus investigaciones y sus seguidores le daban al **hipnotismo** una base científica fisiológica y con esto se convertía en una técnica valiosísima para el tratamiento de procesos psicológicos con una fuerte sustentación en las llamadas **neurociencias**.

Por otra parte, **Ivan Pávlov** afirmaba que la condición que provoca la **hipnosis** es una estimulación monótona y prolongada, que produce una inhibición interna que no es más que un **estímulo** de **respuesta** parecido al sueño, solo que se propagaba por una vía diferente. Según *Pávlov* la **HIPNOSIS** se limita a un sector reducido propagándose cada vez más, dejando intactos, libres únicamente los centros respiratorios y cardiacos. Otro aporte interesante de sus conclusiones, y que nos ayuda a la comprensión de las enfermedades, es que la **HIPNOSIS** constituye una técnica psicológica efectiva que facilita la formación de **estados alterados de conciencia mental**, que retrasan considerablemente los procesos internos orgánicos. La **HIPNOSIS** según Pávlov puede ser producida por varias formas, **verbalmente** *(cuentos, historias, metáforas, etc. "Método Ericksoniano")*, **cansancio ocular** *(mirada fija "Método propuesto por James Braid")*, **drogas** *(somníferos "Métodos Chamanicos")*, que influyen en la corteza cerebral inhibiéndola (alterándola), **caricias cutáneas monótonas** *(masajes) entre muchos atrás formas.* En conclusión, para Pávlov la **HIPNOSIS** es un sueño parcial inducido -una inhibición parcial de la corteza-, mientras que el sueño natural es total, es decir, una inhibición generalizada.

Escrito por el **Máster Coach YLICH TARAZONA**

- **Dave Elman** (1900 - 1967) Importante figura en el campo de la **HIPNOSIS** y la **HIPNOTERAPIA**. Es más conocido hoy como autor de *Findings in Hypnosis (1964)* y el autor de una **TÉCNICA DE INDUCCIÓN**, muy conocida y llamada hoy día *inducción hipnótica Dave Elman*. *Dave Elman define la **hipnosis** como un **estado mental** en cual la **facultad crítica de la mente** humana es **disociada** y **desconectada temporalmente** permitiendo establecer un **pensamiento selectivo** que permite llevar finalmente al sujeto al **estado de trance deseado**. La facultad crítica de su mente es ese factor que traspasa el enjuiciamiento. **El factor crítico de la mente** es dicha parte que distingue entre conceptos como, caliente y frío, agrio y dulce, grande y pequeño o claro y oscuro.* **Dave Elman** plantea que si logramos **disociar** o **desconectar** esta **facultad critica de la mente** de tal modo que no pueda distinguir entre dichos conceptos *(caliente y frío, agrio y dulce, grande y pequeño o claro y oscuro)*, es posible substituir el **pensamiento selectivo** por la construcción de un enjuiciamiento convencional a través de las inducciones, produciendo así, finalmente en el sujeto el **fenómeno hipnótico deseado**.

- **Milton H. Erickson** (1901 – 1980), nacido en Nevada, Estados Unidos, fue un médico e **HIPNOTERAPEUTA** estadounidense, innovador, y pionero en cambiar las **TÉCNICAS DE HIPNOTISMO** aplicadas a la **psicoterapia**. Es reconocido como el abuelo de la **HIPNOSIS ERICKSONIANA MODERNA**, y se dice que es el mejor **Hipno-Terapeuta** de todos los tiempos que jamás haya existido.

El doctor *Milton H. Erickson* sentó las bases de importantes líneas dentro de la psicoterapia. Entre los que se incluyen los siguientes enfoques psicoterapéuticos: la **PNL** o **PROGRAMACIÓN NEUROLINGÜÍSTICA**, la **Terapia Sistémico Estratégica**, y la **Terapia Breve Centrada en Soluciones** entre muchas otras ramas que fueron influidas por el **PENSAMIENTO ERICKSONIANO**.

El origen particular de su característico y único estilo de terapia puede atribuirse a sus vivencias personales tan particulares, y en la forma en que el mismo *Milton H. Erickson* enfrentó su enfermedad. Y aunque el **hipnotismo** fue una herramienta importante en su práctica, lo fundamental de su **modelo terapéutico** era el cambio de estado mental que inducia en la otra persona, a través de las historias, las metáforas y las buenas relaciones interpersonales que mantenía con sus pacientes. Su modelo terapéutico no responde a ninguna escuela clínica, excluyéndose de la influencia del **psicoanálisis**, del **conductismo** y de la **terapia sistémica**. *Milton H. Erickson es la figura emblemática de la hipnosis clínica moderna. Erickson creó lo que después se ha llamado* **HIPNOSIS ERICKSONIANA** *o* **Método Milton (la cual aprendiz, es una de mis especialidades hipnóticas)**. *Fundamentalmente, el Método de Milton consistió en el uso del poder de la palabra hablada con la finalidad de crear confusión en la mente consciente mientras se establecía un patrón hipnótico o sugestión indirecta al inconsciente del paciente a través de las metáforas para hacer llegar las **sugestiones** de manera más irresistible.*

Y para lograr esto, *Erickson* utilizaba como terapia y metodología el uso de *metáforas, parábolas, alegorías, historias, cuentos y narraciones* como una poderosa herramienta *persuasiva* y *seductiva* esencial en el *TRANCE HIPNÓTICO*.

*Por tal razón aprendiz, el Dr. **Milton H. Erickson** gracias a su poderosa influencia ejercida en su tiempo, fue uno de los **MODELOS** iniciales, que inspiraron a los **Co-creadores de la PNL** los doctores **JOHN GRINDER** y **RICHARD BANDLER** a estudias su metodología (**Hipnosis Ericksoniana**) que luego fue incorporada como parte de la **PNL** o **Programación Neurolingüística**, desarrollándose una vertiente hipnótica que se conocería más adelante como **HIPNOSIS PSICOLINGÜÍSTICA**.*

Hipnotistas, Hipnotizadores, Hipnólogos e Hipnoterapeutas más conocidos y renombrados de la historia actual a quienes se les atribuyen los nuevos estudios de la HIPNOSIS MODERNA entre los que podemos destacar son los siguientes:

Theodore X. Barber, **Oliver Zangwill**, **Michael Yapko**, **Nicolás Spanos**, **Harry Cannon**, **Jo Griffin** y **Tyrrell Ivan** entre otros.

Theodore X. Barber argumentó, que las *técnicas de inducción hipnótica* eran naturalmente **sugestiones verdales** para lograr un fin determinado. Las *técnicas de inducción hipnótica* vistas desde el punto de vista de *Theodore X. Barber* son un proceso de influencia **sugestiva verbal** que se realza (se formaliza) o se profundiza a través de una serie de **inducciones** y **sugestiones verbales** o **RITUALES CULTURALES** creadas para alcanzar un propósito previamente establecido.

Por otra parte, **Oliver Zangwill** señaló en oposición a *Theodore X. Barber* que, si bien las **EXPECTATIVAS CULTURALES** son importantes en la **inducción hipnótica**, ver la **HIPNOSIS** sólo como un proceso consciente de la **influencia subjetiva** en el sujeto, no puede por sí solo explicar los **fenómenos hipnóticos** producidos a través de estas **sugestiones**, por lo que debe haber algo más. Ya que evidencias recientes, han demostrado en los sujetos de estudios en los procesos de **inducciones hipnóticas**, que se producen cambios en su actividad cerebral, así como en sus procesos mentales y psicológicos, que están directamente asociados experimentalmente a las **inducciones hipnóticas** declaradas por el **hipnotista**.

A su vez, **Michael Yapko** define a la **HIPNOSIS** como un proceso de **comunicación efectiva** muy influyente, en la cual, el *hipnotista* o *hipnotizador* es quien guía las asociaciones internas del paciente o participante a través de las **inducciones** de modo de establecer o reforzar las asociaciones terapéuticas por medio de las **sugestiones** en el contexto de una **relación de mutua responsabilidad** y **colaborativa entre el terapeuta y el sujeto**, que tiene como fin, la orientación hacia una meta previamente establecida entre ambos.

Por otra parte, **Nicholas Spanos** hipotetizó que tales comportamientos o estados asociados a la **HIPNOSIS** se hacen con un conocimiento y aprobación previa por parte del paciente o participante *(y esto por supuesto es lógico, así es y así debe ser)*. *Nicholas Spanos* en su hipótesis alegaba que había **DOS RAZONES** por las cuales él explica psicológicamente porque las personas involucran su **estado de conciencia** con el **estado de hipnosis**.

LA PRIMERA RAZÓN, que da *Nicholas Spanos*, es que sugiere que es la misma persona la que se **sugestiona** así misma con la creencia de que su comportamiento está siendo causado por una fuente externa (**el hipnotista**) en vez de por ellos mismos *(claro está, que es la misma persona la que lleva a efecto los **fenómenos hipnóticos**, pero es bajo la **guía** y la **dirección del hipnotista** que a través de las **inducciones** redirige al sujeto al estado de **trance hipnótico deseado**. – Por supuesto, también podemos ver el mismo caso, en las sesiones de **autohipnosis** que en esta oportunidad es la misma persona la que dirige su propia **Sugestión AutoHipnótica**. Por lo tanto, podemos demostrar aquí, que la participación del sujeto es de suma importancia para producir la **HIPNOSIS** bien sea inducida por el hipnoterapeuta en una sesión, o autoinducidas por la misma persona previamente preparada por medio de la autohipnosis)*.

LA SEGUNDA RAZÓN que propone *Nicholas Spanos* está relacionada con las **sugestiones** o **inducciones** *"rituales culturales"* *(terminación utilizada por el ya mencionado Theodore X. Barber)* llevados a cabo por el **hipnotista**. En la que el **hipnotizador** o **hipnoterapeuta** dice ciertas **frases subjetivas** por medio de las **sugestiones** e **inducciones**, las cuales son primariamente interpretadas lingüísticamente como voluntarias y que más tarde en el procedimiento hipnótico son interpretadas lingüísticamente ahora como involuntarias.

COMO POR EJEMPLO sucede en la siguiente **INDUCCIÓN** pronunciada por el hipnotista *"Relaja los músculos de las piernas cada vez más y más"* y poco tiempo después el hipnotista pronuncia la misma **SUGESTIÓN** de la siguiente forma *"Los músculos de tus piernas están cada vez más y más relajados" (La primera inducción estimula la respuesta voluntaria por parte del sujeto, lo que lo ayuda a comenzar su proceso hipnótico. Mientras que la segunda sugestión es una orden involuntaria por parte del sujeto, ya que esta última la ordena el hipnotista para redirigir al estado hipnótico deseado)*.

Es importante destacar en este punto, que los descubrimientos de *Nicholas Spanos* nunca tuvieron como propósito insinuar que el estado de hipnosis no existe. *Al contrario, con sus estudios y descubrimiento lo que pretendía era demostrar que los comportamientos hipnóticos exhibidos por los individuos bajo los estados de trance hipnótico, se deben a personas **"altamente motivadas e hiper-sugestionables"** lo que permite llevar a cabo eficazmente bien sea las sesiones hipnoterapéuticas o show de hipnosis de espectáculos de manera más efectivas.*

A su vez, **Harry Cannon** define la **HIPNOSIS** como un **mecanismo fisiológico** por el cual una **sugestión** tiene una incidencia directa y es aceptada por el subconsciente del sujeto a través de las **inducciones**. Y para que esto ocurra eficientemente se necesitan cuatro cosas:

** Un foco de atención*
** Un sobresalto*
** La propia sugestión*
** Que no haya crítica sobre la sugestión por el intelecto consciente*

Para *Harry Cannon* cuando se cumplen estos cuatro requerimientos, la **sugestión** se arraiga en el **subconsciente** y se exterioriza en una **función motriz**. Esto simplemente quiere decir, que la **sugestión** una vez haya sido aceptada por el sujeto, se sobrepone en la mente, trayendo como resultado el estado de **HIPNOSIS**. *Harry Cannon* asegura que todo nuestro aprendizaje funciona por medio de la **hipnosis**, y nos da el siguiente ejemplo:

*"**IMAGINA** a un niño pequeño a quien su madre improvisadamente le atrapa quitándole a otro niño lo que no le pertenece. **Imagínate ahora** que, en ese mismo instante, la madre castiga a su hijo por esta acción; el niño en cuestión, ahora tendrá un foco de atención y una emoción sobresaltada sobre esa situación. En ese momento, la madre prudentemente instruye a su hijo que debe dejar de hacer aquella mala acción, ya que es incorrecto roba, y le pide que no lo haga más. Por el criterio anterior, esta **sugestión** que ha sido **inducida** e inculcada durante los años formativos del niño se ha almacenado en el subconsciente sin ningún argumento intelectual por parte del **FACTOR CRÍTICO DE LA MENTE** de aquel pequeño. Por esta experiencia, al niño sabiamente se le inculca desde su niñez, una nueva linde social (**programación**). Por la cual; en el futuro definitivamente sentirá ciertos impulsos hacia esos mismos sentimientos y emociones, cuando se encuentre en situaciones similares".* Para **Harry Cannon** la **hipnosis** está alrededor de todos nosotros, y ocurre en todo tiempo y en todo lugar. El nivel de aparente intensidad del **estado de trance hipnótico** no es nada más que la atestiguación de la experiencia subjetiva del sujeto y nada más.

Jo Griffin y **Tyrrell Ivan** quienes recientemente, han sugerido una **nueva proposición teórica de la HIPNOSIS** y del **trance mental.** Desde el **Human Givens** *Jo Griffin y Tyrrell Ivan* sugieren que la **hipnosis** es el resultado de tener acceso al **estado REM** del sueño. *Es el **estado REM** el que nos permite acceder a la imaginación y la creatividad lo que ellos llaman "**el generador de la realidad**", que es responsable de crear nuestros sueños.* Una de las funciones del **sueño fisiológico** es descargar la excitación emocional no resuelta durante el día. En otras palabras, el *sueño fisiológico* permite completar reflexiones emocionales del día a través de la creación de imágenes mentales metafóricas que se producen como enlaces productores en nuestro sueño. *Su función en la **HIPNOSIS** es otra clave para actualizar nuestro modelo mental o respuestas instintivas emocionales y de comportamiento. En otro orden de ideas, el **estado de aprendizaje,** así como el **estado de hipnosis** son también un **estado REM**.* Cada vez que actuamos sin esfuerzo consciente *(como sucede en el caso del estado de trance hipnótico)* dependerá de ciertos patrones, que se remontan a una respuesta anterior aprendida o comportamiento que se estableció en el **estado REM**. Así que cuando nosotros actuamos instintivamente, en efecto, actuamos sobre una **sugestión post hipnótica**. *Del mismo modo, cuando un sujeto **hipnotizado** actúa sobre una **sugestión** o **inducción** post hipnótica dada por el **hipnotizador** lo harán con la misma eficacia, inmediatez e instinto que lo haría con otros comportamientos inconscientes como por ejemplo sucede con la (Respiración, los Latidos del Corazón, el Parpadear, así como alguna otra Respuesta Involuntaria).*

Como hemos podido aprender hasta ahora aprendiz, gracias a las aportaciones de *Jo Griffin y Tyrrell Ivan* basado en sus **investigaciones recientes sobre el sueño**, definen a la **HIPNOSIS** como cualquier medio artificial de acceder al **Estado REM** *(**Estado Creativo del Sueño**). Para Jo Griffin y Tyrrell Ivan todos los **fenómenos hipnóticos**, incluida el **sonambulismo**, la **amnesia**, la **analgesia**, la **anestesia**, la **levitación de los brazos**, y la **catalepsia bien sea de ojos** u **otro miembro del cuerpo**, así como también los fenómenos hipnóticos tales como las **respuestas ideomotoras**, **ideosensoriales** o **ideoemocionales**, entre otros fenómenos de mayor intensidad hipnótica como son las **regresiones**, la **distorsión** o **disociación** del **tiempo** y del **espacio**, las **ilusiones corporales**, **visuales** o **auditivas**, la **meditación profunda**, y por supuestos las **experiencias místicas**, tales como la **clarividencia**, la **psicografía**, la **xenoglosia**, la **noesiología** y hasta los **sueños lucidos** y los **viajes astrales**, no son más que respuestas naturales de las propiedades del **Estado REM**, que Jo Griffin y Tyrrell Ivan identificaron como el **ESTADO DE PROGRAMACIÓN NATURAL DEL CEREBRO**, claramente relacionado directamente por la condición sexual de los aspectos cognitivos.*

*Así que cuando introducimos a alguien en un **estado de trance hipnótico** simplemente según **Jo Griffin** y **Tyrrell Ivan** estamos activando esos mismos procesos que se activan en el cerebro durante el **estado REM del sueño**, incluyendo el **"generador de la realidad"**, esto es lo que lo hace a la **HIPNOSIS** tan eficaz.*

Aprendiz, *para tu propósito como* **Hipnotizador**, *(Hipnotista o Hipnoterapeuta) es útil tener presente estas definiciones en mente al momento de introducir a una persona al **Estado de HIPNOSIS**,* ya que esto te dará una mejor perspectiva de tu trabajo, y brindará mayor luz a tu experiencia y a la experiencia del sujeto.

<u>Renacimiento y Evolución de la Hipnosis en Épocas Actuales:</u>

A partir de los años setenta, ochenta y noventa la **HIPNOSIS** ha disfrutado de un renacimiento, una evolución y un reconocimiento significativo **posicionándola como una de las terapias más efectivas del siglo XI**, surgiendo esta vez de los Estados Unidos. Hay una serie de profesionales, tales como *Theodore X. Barber, Oliver Zangwill, Michael Yapko, Nicolás Spanos, Harry Cannon, Jo Griffin y Tyrrell Ivan,* así como *Martin Orne, William Kroger, Herbert Spiegel, Javier Martínez Pedrós* que han sido los responsables del aumento significativo del interés terapéutico de la hipnosis, y del empleo de **LA HIPNOSIS COMO UNA TERAPIA REAL EN MÚLTIPLES CAMPOS DE LA MEDICINA ACTUAL**.

Ello se ha debido fundamentalmente a la influencia del ya mencionado **Doctor MILTON H. ERICKSON**. Realmente, el **enfoque Ericksoniano de la hipnoterapia**, especialmente después de la muerte del **Dr. Erikson en 1980**, ha adquirido un mayor respaldo. *Y ha ganado el estatus de **psicoterapia alternativa** principalmente aceptada como una especialidad médica funcional en muchos campos y disciplinas profesionales de la medicina, a ser fundamentalmente una modalidad psicológica.*

Nacimiento de la HIPNOSIS ERICKSONIANA con Metodología Clínica Directa:

La **Hipnosis Clínica Indirecta** o **HIPNOSIS ERICKSONIANA** aparece a mediados del siglo XX de la mano del ya mencionado *Doctor Milton H. Erickson*, que consistía en una serie de *metáforas, parábolas, alegorías, historias, cuentos y narraciones* como una poderosa herramienta *persuasiva* y *seductiva* de la comunicación, esencial en el *TRANCE HIPNÓTICO*, que el hipnoterapeuta utilizaba estratégicamente mientras el paciente estaba hipnotizado.

Dichas **metáforas**, **parábolas**, **alegorías**, **historias**, **cuentos** y **narraciones** debían estar relacionadas con el problema inmediato que padecía el paciente, de forma sutil y subjetiva. Una vez despierto, este tipo de **lenguaje metafórico** quedaba incorporado en la psiquis del individuo a nivel subconsciente, que les permitiá finalmente ayudarlos a solucionar sus problemas de manera mucho más eficaces que la hipnosis clásica tradicional ortodoxa.

*Ya que éste tipo de expresiones, verbales, conceptos e ideas metafóricas eran capaces de estimular subjetivamente una gran variedad de **Sensaciones Multi-Sensoriales** tanto a nivel (**Visual, Auditiva** como **Kinestésica**) en los sujetos, lo que les permitía evocar imágenes, sonidos, sensaciones y emociones, en la **mente consiente** y **subconsciente** del paciente, produciéndoles cambios radicalmente positivos en su estructura mental y psicológica, **CREÁNDOLES nuevas conexiones neuronales más empoderadoras**, permitiéndoles a los participantes recibir las inducciones hipnóticas y las sugestiones, de una forma más útil, holística e integral, que les permitiera **adoptar nuevas ideas transformacionales**, evitando así, la menor resistencia al cambio, y **CREANDO un mayor impacto psíquico - emocional** en el proceso de la **TERAPIA HIPNÓTICA**.*

---

*La práctica de esta técnica del **LENGUAJE METAFÓRICO** en la terapia, consistía en el uso del poder de la palabra hablada con la finalidad de crear confusión en la mente consiente, mientras se establecía una sugestión en el paciente a través de inducciones indirectas que el sujeto aceptaba, convirtiéndolas en su nueva realidad.*

EL Respaldo Medico-Científico de la Hipnosis como Técnica Terapéutica Real en la Actualidad

En el tiempo actual aprendiz, el estudio y la investigación en el ámbito de la **HIPNOSIS TERAPÉUTICA** gozan de una buena reputación. *En las últimas décadas, destacados **gremios internacionales de profesionales de la salud**, han expresado públicamente su reconocimiento de la utilidad terapéutica de la **HIPNOSIS** como disciplina real y beneficiosa, entre ellas*: La **American Medical Association**, la **British Medical Association** y la **American Psychological Association**. *Este tipo de reconocimiento internacional, han traído como resultado la creación de la **American Society for Clinical Hypnosis**, La **International Societe for Clinical and Experimental Hypnosis** y la **European Society of Hypnosis in Psychotherapy and Psychosomatic Medicine**. Por otra parte, la **Sociedad de Hipnosis Clínica Terapéutica**, así como otras organizaciones de ámbito estatal, fortalecen e incorporan la actividad científica, terapéutica, experimental y profesional de un gran número de investigadores, hipnoterapeutas, hipnotizadores, hipnotistas e hipnólogos que hasta algunos años atrás, trabajaban en completa en soledad, sin el respaldo de estas asociaciones.* Hoy en día, existen en todo el mundo infinidad de entidades científicas cuya finalidad es la formación, el desarrollo, la enseñanza, la aplicación y la divulgación, la difusión y la propagación de la **HIPNOSIS** como una técnica más dentro de los ámbitos de la medicina, la psicología, la psiquiatría, la neurología, y la **hipnosis** misma como disciplina terapéutica comprobada.

Tres Importantes Épocas en la Historia de la Hipnosis:

- Época mística, mágica/esotérica, religiosa *(Hipnosis Antigua Milenaria)*.
- Época fluídica o magnética *(Mesmerismo o Hipnosis Clásica Ortodoxa)*.
- Época inductiva sugestiva *(Consagración de la Hipnosis Científica Moderna)*.

1) En la época *(mística, mágica/esotérica, religiosa)* destacan el chamanismo, la superchería sacerdotal, la magia, las creencias ocultistas y religiosas. Y por supuesto, la mitología siria, griega, egipcia entre otras.

En esta época oscura, se utilizaba la fuerza de la influencia del poder de la palabra hablada como poder místico, esotérico, curativo y sanador.

Y por supuesto la *(Hipnosis Antigua Milenaria)* ejercía su poder a través del miedo infundido por medio de *una serie de rituales y ocultismo* lleno de símbolos, canticos, círculos mágicos, velas, incienso, sonidos extraños, entre otras _teatralidades_ y _dramatizaciones_ que tenían como único propósito mantener a la **HIPNOSIS ANTIGUA** como una ciencia **mística, mágica/esotérica, religiosa**, junto al respeto infundido que se le tenía tanto a quien profesaba la hipnosis (**hipnotista**) como a la religión que la profesaba.

2) En la segunda época *(fluídica o magnética con una perspectiva más orgánica "física y biológica")* En esta época se optó no tanto por la fuerza de la palabra hablada ni por el miedo infundido, sino más por la creencia de que existía una energía universal específica denominada **MAGNETISMO**. Esta época se caracterizó por la afirmación de la existencia de *fluidos energéticos,* donde se manifestaba que existía un campo energético al que llamaban campo animado, que supuestamente era un líquido que fluía en la vida. Está creencia está presente en la medicina desde sus inicios y fundada por los pensamientos hipocráticos. Su relación, además las enseñanzas hipocráticas, están relacionadas con las fuerzas de los astros y tiene una amplia vinculación con la tradición mitológica griega. La época fluídica o magnética fue evolucionando y tomo nuevamente popularidad en el siglo XVI por la idea de un *poder magnético curativo de los astros*, según el ya mencionado *Paracelso* (1493-1541), así como la idea original del "magnetismo animal" propuesta y formulada por el ya citado *Van Helmont* (1577-1644) y popularizada e impulsada por el muy famoso y conocido *Franz Anton Mesmer* (1734-1815).

En la *época **fluídica** o **magnética***, la capacidad de las personas para incidir en las demás y en sí mismas trasciende, como se ve, desde el poder de la palabra hablada hasta la energía o fluido universal. Esta búsqueda de lo realmente eficiente **(la energía)** o **(magnetismo)** frente a lo especulativo y teatral **(lo humano)** y lo **(verbal)** haciendo que la época *Fluídica o Magnética* fuese un gran atractivo en la actualidad.

Hoy día, podemos ver la influencia de esta creencia *Fluídica o Magnética* al ver las supuestas propiedades curativas y sanadoras que se confieren o se les atribuyen a determinados minerales, pulseras, objetos, pirámides e incluso sustancias tan naturales y cotidianas como el agua misma, convenientemente magnetizada *(Claro está, que algunos de estos elementos; si tienen reales efectos magnéticos y energéticos comprobados en la vida humana, mientras otros se le atribuyen estas mismas influencias sin demostrarse científicamente su valides).*

*En esta época destaca la aparición de LA **CURA MAGNÉTICA**" o **MAGNETISMO ANIMAL** conocida posteriormente como **MESMERISMO** tal y como fue definida, introducida y popularizada por el ya mencionado **Franz Anton Mesmer** (1734-1815), reconocido como principal pionero en el desarrollo de la hipnosis moderna de este tipo.*

3) En la tercera época de la *(Hipnosis Inductiva Sugestiva)* se vuelve a recuperar **el poder de la palabra hablada** como medio terapéutico, inductivo sugestivo *(y no como poder, para provocar miedo infundio).* En la *época inductiva sugestiva* se busca también la **unicidad integral, holística y sinérgica entre la mente-cuerpo** y no la dualidad o separación de la mente y el cuerpo propuesta por **rene descarté (1234 -5678)**. *Esta **época inductiva sugestiva** sería la **consagración de la hipnosis científica moderna** como la conocemos hoy día, donde se tienen en cuenta los factores de las nuevas y más recientes teorías e investigaciones científicas de la **evolucionada HIPNOSIS MODERNA ACTUAL**.*

Escrito por el **Máster Coach YLICH TARAZONA**

TIPOS DE HIPNOSIS "Clásica y Ericksoniana"

Como hemos podido apreciar hasta ahora aprendiz, la **HIPNOSIS** es una terapia real en constante cambio y transformación metamórfica por así decirlo, que ha venido evolucionando a través de los años. *Trayendo como consecuencia la aparición de dos (2) grandes CORRIENTES o VERTIENTES PRINCIPALES dentro del estudio y la practica en campo de la HIPNOSIS en tiempos actuales que son:*
- ✓ **LA HIPNOSIS CLÁSICA, FREUDIANA O DE ESPECTÁCULO**
- ✓ **LA HIPNOSIS TERAPÉUTICA ERICKSONIANA.**

En otras palabras, podemos decir que, para provocar el **estado de hipnosis** o **estado de trance hipnótico** en la actualidad, lo podemos hacer utilizando una gran variedad de técnicas y metodologías. *Todas ellas se encuentran dentro de alguna de las dos **corrientes** o **vertientes más famosas** o técnicas de inducción más conocidas a través de la historia, que son la **HIPNOSIS CLÁSICA** y la **HIPNOSIS ERICKSONIANA**.*

Estos dos (2) **TIPOS DE HIPNOSIS** son: *Las técnicas de hipnosis clásicas, directas, autoritarias, conocidas también como hipnosis de espectáculo –y– Las metodologías de hipnosis terapéutica ericksonianas que son de corte más permisivo o indirectas*. En las cuales, en esta última, se utilizan técnicas hipnoterapéuticas de inducción naturalistas, ecológicas y sugestiones metafóricas.

Claro está, que dentro de estos **dos (2) GRANDES GRUPOS** o **DIVISIONES PRINCIPALES**, podemos encontrar una gran variedad de técnicas y metodologías algunas muy diferentes, y algunas muy parecidas entre unas y otras. Aunque por supuesto, hoy día, podemos encontrar muchos casos y evidencias de ramificaciones y combinaciones entre ambas. Como en el caso de la **hipnosis psicolingüística** o la **hipnosis con programación neurolingüística**.

*Sea cual sea, todas ellas, se basan en el **condicionamiento ideo-sensorial, ideo-motor, e ideo-emocionales**; que estimula la "hiper – sugestionabilidad del sujeto a través de la sugestión". Es decir que se convierten en un **amplificador de respuesta** o **profundizador de las experiencias sugestivas de las personas**, bien sea a un estado de **hiper-concentración**, de **hiper-creatividad** o **hiper-relajación** según sea el caso o la situación en particular en la que se esté utilizando la hipnosis en se momento. **POR EJEMPLO**: En un **Show de Hipnosis de Espectáculo** la "hiper – sugestionabilidad" junto a la **hiper-creatividad** son factores favorables para dar un buen entretenimiento. Mientras que, **Por Ejemplo:** En el caso de una **Sesión de Hipnoterapia** la **hiper-concentración** y la **hiper-relajación** serían más apropiada.*

*Este tipo de experiencia comúnmente llamado "Fenómenos hipnóticos" que ocurren en ambos casos, tanto en el **show de hipnosis de espectáculo** como en la **sesión de hipnosis clínica hipnoterapéutica**, lo que ocurre es que, el participante o el paciente experimenten ciertas transformaciones personales de un modo mucho más eficaz, efectivo y de manera mucho más sencilla y eficiente gracias al* *condicionamiento ideo-sensorial, ideo-motor, e ideo-emocionales; que provoca el **HIPNOTISTA** o el **HIPNOTERAPEUTA** a través de la estimulación de la "hiper – sugestionabilidad" es decir, que estos se convierten en un **amplificador de respuesta** o **profundizador de las experiencias sugestivas en las personas**, que le permite lograr mayores y mejores resultados con los **procedimientos hipnóticos**, que si se realizara el mismo procedimiento en el **estado de alerta** o **estado de vigilia**, es decir en el **ESTADO CONSCIENTE**.*

Por esta razón, este tipo de **fenómenos hipnóticos** permite provocar en el sujeto en cuestión una **disociación de la conciencia**, es decir, la separación entre la **MENTE CONSIENTE** y **SUBCONSCIENTE**, con lo cual, la persona será capaz de percibir los estímulos externos, a través de la atención focalizada en las **SUGESTIONES** y/o **ÓRDENES INDUCTIVAS** que se les está transmitiendo verbalmente por medio del **HIPNOTISTA** o el **HIPNOTERAPEUTA.** *Permitiendo responder a dichos estímulos u órdenes subjetivamente de forma más efectivas, **ACCEDIENDO** voluntariamente a las sugestiones e inducciones que el **HIPNOTISTA** o **HIPNOTERAPEUTA** le está dando, creando así una nueva realidad.*

HIPNOSIS CLÁSICA, Hipnosis Freudiana o Hipnosis de Espectáculo

El **Mesmerismo**, la **Hipnosis Clásica**, la **Hipnosis Freudiana** o la **Hipnosis de Espectáculo** son la más antigua, y consiste en un **método enigmático de hipnosis directa y más autoritaria.** *Se trata de la vieja escuela en la que el **hipnotizador** o **hipnotista** creía tener el poder curativo para sanar y mejorar la salud o para sugestionar e inducir a las personas, para que realizaran ciertos fenómenos hipnóticos.* Este tipo de hipnosis, se centraba en la fuerza de la **autoridad del hipnotista**, el tono de la voz, la mirada, los gestos y la postura corporal. De tal forma, que el *hipnotizador* creaba a su alrededor una imagen de misterio y poder.

En este tipo de **hipnosis clásica**, el **hipnotizador** o **hipnotista** era la figura fuerte, por ello, daba órdenes directas que el paciente o el participante debía obedecer. El representante de estos métodos era principalmente el ya mencionado **Franz Anton Mesmer** creador del **magnetismo animal**, posteriormente llamado **mesmerismo.** *Pero también fue practicada por otras grandes personalidades como **Jean-Martin Charcot** y **Hippolyte Bernheim**, hasta el mismo **Sigmund Freud** en sus inicios utilizó este tipo de **HIPNOSIS** como método terapéutico introduciendo algunas variantes a través de su **método psicoanalítico** o **psicoanálisis hipnótico**, que posteriormente se conoció como **Hipnosis Freudiana**.*

La **Hipnosis Freudiana**, se basaba en la sugestión. El paciente seguía distintos tipos de indicaciones provenientes del hipnotizador. Estas inducciones o sugestiones pueden ser de tipo **VERBALES** como las muy conocidas frases *"Duérmete, Duérmete, Duérmete Profundamente"* o *"Sueño, Sueño, Sueño Profundo"*, **VISUALES** que consistían en técnicas más directivas que permitían utilizar diferentes elementos para fijar la atención del sujeto como él *"péndulos", las "luces estroboscópicas"* y los muy conocidos *"discos hipnóticos"*, etc. Y las técnicas

CORPORALES, que consistían principalmente de ciertas posturas, gestos y ademanes. *Esta técnica parte de la idea, de que, si se sugiere a un paciente que se cure, o la persona imagine un fenómeno hipnótico puede conseguirlo. Este método puede ser eficaz si es utilizado correctamente, pero es muy limitado, dogmático y ortodoxo.*

Hoy en día este tipo de **hipnosis clásica** o **hipnosis freudiana** es el fundamento de los **HIPNÓLOGOS DE ESCENARIO** o **HIPNOTISTAS DE SHOW HIPNÓTICOS**. Sus técnicas son más directivas y autoritarias, que ocupan diferentes elementos inductivos y sugestivos para fijar la atención del sujeto a través de técnicas subliminales como son las **VISUALES**, **AUDITIVAS** y **CORPORALES** mencionadas anteriormente. Este tipo de **hipnosis clásica** o **hipnosis freudiana** funcionan mejor que otros tipos de hipnosis al momento de realizar **HIPNOSIS DE ESCENARIOS** o **SHOW HIPNÓTICOS**, gracias a que se crean grandes expectativas en la experiencia, el conocimiento y el dominio del **hipnotista** o **hipnotizador**. Ya que a los participantes les agrada que "les indiquen" en forma más directa las posibles alternativas de fenómenos hipnóticos que pueden llegar a realizar.

En general cuesta más trabajo para llevarla cabo, pero una vez conseguido, lleva a la persona a estados más profundo de profundización y trance hipnótico.

La Hipnosis Clásica, Freudiana o de Espectáculos

El **hipnotizador** o **hipnotista** induce en el paciente o al participante a entrar en un **estado hipnótico de profundización** mediante el **poder sugestivo de la palabra** hablada. *Cuando se logra producir el **trance hipnótico**, lo sugestiona con la combinación de un escenario atractivo y las declaraciones de una gran cantidad de inducciones sugestiva verbales directas y autoritarias que permiten profundizar la experiencia. Este tipo de **HIPNOSIS** tiene **cinco (5) etapas**.*

EPATAS DE LA HIPNOSIS CLÁSICA
✓ **Inducción** *(relajación)*.
✓ **Profundización** *(cuenta del 10 al 1)*.
✓ **Fenómeno** o **Trance Hipnótico** *(catalepsia, analgesia, anestesia, alucinaciones, etc.)*
✓ **Sugestión Posthipnótica** o **Intervención** *(órdenes, inducciones, patrones sugestivos y sugestiones directas positivas)*.
✓ **Despertar** *(cuenta del 1 al 19)*

Aprendiz, este es el tipo de técnicas hipnótica más antigua que se han estado empleado durante bastante tiempo, tanto en **sesiones de hipnosis clínica** y **consulta hipnoterapéuticas ortodoxas** y **modernas**, como en **show de hipnosis teatral** o **callejera**, por lo espectacular del fenómeno. *Por lo que ha conllevado a **la idea (errónea) MITO** o **TABÚ** en la que se cree que el hipnotizador dominaba la mente de la persona, ya que conseguía hacer entrar en **estado de trance hipnótico** a cualquier persona, con el simple hecho de darle la orden duerme para que durmiera.*

Como practicantes de técnicas de HIPNOSIS CLÁSICA podemos citar a:

✓ Técnica motivacional de W. Kroger. *(Kroger, 1974)*.
✓ Técnica de fijación de la mirada. *(Propuesta por Braid)*.
✓ Técnica del apretón de manos. *(Handshake induction por Anthony Jacquin)*
✓ Método del balanceo postural *(Watkins, 1949)*.
✓ Método de Dave Elman *(Dave Elman)*. Entre otras que estudiarnos más adelante. *Estas técnicas se pueden realizar bien sea con los ojos abiertos (fijación ocular), o con los ojos cerrados, combinado con el (apretón de manos handshake, relajación progresiva, visualizaciones creativas dirigidas, etc.).*

HIPNOSIS ERICKSONIANA o Hipnosis Terapéutica

La **Hipnosis Ericksoniana** o la **Hipnosis Terapéutica** son más moderna y efectiva. Su creador el **Dr. Milton H. Erickson**, la utilizó con gran éxito y eficacia en sus sesiones hipnóticas, ya que es más permisiva, es decir les proporcionaba a las personas los elementos que el paciente o coachee necesitaba, y éste va tomando voluntariamente sus propias decisiones, elecciones, rutas y caminos en el proceso para llegar a una interpretación subjetiva de la realidad que le resulte más lógica dentro de su estructura psicológica o mapa mental. *Por esta razón, es que es una de las técnicas más poderosas y funcional aún en estados de trance hipnóticos ligeros.*

Este tipo de **métodos de hipnosis permisiva**, es mucho más efectiva y eficaz, con resultados perdurables a corto, mediano y largo plazo en las *sesiones de coaching*, y en las *sesiones de hipnosis clínica terapéutica*, su principal impulsor es el ya mencionado **Dr. Milton H. Erickson**, que se dio cuenta de que el método autoritario o hipnosis clásica ortodoxa no era tan eficaz a largo plazo, y que no daba verdaderos resultados perdurables que permanecieran en los pacientes.

El **Dr. Milton H. Erickson** *empezó a usar un método más indirecto y permisivo, es decir, en vez de dar órdenes directas, utilizaba metáforas para hacer llegar las sugestiones o inducciones de manera más subjetivas en la mente inconsciente del paciente.* Si una sugestión o indicción no daba resultados, en lugar de forzarla, la modificaba sutilmente hasta que fuera aceptada voluntariamente por la persona.

La **HIPNOSIS ERICKSONIANA** era una terapia más permisiva que necesitaba de la participación voluntaria y consciente por parte del paciente, en contrapuesta a la **Hipnosis Clásica, Freudiana o de Espectáculos** que era autoritaria y se valía de elementos externos para lograr tal fin. <u>Por ejemplo</u>: *Una **sesión de hipnosis ericksoniana** se podía llevar a cabo a través de una sencilla conversación (**HIPNOSIS CONVERSACIONAL**) en la que el **hipnoterapeuta** lleva al paciente a entrar en un estado de trance hipnótico ligero, y que progresivamente a través de las inducciones verbales sugestivas permitiá finalmente llevar al paciente a entrar en un estado de trance deseado más intenso de profundización, que permitiá finalmente acceder poco a poco a la mente inconsciente y subconsciente del paciente, libre y sutilmente.*

La **HIPNOSIS ERICKSONIANA** o **HIPNOSIS TERAPÉUTICA** consisten en llevar a los pacientes a un estado de trance, pero sin la sugestión directa y autoritativa que suponía la **Hipnosis Clásica, Freudiana o de Espectáculos**. Esta última es más participativa y dialogante con la persona que la recibe, teniendo como metodología el lenguaje metafórico que utiliza el hipnoterapeuta, que viene a ser más simbólico.

En otras palabras, podemos decir que, la **hipnosis ericksoniana** hace más hincapié en la facultad del paciente a participar voluntariamente en las **sesiones hipnóticas**, no importando tanto el estado inconsciente de trance *(fenómeno hipnótico)* como la predisposición intencional del paciente a realizar la terapia.

Este tipo de hipnosis terapéutica utiliza como metodología, el uso de *metáforas, parábolas, alegorías, historias, cuentos y narraciones* a través la **HIPNOSIS CONVERSACIONAL** en conjunto con ciertos **PATRONES HIPNÓTICOS PERSUASIVOS** utilizados como una poderosa herramienta *influyente* y *seductiva* esencial en el *TRANCE HIPNÓTICO.* Convirtiéndose todos estos elementos de forma sinérgica en una herramienta efectiva para conseguir el estado hipnótico deseado. *Se ha demostrado que este tipo de hipnoterapia ericksoniana es muy eficaz en muchos casos, como, por ejemplo: el Dejar de tomar, fumar o adelgazar con hipnosis.*

Es por tal razón, que la **Hipnosis Ericksoniana** o **Hipnosis Terapéutica** es muy utilizada por la mayoría de los **HIPNOTERAPEUTAS** modernos de la actualidad. Una de las cualidades de la **HIPNOTERAPIA** desarrollada por el **Dr. Milton H. Erickson**, es que desmiente los **tabúes** o **mitos** creados alrededor de la hipnosis como lo son: *La creencia de tener que "dormirse profundamente" dejarse llevar y "perderse en el inconsciente" y "sujetarte a la voluntad del hipnotizador" para poder lograr un cambio en los hábitos de conductas o en la forma de percibir los problemas,* ya que como lo hemos estudiado en los apartados anteriores, esto no es real, y es absolutamente falso por varias razones.

1º El estado de trance no es dormir, esto es solo metafórico, ya que necesitamos mantenernos despierto para poder recibir las sugestiones del hipnoterapeuta.

2º En el estado de trance siempre nos mantenemos consciente de nuestras acciones, así que en ningún momento nos perdemos en el inconsciente.

3º El participante o paciente jamás se sujeta a la voluntad del hipnoterapeuta, solo permite de manera voluntaria recibir las sugestiones, que finalmente permiten producir los cambios deseados, si la persona así lo desea.

La **Hipnosis Ericksoniana** o **Hipnosis Terapéutica** está más ligada a nuestro modo actual de vida, y es en general más aceptada por los pacientes, coachees y personas en general, por la seriedad y ética que representa, ya que esta nueva escuela de hipnosis es mucho más respetuosa con los principios y valores del paciente, y es mucho más eficaz que la antecesora, *porque hoy en día, la gente evita las "teatralidades" por miedos infundados que se originaron en épocas pasadas.*

Escrito por el **Máster Coach YLICH TARAZONA**

Hipnosis Ericksoniana o Hipnosis Terapéutica

Como nos hemos referido anteriormente, en la **Hipnosis Ericksoniana** o **Hipnosis Terapéutica**, ni el grado de **sugestionabilidad** ni la **profundidad** del **trance hipnótico** tiene mayor importancia, sino más bien, *se enfoca principalmente en la facultad del paciente a participar voluntariamente en las sesiones hipnóticas*, no importando tanto el estado inconsciente de trance **(fenómeno hipnótico)** como en la *predisposición intencional y voluntaria de la persona* a quien se le realiza la terapia.

Incluso con la llamada "HIPNOSIS CONVERSACIONAL" o "PATRONES HIPNÓTICOS PERSUASIVOS" se logran resultados extraordinarios en las personas, sutil y subjetivamente sin necesidad de introducir a la persona en un estado de trance hipnótico profundo. Ya que la clave está en el lenguaje verbal utilizado.

Es decir, que la clave de este tipo de **HIPNOSIS ERICKSONIANA** o **HIPNOSIS TERAPÉUTICA** se basa en la **comunicación efectiva**, a través de **patrones** y **comandos hipnóticos sugestivos** que se le comunican al paciente o participante a través del **lenguaje metafórico** y **simbólico.** Ya que éste tipo de expresiones verbales, sugestiones e inducciones sutiles son capaces de estimular subjetivamente una gran variedad de **sensaciones multi-sensoriales** tanto a nivel **(Visual, Auditiva y Kinestésica)** en el paciente o participante, lo que permiten evocar imágenes, sonidos, sensaciones y emociones, en la mente del sujeto, que finalmente les permiten **ADOPTAR LAS NUEVAS IDEAS**, evitando así, la menor resistencia al cambio, y **CREANDO un mayor impacto psíquico - emocional** en el proceso de **autosugestión hipnótica** o **hiper-sugestionabilidad consciente.**

Este tipo de HIPNOSIS se caracteriza por los siguientes elementos:

✓ Enfocar al paciente a lo positivo y al resultado final deseado.

✓ Ofrecer sugestiones indirectas, no autoritarias ni impositivas.

✓ Usar el lenguaje figurado y las metáforas para inducir resultados permanentes.

✓ Dirigir la terapia a la búsqueda de una solución pactada con el paciente y el hipnoterapeuta previamente desde la primera sesión.

✓ Potencia los recursos internos que el paciente ya posee para que pueda solucionar problemas por si sólo o para potenciar el aprendizaje.

✓ Respetar los principios y los valores intrínsecos del paciente, permitiendo que ellos puedan ir pasando por un proceso progresivo de cambios positivos, sin imponerles órdenes directas, sino sugerencias a través de sugestiones sutiles e inducciones hipnóticas efectivas según las necesidades de cada persona.

LA HIPNOSIS PSICOLINGÜÍSTICA o Hipnosis Con Programación Neurolingüística

*La **Hipnosis Psicolingüística** o **Hipnosis** con **Programación Neurolingüística** (PNL) es un **modelo de comunicación interpersonal efectiva** que se ocupa fundamentalmente de la relación entre los **comportamientos** y las **experiencias subjetivas** de las personas a través de la **HIPNOSIS**.* En especial, modelos de **pensamiento subyacentes** estimulados por medio de los **fenómenos hipnóticos**.

Hipnosis Psicolingüística o **Hipnosis** con **Programación Neurolingüística** también constituye un sistema de **hipnoterapia alternativa** que pretende educar a las personas en un **autodescubrimiento** de la **conciencia**, por medio de la **HIPNOSIS** y la comunicación efectiva. Y de esta manera pretende cambiar sus modelos de conducta mental y emocional a través del **METAMODELO**.

La **HIPNOSIS PSICOLINGÜÍSTICA** o la **HIPNOSIS CON PROGRAMACIÓN NEUROLINGÜÍSTICA** son una técnica de la **HIPNOSIS** reciente muy interesante, en constante evolución que toma lo mejor de la **HIPNOSIS CLÁSICA** y la **HIPNOSIS ERICKSONIANA** y la fusiona junto a la **Terapia Familiar** y la **Psicoterapia Gestalt**, pero le añade un componente muy especial **EL METAMODELO DEL LENGUAJE** que es la precursora de la teoría de gramática transformacional de Chomsky en relación a la **Estructura Superficial** y la **Estructura Profunda** (1956 – 1966).

Los estudios de los **Doctores JOHN GRINDER** *(Psicólogo, Lingüista)* y **RICHARD BANDLER** *(matemático, psicólogo gestáltico y experto en informática)* muestran claramente que lo que nos distingue especialmente de los demás seres vivientes es precisamente el **LENGUAJE**. Aún nuestros pensamientos están "impregnados" o "registrados" en relación al lenguaje que usamos y su significado, en pocas palabras, gran parte de nuestro comportamiento está determinado por el lenguaje que utilizamos, con el que nos educaron y con el que nos expresamos.

En la **HIPNOSIS PSICOLINGÜÍSTICA** o la **HIPNOSIS CON PROGRAMACIÓN NEUROLINGÜÍSTICA**, el término "**Estructura Superficial**" se usa para referirse al lenguaje y experiencias sensoriales a través de un conjunto de *palabras y sonidos (para el habla), o símbolos, signos e imágenes, (para el escrito).* Desde el interior de *la estructura profunda* hasta la exteriorización del mensaje en la *estructura superficial*, el contexto o contenido de la experiencia va transformándose a medida que se aproxima a la superficie. *Es importante destacar que tanto el lenguaje como la experiencia sensorial del paciente o coachee pertenecen a niveles lógicos diferentes, y cada modalidad representacional puede ser traducida mediante el lenguaje hablado o escrito bien sea por palabras o frases.* En otras palabras, a través del **METAMODELO DEL LENGUAJE** podemos representar las experiencias vividas por cualquier experiencia sensorial de una personal, lo que permite al **Hipnoterapeuta** o **Coach con PNL** llevar la **Sesión de Hipnosis** fundamentados en estos principios.

Por otra parte, aprendiz, en la **HIPNOSIS PSICOLINGÜÍSTICA** o la **HIPNOSIS CON PROGRAMACIÓN NEUROLINGÜÍSTICA**, el término "**Estructura Profunda**" se usa para referirse al *significado de cada palabras y sonidos (en el habla), o símbolos, signos e imágenes, (en el escrito)* para cada persona según su experiencia interna. La **ESTRUCTURA PROFUNDA** representa – La Mente – que soporta o contienen el significado de la oración. *(Es abstracta).* Por lo que la **PNL** o **PROGRAMACIÓN NEUROLINGÜÍSTICA** considera que la *estructura profunda* está compuesta por las experiencias sensoriales y emocionales. Y considera al lenguaje hablado o escrito como una experiencia secundaria que se deriva a través de las experiencias primarias. Al tener esto en cuenta en las **sesiones de hipnosis**, es mucho más sencillo provocar en el sujeto una *disociación de la conciencia*, es decir la separación entre la *MENTE CONSIENTE y SUBCONSCIENTE*, utilizando el **METAMODELO DEL LENGUAJE**, para logra tal fin. *Con la finalidad, que la persona sea capaz de percibir los estímulos externos, a través de la atención focalizada en las* **sugestiones** *y/o* **órdenes inductivas** *que se les está transmitiendo verbalmente, permitiendo reaccionar o responder a dichos estímulos subjetivamente, accediendo voluntariamente a las* **sugestiones** *e* **inducciones** *que el* **Hipnólogo** *le está dando.*

El **METAMODELO DEL LENGUAJE** fue desarrollado por los doctores **Grinder** y **Bandler** como un medio para trabajar con la *estructura superficial* del lenguaje para poder ayudar a las personas a enriquecer su modelo de mundo recuperando su *estructura profunda* y reconectándose con la experiencia primaria. *Ya que, de alguna manera, todas las técnicas de* **HIPNOSIS** *con* **PNL** *son un intento de crear una mayor y mejor conexión holística integral entre la estructura superficial y la estructura profunda del paciente o coachee.* Permitiendo utilizar estos modelos para cambiar la forma en que los sujetos registran los eventos en su estructura mental.

En otro orden de ideas, podemos decir que la **HIPNOSIS PSICOLINGÜÍSTICA** *o la* **HIPNOSIS CON PROGRAMACIÓN NEUROLINGÜÍSTICA** *son intervenciones lingüísticas que hacen que el paciente o coachee mejore modificando los programas internos de acción mediante la utilización del* **METAMODELO DEL LENGUAJE**, *por eso la* **Hipnosis Ericksoniana** *tiene mucha relación directa con la* **Hipnosis con PNL**.

¿QUÉ ES UN METAMODELO? y ¿Cómo se Aplica a la Hipnosis?:

El **META-MODELO** es el estudio del lenguaje de su estructura y significado; y como esta afecta a cada persona subjetivamente. Desde el punto de vista de la **PNL**, **META** deriva del **GRIEGO** y significa **DENTRO DE "o" MAS ALLÁ**. Un **metamodelo** entonces es la representación **DENTRO DE** una representación o un **modelo** que va **MAS ALLÁ** de los **modelos**. *Por lo tanto, el* **META-MODELO DEL LENGUAJE** *sería un conjunto de* **formulario ideal** *o* **SUGESTIONES HIPNÓTICAS** *que va* **dentro de** *una serie de "preguntas claves" o* **preguntas inteligentes inductivas, sugestiones** *e* **inducciones** *que van* **más allá** *de las palabras, para mejorar nuestros procesos comunicativos en los* **estados de trance hipnóticos**.

Por tal razón, el **Modelo de Preguntas Mágicas** a través de las **SUGESTIONES** e **INDUCCIONES** que propone la **HIPNOSIS PSICOLINGÜÍSTICA** o la **HIPNOSIS CON PROGRAMACIÓN NEUROLINGÜÍSTICA** se conoce con el término **METAMODELO DEL LENGUAJE HIPNÓTICO**.

Como hemos aprendido hasta ahora, hay una amplia y gran variedad de técnicas hipnóticas. El método que se elija dependerá de lo que se quiere lograr, así como las preferencias personales de cada persona que participa en las sesiones de hipnosis. *Es importante destacar en este punto, que el hipnotista, hipnotizador o hipnoterapeuta elegirá y recomendará la mejor técnica según la necesidad del sujeto.*

<u>**Por ejemplo,**</u> Uno de los métodos más efectivos que se pueden utilizar en una **hipnoterapia**, en una **sesión de coaching**, o en una **sesión hipnosis con PNL**, sería la **HIPNOSIS ERICKSONIANA.** *Ya que esta permite que el hipnoterapeuta lleve la sesión de hipnosis, utilizando el lenguaje metafórico y simbólico, hablando en un tono de voz suave, pausado y relajado, describiendo imágenes que crean en el paciente o coachee una sensación de relajación, profundización, seguridad y bienestar.* Mientras el sujeto en cuestión, está bajo el trance hipnótico, el hipnoterapeuta sugiere maneras idóneas con las que el paciente pueda conseguir objetivos específicos, a través de sugestiones subjetivas e inducciones indirectas que les permitan lograr un fin en concreto. *Estas sugestiones e inducciones podrían utilizarse según el caso de cada persona en particular, por ejemplo, en la reducción del dolor o el estrés o ayudar a eliminar la ansiedad asociada con dejar de fumar, etc.*

Cómo podemos apreciar aprendiz, las probabilidades con este **TIPO DE HIPNOSIS TERAPÉUTICA ERICKSONIANA SON ILIMITADAS**, claro está, que están sujetas a la habilidad de "**hiper – sugestionabilidad**" de la persona que accede al trance hipnótico y a la capacidad del **hipnoterapeuta** para **amplificar las respuestas** a través de **profundizar las experiencias sugestivas** de las personas a la cual se está hipnotizando y lograr los objetivos deseados.

Otra técnica muy efectiva en este caso, aplicada tanto a la **HIPNOSIS PSICOLINGÜÍSTICA** como a la **HIPNOSIS CLÁSICA** es la **AUTO-VISUALIZACIÓN**, que permite al **hipnotista** o **hipnotizador** una vez que ha llevado a entrar a un estado de trance hipnótico profundo al sujeto, a través de las técnicas de la **HIPNOSIS** ayuda al participante a estimular su "**hiper – sugestionabilidad**" al activar su "**hiper – imaginación**" o "**hiper – creatividad**" para que acepte órdenes tanto directas como indirectas a través de sugestiones e inducciones específicas que permitan crear ciertas imágenes mentales que faculten al sujeto visualizar y reproducir claramente el **fenómeno hipnótico** que se quiere lograr.

Esta creación visual de imágenes mentales o cuadros vívidos de una situación específica se les conoce como **VISUALIZACIONES MENTALES**, y es una de las técnicas **SUGESTIVAS** e **INDUCTIVAS** tanto de la **HIPNOSIS PSICOLINGÜÍSTICA** como de la **HIPNOSIS CLÁSICA**, ya que es muy poderosa para ayudar a los participantes o pacientes a conseguir el **fenómeno hipnótico** deseado que se quiere lograr. **POR EJEMPLO.** *Se hace que la persona se imagine una situación de inmovilidad bien sea de ojos, brazos u otras extremidades de su cuerpo, esta acción es conocida en el mundo de la hipnosis como* **CATALEPSIA.** *Una vez que se* **sugestiona** *al sujeto con* **inducciones directas** *e* **indirectas** *a crear y reproducir dicha inmovilidad o catalepsia en alguna parte de su cuerpo específica, se comienza la* **profundización** *de la* **experiencia hipnótica** *a través de* **órdenes y sugerencias verbales, sugestiones subjetivas** *e* **inducciones directas e indirectas continuas y progresivas,** *que van provocando en el participante finalmente una inmovilidad o catalepsia, una vez entrado en el trance hipnótico y haber aceptado las sugestiones del hipnotizador y las inducciones sugestivas del hipnotista que le ordena sutilmente perder la movilidad momentánea de esa parte del cuerpo de la cual se imaginó y se le ordeno inmovilizar. Una vez logrado este primer objetivo, el hipnotizador procede a por medio de la profundización a fortalecer la realidad creada en la mente subconsciente del sujeto a través de las sugestiones verbales. Que son las que finalmente logra conseguir en el individuo el* **fenómeno hipnótico** *de la inmovilidad o catalepsia de esa parte del cuerpo en especial una vez que acepto completamente la sugestión y accedió a crear esa realidad impuesta por el hipnotista.*

Una tercera técnica muy poderosa; en este caso en la **HIPNOTERAPIA** es la **AUTO-HIPNOSIS**. Donde un hipnotista o hipnoterapeuta le enseña al individuo a inducir un **estado de hipnosis** en sí mismo. Y luego la persona; puede continuar, utilizando esta habilidad por su cuenta, una vez aprendida la técnica y la metodología para ayudarse a superar asimismo ciertos hábitos o mejorar su autoconfianza y seguridad personal, cada vez que así lo necesite. *Es importante destacar que toda* **HIPNOSIS** *es una* **AUTOHIPNOSIS,** *y toda* **relajación** *es una* **auto-relajación.** Ya que el hipnotizador da una serie de sugestiones e instrucciones, pero es el sujeto en cuestión el que se las repite a sí mismo, **autosugestionándose** y llegando al estado hipnótico deseado. *En otras palabras, todo tipo de* **hipnosis** *sea esta* **Ericksoniana, Freudiana** *o* **Psicolingüística** *es* **AUTO-HIPNOSIS** *ya que la persona es la que se permite así misma entrar en el* **estado hipnótico deseado.**

"El ÉXITO no es un acontecimiento de un solo día, es un proceso que se repite toda la vida. Usted puede ser un ganador en su vida si se lo propone. YA QUE NACISTE Y ERES UN TRIUNFADOR desde el instante de la concepción... Recuerda: Las personas exitosas realizan actividades que les permitan ganar de vez en cuando; porque saben que tanto el triunfo, la victoria, así como la conquista son hábitos que deberían desarrollarse constantemente en su estilo de vida... Las personas exitosas; asimismo tienen presente que, perdiendo también se gana. Porque saben que cada fracaso los acerca más a su propósito y que cada derrota los fortalece y les enseña lo que deben mejorar. En fin y al cabo; tanto los triunfos como las derrotas, son tan importantes para el éxito, que cuando aprendemos de ellas nos hacemos más fuertes y merecedores de vivir ese estilo y calidad de vida extraordinaria por la que tanto nos hemos esforzamos día tras día" -. YLICH TARAZONA. -

Bueno APRENDICES, ¡Hemos llegado al final de esta lección, hasta aquí has aprendido sobre historia de la HIPNOSIS su evolución y desarrollo a través de los siglos! **ESPERO QUE TE HAYA GUSTADO ÉSTE PRIMER CAPITULO INTRODUCTORIO**… Si tienes alguna duda o si hay algo que tal no entendiste; tranquilo es normal, al iniciar un nuevo aprendizaje :**)**. Bueno; ten siempre presente que, "*Si tienes alguna pregunta, puedes* **"Escribirme directamente a mi (E-mail)**.

MásterCoach.YlichTarazona@gmail.com
http://www.reingenieriamentalconpnl.com

EL PODER DE UN PROPÓSITO: "*Saber cuál es el propósito que le da sentido a nuestra existencia, es lo que nos permite finalmente redescubrir porque estamos aquí y para que hemos nacido. **Recordemos que todos hemos nacido con un propósito, todos tenemos una misión.** Y cuando la descubrimos y vamos en pos de ella, esto no solo le dará sentido a nuestra existencia, sino que abrirá un sinfín de probabilidades que nos llevaran directo a nuestro lugar de destino*" -. **YLICH TARAZONA**. -

CAPÍTULO II: DEFINICIONES, CONCEPTOS, TEORÍAS Y PRINCIPIOS ELEMENTALES DE LA HIPNOSIS

Hola que tal, campeones y campeonas, me alegro que ya nos encontremos en el segundo capítulo de este libro, en la primera parte te introduje en la historia de la **HIPNOSIS** su evolución y desarrollo a través de los siglos. Ahora aprendiz, entraremos a estudiar las **Definiciones**, **Conceptos**, **Teorías** y **Principios Elementales** de la **Hipnosis**. - *Para comenzar este segundo capítulo es propicio conoce la <u>Definición de la palabra HIPNO-SIS por su Origen en la Raíz Griega:</u>*

• "**HIPNO**": Que significa "**SUEÑO**" que proviene de la **MITOLOGÍA GRIEGA (Hypnos),** que era la personificación del *(sueño)*, hijo de Érebo *(dios de la oscuridad y la sombra)* y Nix *(diosa de la noche)*, y hermano gemelo de Thánatos *(dios de la muerte)* y padre de Morfeo *(dios del sueño)*.

• "**SIS**": Sufijo que significa **acción, proceso, resultado de...,** o **estado mental irregular**. Por lo tanto, la **HIPNOSIS** sería una **acción** o **proceso** de **resultado de** un **estado mental irregular** de "**hiper – sugestionabilidad**" combinada y fusionada sinérgicamente con estados de "**hiper – imaginación**", "**hiper – creatividad**" e "**hiper – concentración**" *Creando como resultado, que el individuo conectara con su* **inconsciente** *o* **mente subconsciente**, *creando una indiferencia* **consciente** *del resto de las demás realidades o percepciones a su alrededor, abandonado todas las demás ideas, opiniones e impresiones del pensamiento, creando así una nueva realidad subjetiva.*

Por tal razón aprendiz, la **HIPNO-SIS** *al provenir del vocablo griego* **(Hypnos)** *que significa sueño, se le asocia* **simbólica** *y* **metafóricamente** *al adormecimiento, al sueño o al letargo, Pero recordemos que la expresión* **HIPNOSIS**, *solo es una referencia alegórica de la* **MITOLOGÍA GRIEGA (Hypnos)** *y a las* **PRÁCTICAS EGIPCIAS ANTIGUAS** *que se asocian a* **(Los Templos del Sueño Egipcios)** *que se practicaban en la antigüedad. <u>Aunque en la actualidad y en la práctica real, la</u>* **<u>HIPNOSIS MODERNA</u>** <u>no tiene nada que ver con el acto de "DORMIRSE, SOÑAR o ADORMECERSE" literalmente.</u>*

Como ya se ha comprobado científicamente la **HIPNOSIS** *es* **"Un estado fisiológico normal del ser humano, donde se producen ciertos fenómenos fisiológicos semejantes al sueño REM, que al activarse por medio de las sugestiones e inducciones hipnóticas declaradas por el hipnotista, permite la aparición de respuestas ideo motoras, ideo sensoriales, e ideo-emocionales, pero el sujeto en cuestión siempre se mantiene despierto y alerta en todo momento, solo que en un estado de relajación y concentración mucho más elevado que el estado de vigilia.**

Aunque es verdad que ciertas funciones del **estado REM del sueño** *entra en juego en los* **procesos hipnóticos;** *es importante resaltar aprendiz, como ya hemos aclarado anteriormente que el* **ESTADO DE TRANCE HIPNÓTICO** *es muy diferente al* **SUEÑO FISIOLÓGICO** *normal que conocemos como el acto de* **(DORMIR)**". *Ya que repito, en ningún momento del procedimiento, las personas en el* **estado de trance hipnótico** *caen en algo como un sueño profundo, ni mucho menos se duermen literalmente en el trance.*

Definiciones de la HIPNOSIS

La **HIPNOSIS** es un **estado mental** o un **grupo de actitudes generadas a través de una disciplina llamada HIPNOTISMO**. Usualmente, la **HIPNOSIS** se compone de una serie de **instrucciones verbales** y **sugestiones preliminares**. Dichas **inducciones** pueden ser generadas por un **hipnotista, hipnotizador** o **hipnoterapeuta** en una **terapia** o **sesión hipnótica**, así como también, pueden ser *"autoinducidas (autosugestión)" por la misma persona "AutoHipnosis"*.

Al usar la **HIPNOSIS**, una persona *(el sujeto "participante o paciente")* es **dirigido** o **guiado** por un **especialista** *(el hipnotista, hipnólogo o hipnotizador)* para responder a **sugestiones verbales** e **inducciones preliminares** a cambio de recibir **experiencias internas subjetivas**. *Estas experiencias internas subjetivas o fenómenos hipnóticos producen en (el sujeto "participante o paciente") alteraciones en su percepción de la realidad, al igual que una amplificación de las sensaciones multisensoriales, que permiten aumentar los niveles de hiper-sugestionabilidad estimulando y redirigiendo sus emociones, pensamiento, emociones, acciones y comportamiento a un estado hipnótico deseado.* En otras palabras, la **HIPNOSIS** es un **estado mental amplificador de las respuestas internas** o **profundizador de las experiencias sugestivas** que está experimentando *(el sujeto "participante o paciente")* a través de un **estado hipnótico inducido que permite la aparición de respuestas ideo motoras, ideos sensoriales, e ideo-emocionales** que faculta a la persona a lograr mayores y mejores resultados con los procedimientos hipnóticos. *Claro está aprendiz, que en esta disciplina las personas también pueden aprender a "auto-inducirse o (auto-sugestionarse)" así mismas a través de la AUTO-HIPNOSIS, que es la capacidad o habilidad de emplear procedimientos AutoHipnóticos efectivos en uno mismo y generar los cambios positivos y favorables que se desean.*

Por estas razones, *podemos reafirmar que la HIPNOSIS provoca temporalmente* en el sujeto una **DISOCIACIÓN DE LA CONCIENCIA**, es decir, la separación temporal del **FACTOR CRITICO** entre su **MENTE CONSIENTE** y su **INCONSCIENTE** o **MENTE SUBCONSCIENTE**, con lo cual, *las personas son capaces de percibir y experimentar los estímulos externos*, a través de la **atención focalizada** en las **SUGESTIONES** y/o **ÓRDENES INDUCTIVAS** que se les están transmitiendo a través del **especialista** *(hipnotista, hipnólogo o hipnotizador)*, *permitiendo de esta manera, responder positiva y afirmativamente a dichos* **estímulos** u **órdenes** *subjetivamente de forma más efectivas,* **ACCEDIENDO** *voluntariamente a las* **sugestiones** e **inducciones** *recibidas, creando así esa nueva realidad.*

Es importante puntualizar que el uso de la **HIPNOSIS** con fines **terapéuticos** se conoce como **HIPNOTERAPIA**. *Aunque la hipnosis también es utilizada para fines de entretenimientos, como es en los casos de los shows de hipnosis de espectáculos.*

<u>OTRA DEFINICIÓN Y TEORÍAS MENOS CONOCIDA DE LA HIPNOSIS:</u>

<u>Teoría de los Estado Alpha y Theta</u>. Gracias a los datos recogidos por la **electro-encefalografía**, los cuatro mayores esquemas de los **niveles de frecuencia** u **ondas cerebrales** de los impulsos eléctricos que dispara el cerebro han sido identificados. Esta teoría enseña que la **HIPNOSIS** o *ESTADOS DE TRANCE HIPNÓTICO no son otra cosa que una transformación temporal de la conciencia de hiper sugestionabilidad en el momento en que la atención consciente del individuo disminuye en sus **niveles de frecuencias** y **ondas cerebrales ALFA / ALPHA entre 13 a 8 Hz** o **ciclos por segundo "TRANCE LIGERO"** o **entre 7 a 4 Hz** o **ciclos por segundo de los niveles de frecuencias** y **ondas cerebrales ZETA / THETA "ESTADO DE HIPNOSIS PROFUNDA"**. Lo que permite pasar de la percepción del mundo exterior, hacia la percepción que existe adentro de nosotros mismos. Permitiendo que la persona en el **estado de trance hipnótico** se ponga en un contacto directo y más profundo con su propio cuerpo, pensamientos y emociones, con la intención de interiorizar subjetivamente sobre un punto específico, tema, idea, sentimiento, recuerdo o situación en particular, de manera que se encuentra totalmente concentrado en sus propios procesos internos, que les faculta finalmente desconectarse del entorno o medio ambiente que les rodea permitiéndoles entrar en un **hiper estado mental superior** en la que son capaces de dejar de percibir las cosas que les rodean y concentrarse solo en una idea.*

COMO POR EJEMPLO: Sucede en los casos de **las sesiones milenarias** de los **monjes tibetanos** que entran en una clase de **ESTADO DE MEDITACIÓN PROFUNDA**, que les permite activar su **gandula pineal** y por ende las facultades conscientes de lo que ellos llaman **conciencia superior**, que les permite activar una tipo de **sueño lucido** o **la proyección astral** mediante la **MEDITACIÓN**, debido a una focalización atencional estrecha a una solo idea en particular o estado de **consciencia mayor**, a la que ellos llaman **ESTADO DE ILUMINACIÓN**.

Otra de las definiciones fisiológica de la **HIPNOSIS** atribuida a la **TEORÍA DE LOS ESTADO ALPHA Y THETA** es la que corrobora que el **nivel de frecuencia** y **ondas cerebrales** de los impulsos eléctricos necesario y más propicios para trabajar en temas tales como cambios de comportamiento, conducta, paradigmas, hábitos, estados de ánimo, sentimientos, emociones y pensamientos, es el **ESTADO ALFA / ALPHA. El ESTADO ALFA / ALPHA** también es propicio para estimular las capacidades de la mente consciente y activar los poderes ilimitados de la mente subconsciente. *Otra declaración fisiológica de la **HIPNOSIS** atribuida a la **TEORÍA DE LOS ESTADO ALPHA Y THETA** es la que afirma que el **ESTADO ZETA / THETA** se requiere para un cambio terapéutico de mayor transcendencia. El **ESTADO ZETA / THETA** también está asociado por ejemplo con la **HIPNOSIS QUIRÚRGICA**, utilizada para realizar cirugías a través de la **hipnoanestesia** y la **hipnoanalgesia**.*

Otro de los descubrimientos más recientes y de mayor transcendencia en el estudio de la **HIPNOSIS** como se ha demostrado a través de los años, y que ha quedado evidenciado en los cientos de estudios e investigaciones sobre la **TEORÍA DE LOS ESTADO ALPHA Y THETA**, es que la **HIPNOSIS** o el **ESTADO DE TRANCE HIPNÓTICO**, en realidad es una facultad meditativa e intuitiva que desarrollamos la mayoría de los individuos sin darnos cuenta de ello.

*__POR EJEMPLO__: La gran mayoría de las personas de alguna u otra manera entramos y salimos permanentemente de "**estados de trances hipnóticos**" "**estados ALFA /ALPHA**" o "**ESTADO ALTERADO DE CONCIENCIA**", como también se le llama. Una buena prueba de esta afirmación, seria, por dar un **ejemplo** cotidiano; cuando entramos en un ascensor distraídos, absortos en una idea, pensamiento o suceso, luego de unos segundos la puerta se abre, y sin darnos cuentas nos bajamos del ascensor, para luego darnos cuenta de que aún nos faltaban algunos otros pisos más para hacerlo.*

*__OTRO BUEN EJEMPLO__: Muy común en los **ESTADOS DE TRANCE HIPNÓTICO INVOLUNTARIO**, sucede a menudo cuando conducimos nuestro vehículo, y sabemos exactamente dónde tenemos que cruzar para llegar a nuestro lugar de destino, pero por unos instantes nos distraemos en un una idea, pensamiento o suceso, entonces en cuestiones de segundos, entramos en un "**estado ALFA /ALPHA**" o "**ESTADO ALTERADO DE CONCIENCIA**", que hace que nos pasamos el cruce, porque veníamos distraídos pensando en otra cosa. **Esto quiere decir APRENDIZ, que en menor o en mayor grado, todas las personas entramos en "ESTADOS DE TRANCE HIPNÓTICOS" INVOLUNTARIOS o "ESTADO ALTERADO DE CONCIENCIA"** de manera inconsciente.*

Como pudimos darnos cuanta aprendiz; por los ejemplos anteriores, las personas no solo entran una y otra vez en **ESTADOS DE TRANCE HIPNÓTICO INCONSCIENTES**, sino que además tenemos la facultad de poner en trance a otras personas. Y te lo voy a demostrar.

__UN BUEN EJEMPLO DE ESTO__: Sucede cuando le contamos a alguien una historia fascinante, o le relatamos un acontecimiento o situación que vivimos, y lo hacemos con tal intensidad y emoción, que la persona que nos escucha comienza a ser capaz de imaginarse vívidamente la situación, y a recrear en su mente cada acontecimiento como si lo estuviera viviendo personalmente en ese preciso momento. "{[En este instante, la persona que escucha atentamente la historia, queda tan absorto en el relato, que entra en un estado de trance ALFA o "ESTADOS ALTERADOS DE CONCIENCIA" sin siquiera darse cuenta o percatase de ello]}".

Y esta misma situación aprendiz, de *"ESTADO ALTERADO DE CONCIENCIA"* sucede y se repite muy regularmente, __POR EJEMPLO__: Cuando **vemos una buena película** y nos **adentramos tanto en las historias** y **en el argumento de la misma**, que **la película termina por sumergirnos en la trama**, de tal manera, que quedamos **HIPNOTIZADOS** por el film. De una manera tal, que finalmente **comenzamos a recrear las mismas situaciones, acontecimientos, vivencias, pensamientos, sentimientos y estados emocionales por los que están**

pasando los protagonistas. A tal punto; es así, que **experimentamos sus mismas emociones**, bien sean estas de **miedo, terror, suspenso, drama, dolor, tristeza, alegría, felicidad, amor, pasión, excitación, sensualidad** y hasta **deseo**. En fin, generamos una gran cantidad de situaciones **MULTI-SENSORIALES** que nos producen una **RESPUESTA INCONSCIENTE EN NUESTRO ORGANISMO** y que llamamos **ESTADO DE TRANCE HIPNÓTICO INVOLUNTARIO**. Y todo esto estímulos **multisensoriales** aprendiz, suceden dentro de nosotros internamente, sin siquiera darnos cuenta de ellos. *Es decir, que todas estas **RESPUESTAS INCONSCIENTES** suceden en nuestra **MENTE SUBCONSCIENTE** por medio de estas **REPRESENTACIONES SENSORIALES (Visual, Auditiva o kinestésico)** que vivimos y experimentamos en nuestra vida cotidiana diariamente todos los días.*

Ondas Cerebrales y Frecuencias EEG o Estados e Actividad Oscilatoria Neuronal relacionados a la Hipnosis.

*Para continuar con el tema anterior de la **TEORÍA DE LOS ESTADO ALPHA Y THETA** y los **niveles de frecuencia** u **ondas cerebrales**, podríamos reafirmar médicamente hablando que el **"ESTADO DE TRANCE HIPNÓTICO"** podemos reconocerlo por un descenso en la **actividad neuronal** y la **disminución de los niveles de las frecuencias** de ondas cerebrales o actividad oscilatoria neuronal.*

POR EJEMPLO: Si conectáramos un **EEG** o *(Electroencefalograma)* en la cabeza de un individuo, el mismo indicará una **frecuencia neuronal** o **frecuencias de ondas cerebrales BETA** mayor a **14 Hz** o **ciclos por segundo**, cuando se encuentra en el **ESTADO DE VIGILIA** *(es decir el estado normal máximo de alerta)*.

Entre **13 a 8 Hz** o **ciclos por segundo** de **ondas cerebrales ALFA / ALPHA** cuando entramos en un **Estado de Trance Ligero** *(Por ejemplo, en los estados de relajación, concentración, meditación, hiper-sugestión, así como en los estados de trance hipnóticos involuntarios conocido como "distracción inconsciente" este último aprendiz, relacionados con los ejemplos anteriormente compartidos).*

Entre **7 y 4 Hz** o **ciclos por segundo** de **ondas cerebrales ZETA / THETA** al pasar al **TRANCE PROFUNDO** *(Por ejemplo, en los **ESTADOS de TRANCE**, donde se producen los **FENÓMENOS HIPNÓTICOS** dentro de la **HIPNOSIS**, así como también se encuentran los estados de relajación, concentración y meditación profunda logradas a través de ciertas disciplinas como el budismo tibetano).* En este estado **ZETA / THETA** también se encuentran las personas que tienen la faculta de experimentas **sueño lucido, experiencias extracorporales** o **viajes astrales**).

Entre **3 y 2 Hz** o **ciclos por segundo** de **ondas cerebrales DELTA** quiere decir el estado donde nos encontramos *(profundamente dormidos o desmayados)* **"Estas dos 2 ultimas nada tiene que ver con la HIPNOSIS"** Si marca 1 a 0.5 ciclos quiere decir que estamos en un *(estado de coma)* y finalmente El 0 indica *(la muerte)*.

Partiendo de estas escalas y estudios relacionados estrechamente con los *niveles de frecuencias y ondas cerebrales*, podemos afirmar claramente que la gran mayoría de las personas, hemos entrado de alguna u otra manera en los **estados ALFA / ALPHA de trance hipnótico ligero** *(entre 13 a 8 Hz o ciclos por segundo de ondas cerebrales)* de manera **inconsciente** e **involuntaria**.

Lo que ocurre en estos casos, es que no nos damos cuenta de ello, porque no teníamos ninguna referencia que nos sirviera para diferenciar un "**estado de consciencia alterado orientado hacia los procesos internos**", que nos permitiera diferenciarlos de un "**estado ALFA / ALPHA orientado a los procesos de percepción externa**".

A modo de recapitulación, podemos decir que **el TRANCE HIPNÓTICO es entonces un método muy eficaz que se usa de forma sistemática** *(seamos consciente de ello o no)* **para trasladar a una persona de un estado de consciencia a otro** *(bien sea este proceso consciente o inconscientemente).*

En el que dicha persona, que entra en **el trance hipnótico o estado de** "*hiper-sugestionabilidad*" o "*hiper-creatividad*" es decir un *amplificador de respuesta* o *profundizador de las experiencias sugestivas* o estado "*hiper concentración*" y relajación que le permite experimentar transformaciones personales de un modo mucho más eficaz, efectivo y de manera más sencilla, que si realizara el mismo procedimiento en el **ESTADO ALERTA o ESTADO DE VIGILIA.**

BREVE ESQUEMA DE ONDAS CEREBRALES Y FRECUENCIAS EEG O ESTADOS DE ACTIVIDAD OSCILATORIA NEURONAL.

ONDAS BETA = Entre 14 a 28 Hz o (ciclos por segundo o cps)
ESTADO DE VIGILA, totalmente despierto, **alerta** y **con los 5 sentidos activos**.
Estado de concentración propicio para concentrarse en una actividad específica.

ONDAS ALFA / ALPHA = Entre 8 a 13 Hz o (ciclos por segundo o cps)
Estado de **TRANCE LIGERO**
Estado de MEDITACIÓN, RELAJACIÓN y CONCENTRACIÓN
Estado propicio para comenzar a realizar **autohipnosis** y practicar **hipnosis**.
Estado propicio para recordar los sueños e inducir provocar los sueños lucidos.
Estado de relajación propicio para activar la creatividad o pensamiento creativo y mejorar el proceso de enseñanza – aprendizaje.

ONDAS ZETA / THETA = Entre 4 a 7 Hz o (ciclos por segundo o cps)
Estado de SOMNOLENCIA o Estado de ENSUEÑO y RELAJACIÓN PROFUNDA.
*Estado ONÍRICO o estado CREPUSCULAR propicio para estimular y **crear sueños lucidos**, provocar **viajes astrales** o Experiencias Extra Corporales.*

ONDAS DELTA = Entre 0,5 a 3 Hz o (ciclos por segundo o cps)

Estado de SUEÑO, RELAJACIÓN, MEDITACIÓN o TRANCE PROFUNDO

Estado propicio para crear fenómenos hipnóticos de alto nivel, y estimular la hiper -sugestionabilidad, hiper-creatividad y la hiper-concentración a niveles superiores **que permite la aparición de respuestas ideo motoras, ideos sensoriales, e ideo-emocionales.** *Es decir, el* ***ESTADO DELTA*** *un* ***amplificador de respuesta*** *o* ***profundizador de las experiencias sugestivas extra sensorial, física y mental.***

ONDAS GAMMA = Mayor a superior a 40 Hz (ciclos por segundo o cps)

Esta última Ondas Cerebrales o Estados de Actividad Oscilatoria Neuronal es la frecuencia más recientemente descubierta en la actualizad. Así lo aseguran; los últimos y más recientes estudios relacionados sobre el tema de las **Frecuencias EEG** y la **TEORÍA DE LOS ESTADO ALPHA Y THETA.**

Estado o **NIVEL DE INTROSPECCIÓN**

Estado de perspicacia, ráfaga de conocimiento y alto nivel de procesamiento de información y arranques explosivos de ideas creativas.

Estas Ondas Cerebrales o Estados de Actividad Oscilatoria Neuronal GAMMA son popularmente conocidas como el ***ESTADO EUREKA.***

GRADOS, NIVELES Y ESTADOS DEL TRANCE HIPNÓTICO SEGÚN LA ESCALA DE ERIC BARONE

ESTADO DE VIGILA "Z0"– Presente Aquí y Ahora.

Estado consciente que se caracteriza por un alto nivel de frecuencia u ondas cerebrales en la actividad neuronal del **ESTADO BETA = Entre 14 a 28 Hz** o **(ciclos por segundo o cps)**

Es la expresión manifiesta de las sensaciones y percepciones sensoriales *(V-A-K "O y G") Visual, Auditivo y Sensorial "Kinestésico".*

Recibir y aceptar sugestiones simples, afirmaciones positivas, inducciones y patrones a través de la hipnosis conversacional de un CÍRCULO DE POTENCIA, Nivel de Fuerza o Nivel de Autoridad **"FP0"** *y* **"FP1".**

Estado de concentración propicio para concentrarse en una actividad específica, se caracteriza por la expresión del lenguaje verbal y no verbal, la memoria, las emociones, los recuerdos, los instintos, la atención, los deseos y el conocimiento.

Se caracteriza por mantenerse totalmente despierto, alerta y con los 5 sentidos activos (vista, oído, tacto, gusto y olfato).

ESTADO HIPNOIDAL o Encantamiento Z0 y Z1.

Estado semi-consciente, que se caracteriza por la disminución de los niveles de frecuencia u ondas cerebrales en la actividad neuronal del **ESTADO ALFA / ALPHA = Entre 8 a 13 Hz** o **(ciclos por segundo o cps)**

Estado de TRANCE LIGERO propicio para comenzar a realizar ***autohipnosis****, practicar* ***hipnosis*** *y es un estado favorable para recibir y aceptar sugestiones simples, afirmaciones positivas, inducciones progresivas y patrones hipnóticos básicos de un CÍRCULO DE POTENCIA, Nivel de Fuerza o Nivel de Autoridad* **"FP1"** *y* **"FP2".**

Escrito por el **Máster Coach YLICH TARAZONA**

En este estado, el sujeto es consciente de todo lo que ocurre en su entorno, por lo que en ocasiones pude dudar de su estado de trance hipnótico hipnoidal. Al despertar mayormente evaluarán el tiempo incorrectamente, creerán que han pasado diez minutos cuando en realidad ha pasado un tiempo mucho mayor.

Nos hace más sugestionables a las emociones y sentimientos.

Estado hipnótico que se presenta de forma natural o creada, por ejemplo:

✓ Al ver una película, ir al cine, escuchar una determinada música.
✓ Mientras hacemos una oración o recitamos un mantra.
✓ Mientras nos sumergimos en la lectura de un buen libro.
✓ Cuando estamos enamorados - enamoramiento o encantamiento.
✓ Cuando tenemos una perdida leve de la noción del tiempo.
✓ Cuando tenemos receptividad a ciertas propagandas o publicidad.
✓ Se manifiesta cuando soñamos despiertos o visualizamos.
✓ Mientras oímos una clase o presenciamos una charla o conferencia.

Se caracteriza por los siguientes FENÓMENOS HIPNÓTICOS

✓ Relajamiento Mental
✓ Relajamiento Físico
✓ Disminución parcial de la respiración
✓ Disminución parcial del pulso o ritmo cardiaco
✓ Sensación de la letargia leve
✓ Sensación de catalepsia leve
✓ Cierre de ojos parcial
✓ Aumento del número de pestañeo
✓ Aletargamiento parcial de la mente
✓ La persona se hace más susceptible a las sugestiones e inducciones *de un CÍRCULO DE POTENCIA, Nivel de Fuerza o Nivel de Autoridad* "**FP1**" *y* "**FP2**".

TRANCE HIPNÓTICO LEVE o Superficial Z1.

Estado semi-inconsciente, que se caracteriza por una mayor disminución de los niveles de frecuencia u ondas cerebrales en la actividad neuronal del **ESTADO ZETA / THETA = Entre 4 a 7 Hz o (ciclos por segundo o cps)**

Es propicia a aceptar y recibir una mayor cantidad e sugestiones directas e inducciones sugestivas leves y patrones hipnóticos y comandos progresivos de un CÍRCULO DE POTENCIA, Nivel de Fuerza o Nivel de Autoridad "**FP3**" *y* "**FP4**".

En este estado, el sujeto es consciente de todo lo que ocurre a su alrededor, por lo que en ocasiones pude dudar estar bajo los efectos del estado hipnótico leve, aunque al despertar evaluará que el tiempo ha transcurrido sin percatarse de ello del todo, creerá haber pasado un tiempo cuando en realidad ha pasado mucho más del percibido.

Estado propicio para la practicar la relajación, la meditación, la concentración y desarrollar estados de excelencia a través de la hipnosis.

Estado propicio para la practicar intimidad y relaciones sexuales a un nivel superior multiorgásmico, tipo sexo tántrico tibetano o sexo hindúes "Kama Sutra".

Estado ONÍRICO o estado *CREPUSCULAR* propicio para estimular y crear sueños lucidos, provocar viajes astrales o Experiencias extra corporales.

Estado propicio para comenzar a sugestionar e inducir cambios positivos en nuestros pensamientos, sentimientos, conductas y hábitos.

Se caracteriza por los siguientes FENÓMENOS HIPNÓTICOS

✓ Mayor control de las emociones y sentimientos

✓ Disminución de la respiración, esta se hace más lenta

✓ Disminución paulatina del pulso o ritmo cardiaco

✓ Sensación del letargia o aletargamiento físico y mental

✓ Sensación de catalepsia ocular y de extremidades

✓ Cierre de ojos y Aumento del número de pestañeo

✓ Aumento de la empatía, lo que permite crear un mayor rapport en las sesiones o show de hipnosis de espectáculos

✓ La persona se hace mucho más susceptible a las sugestiones e inducciones siendo más propicias para recibir y aceptar órdenes directas

✓ Estado propicio para practicar sesiones de hipnosis, coaching y PNL entre otras prácticas alternativas, como reiki, yoga, taichí o acupuntura.

✓ Aumento de la Capacidad de Reflejos (Artes Marciales)

✓ Estado propicio y muy efectivo para programar la mente, hacer una reingeniería cerebral, practicar hipnopedia, auto-hipnosis, auto-sugestión, auto-visualización o aprender o practicar algún nuevo idioma o habilidad.

✓ La persona se hace más susceptible a las sugestiones e inducciones *de un CÍRCULO DE POTENCIA, Nivel de Fuerza o Nivel de Autoridad* "**FP3**" *y* "**FP4**".

TRANCE HIPNÓTICO MEDIO o Cataléptico Z1 y Z2.

Estado de mayor semi-inconsciencia, que se caracteriza por una mayor disminución de los niveles de frecuencia u ondas cerebrales en la actividad neuronal, perceptibles exteriormente del **ESTADO ZETA / THETA = Entre 4 a 7 Hz** o **(ciclos por segundo)**

Es propicio para recibir y aceptar una mayor cantidad de sugestiones, inducciones y órdenes subjetivas directas a través de *patrones hipnóticos de un CÍRCULO DE POTENCIA, Nivel de Fuerza o Nivel de Autoridad* "**FP5**" *y* "**FP6**".

Se caracteriza por los siguientes FENÓMENOS HIPNÓTICOS

✓ Fenómeno Hipnótico Analgesia y Anestesia Baja y Media, *(Tolerancia y capacidad susceptible para aliviar y controlar cierto grado de dolor),* Efecto faquir – *Traspasarse con aguja, anestesia quirúrgica local.*

✓ Amnesia ligera y media, capacidad para olvidar ciertas ideas o sencillas, tales como nombres, fechas, números, colores, olores, sabores y sucesos.

✓ Fenómeno Hipnótico Letargo, Catalepsia y Catatónico Cataléptico Medio

✓ Capacidad de mantener el Trance Hipnótico Medio o Cataléptico, bien sea con los ojos abiertos o cerrados.

✓ Este estado Hipnótico Medio o Cataléptico permite al sujeto aceptar una inhibición *(Una prohibición leve)* por ejemplo comenzar a dejar un mal hábito.

✓ *Acepta y recibe sugestiones directas, comandos, patrones e inducciones hipnóticas de intensidad media de un CÍRCULO DE POTENCIA, Nivel de Fuerza o Nivel de Autoridad* "**FP5**" *y* "**FP6**".

✓ Estado ONÍRICO o estado *CREPUSCULAR* propicio para estimular, crear mantener sueños lucidos, provocar viajes astrales y Experiencias extra corporales.

✓ Alucinaciones Multisensoriales Leves Visuales, Auditivas y Kinestésica, Olfativas y Gustativa

✓ Capacidad para entrar y mantener niveles profundos de Relajación, Meditación, Concentración e Hiper Sugestionabilidad.

Escrito por el **Máster Coach YLICH TARAZONA**

TRANCE HIPNÓTICO UMBRAL SONAMBÚLICO o Sonambúlico Z2.

Estado de Mayor Trance Hipnótico, que se caracteriza por un mayor grado de la disminución de los niveles de frecuencia u ondas cerebrales en la actividad neuronal del **ESTADO DELTA = Entre 0,5 a 3 Hz** o **(ciclos por segundo o cps)**, perceptibles exteriormente.

✓ Es propicio para recibir y aceptar una mayor cantidad de sugestiones, inducciones y órdenes directas subjetivas a través de patrones y comandos hipnóticos *de un CÍRCULO DE POTENCIA, Nivel de Fuerza o Nivel de Autoridad* **"FP7"** *y* **"FP8"**.

✓ Este estado Hipnótico Sonambúlico permite al sujeto aceptar inhibiciones *(Una prohibición medias y altas) por ejemplo dejar o controlar algún mal hábito.*

Estado propicio para la practicar de Sesiones y Show, Regresiones y Trances.
Se caracteriza por los siguientes FENÓMENOS HIPNÓTICOS

✓ *Estado propicio para crear fenómenos hipnóticos y estimular la "hiper – sugestionabilidad", "hiper-creatividad" y la "hiper-concentración"* **que permite la aparición de respuestas ideo motoras, ideos sensoriales, e ideo-emocionales** *amplificando los niveles de respuesta y profundizando las experiencias sugestivas extra sensorial, física y mental.*

✓ Capacidad de desarrollar Fenómeno Hipnótico Analgesia y Anestesia moderada, control total del dolor, capacidad de caminar sobre brasas ardiendo, atravesarse con alfileres y tener tolerancia al contacto con el fuego y el hielo.

✓ Amnesia desarrollar la capacidad de olvidar situaciones, recuerdos, acontecimientos, fobias, miedos y traumas.

✓ Fenómeno Hipnótico Letargo, Catalepsia y Catatónico Cataléptico moderada y alta de extremidades o cuerpo entero.

✓ Capacidad de mantener el Trance Hipnótico con los ojos abiertos o cerrados y desarrollar la capacidad de mantener los fenómenos hipnóticos.

✓ **Estado de hiper – sugestionabilidad"** es decir una **amplificación superior de respuesta** o **profundizador de las experiencias sugestivas** o estado de **hiper concentración y relajación total** que se asocia metafóricamente al adormecimiento profundo, esta última llamada estado de trance hipnótico.

✓ Alucinaciones Multisensoriales Medias, Altas y Moderas - Visuales, Auditivas y Kinestésica, Olfativas y Gustativa. *(Ver cosas que en realidad no se ven, Escuchar cosas que en realidad no se escuchan, Sentir sensaciones, sentimientos y contactos físico que en realidad no son reales, Olfatear y Degustar olores o sabores que en realidad no existen en el mundo físico real)*

✓ Capacidad para controlar conscientemente el ritmo cardiaco, la respiración profunda o letárgica y controlar voluntariamente los niveles corporales del cuerpo para soportar altas o bajas temperaturas.

✓ Nivel superior de control prolongado del trance y los fenómenos hipnóticos y el estado de sonambulismo.

✓ Capacidad superior para acepta y recibe sugestiones directas, comandos, patrones e inducciones hipnóticas de intensidad alta de un CÍRCULO DE POTENCIA, Nivel de Fuerza o Nivel de Autoridad **"FP7"** *y* **"FP8"**.

✓ *Desarrollo de la capacidad de la* **XENOGLOSIA** *que es la habilidad o fenómeno paranormal hipnótico de hablar idiomas y lenguajes desconocidos.*

✓ *Capacidad de la* **NOESIOLOGÍA** *que es la habilidad de curación con el pensamiento. Del griego* **noesis***: acción de pensar, y* **terapia** *curación.*

✓ *PSICOGRAFÍA Habilidad psíquica de una persona que escribe letras sin estar consciente. La persona afirma que las palabras fueron escritas por el subconsciente, por un espíritu o por fuerzas sobrenaturales relacionadas a la hipnosis.*

✓ *Capacidad de desarrollar Fenómenos Hipnóticos como las **regresiones**, la **distorsión** o **disociación** del **tiempo** y del **espacio**, las **ilusiones corporales**, **visuales** o **auditivas**, la **meditación profunda**, y por supuestos las **experiencias místicas**, tales como la **clarividencia**, la **psicografía**, la **xenoglosia**, la **noesiología** y hasta los **sueños lucidos**, los **viajes astrales** y las **experiencias extrasensoriales**.*

OTRAS TEORÍAS SOBRE LA HIPNOSIS

Como hemos venido estudiando hasta ahora aprendiz, podemos deducir que la **HIPNOSIS** al igual que todos los **FENÓMENOS HIPNÓTICOS** que se relacionan a ella; son un **ESTADO MENTAL**, un **ESTADO ALTERADO DE CONSCIENCIA** o un **ESTADO DE CONDUCTA NATURAL** que ha existido desde los orígenes mismos de la humanidad, con diferentes nombres y aplicaciones a través de los tiempos, pero siendo siempre en todas las eras un mismo **fenómeno psiconeurofisiológico**.

Hoy es entendida la **HIPNOSIS** desde diferentes enfoques como un modelo, un estilo comunicacional, un estado de receptividad específico, una experiencia cognitiva y una predisposición hiper-sugestionable que utiliza y optimiza los propios potenciales y recursos internos que posee cada persona. En la actualidad aprendiz; no existe una teoría predominante, única o exclusiva, sino que más bien existen un conjunto de teorías o conceptos, cada cual con su propio punto de vista.

En otro de ideas aprendiz, aunque **LA HIPNOSIS ES REAL** y **absolutamente práctica**, **terapéutica** y **funcional**. Las teorías y postulados todavía no están definida en una solo idea en particular, es más como un conjunto de ideas distintas, que se complementan holística y sinérgicamente entre sí, desde distintos puntos de vistas, que aportan mayor luz e información, al mismo tiempo que se descubren nuevos conceptos a través de los estudios e investigaciones constantes sobre esta maravillosa disciplina. *Por tal razón, para muchos la **HIPNOSIS** es y sigue siendo un enigma, o una de las siete maravillas de la psicología antigua y moderna.*

ESTUDIEMOS ALGUNAS DE LAS TEORÍAS MÁS IMPORTANTES

1.- La Teoría de la **HIPNOSIS** como Comunicación Efectiva. Toda **HIPNOSIS** es **COMUNICACIÓN EFECTIVA**, *"feedback, retroalimentación / estimulo, respuesta" comunicación verbal y no verbal*. Para esta teoría la **HIPNOSIS** y todas sus aplicaciones posibles, están derivada de la **buena comunicación**. *En otras palabras, aprendiz; para esta teoría, la **HIPNOSIS** es la capacidad de **estimular percepciones multisensoriales** a través del **lenguaje figurado** creado por medio de **la palabra hablada**, que es finalmente la que permite producir las **alteraciones en nuestra consciencia**; trayendo como resultado la **BioRetroacción**, que es el proceso mediante el cual **estimulamos una respuesta** a través de una **acción***

Escrito por el **Máster Coach YLICH TARAZONA**

específica, creada y diseñada para provocar un fin determinado. En otras palabras; la teoría de la **HIPNOSIS** como **COMUNICACIÓN EFECTIVA** es la habilidad de **reinducir las respuestas que se quiere obtener** por medio de un **estímulo insertado** a través del **poder de la palabra hablada**, que nos permite **redirigir la experiencia hipnótica** de la persona con quien estamos interactuando.

2.- La Teoría Hipnótica como Relajación y Concentración. Para esta teoría, la **relajación profunda** y la **concentración mental** son consideran como la fuente primaria y fundamental que produce la **HIPNOSIS**. *Y por la cual, supuestamente derivan todos los demás fenómenos hipnóticos, como, por ejemplo: Las regresiones, la distorsión o disociación del tiempo y del espacio, las ilusiones corporales, visuales o auditivas, la meditación profunda, y por supuestos las experiencias místicas, tales como la clarividencia, la psicografía, la xenoglosia, la noesiología y hasta los sueños lucidos, los viajes astrales y las experiencias extrasensoriales.*

3.- La Teoría Disociativa. La ***Teoría Disociativa*** afirma que hay múltiples **sistemas cognitivos** que normalmente trabajan de forma sinérgica bajo un control primario. Durante la **HIPNOSIS**, los **subsistemas** normalmente integrados entre sí, se **disocian** *(separan)* unos de otros a diversas escalas o niveles, y son capaces de dar respuestas simultáneas e independientes a múltiples grados de consciencia ante las **sugestiones** e **inducciones** declaradas por el **hipnotizador**.

4.- La Teoría de Regresión Psicológica. Esta teoría afirma que la **HIPNOSIS** es una forma especial de **regresión psicológica** que se caracteriza por un cambio de **pensamiento primarios más primitivos**, y por un **aumento alterado** del **estado de consciencia** a través de la transferencia de datos **(sugestiones** e **inducciones)** declaradas por el **hipnotista** o **hipnotizador**, que, para esta teoría, representa una figura de autoridad casi arquetípica.

5.- La Teoría Sociocognitivo: Esta teoría afirma que la **HIPNOSIS** no es una experiencia única o particular de un **fenómeno psíquico**, sino que más bien, está definida por el contexto **psicosocial** y **psicocognitivo** en el que se produce el **fenómeno hipnótico**, a través de la manera, la creencia o el mapa mental por el que cada participante perciben y entiende los **procesos hipnóticos**, y por la cual, consideran las **respuestas hipnóticas** como parte del resultado de la **inducción**.

6.- La Hipnosis como Teoría de un Estado Permisivo. El **enfoque autoritario** que tienen los **hipnoterapeutas clínicos** con una orientación más tradicional a la **HIPNOSIS CLÁSICA**, es la base para la descripción que hace esta teoría de la **conducta pasiva** y **permisiva** que desarrolla el sujeto. Esta teoría afirma que el **individuo permisivo**, es aquel que se caracteriza por **permitir o conceder** que el **hipnólogo** o **hipnotista clínico** dirija su **experiencia subjetiva**, expresando pocos o ningún deseo de resistencia a las órdenes dadas durante la sesión hipnótica. *Esta teoría espera que el sujeto (paciente o participante) responda* *tanto como pueda a la **guía, instrucción, sugerencias, y sugestiones (inducciones)** directas del **hipnotizador**, y así, la persona intervenga en un rol pasivo y secundario receptivo en la relación "paciente – doctor" "participante – hipnotizador".* En otras palabras, esta teoría, ve al individuo como un sujeto pasivo y receptivo a las sugerencias, y **sugestiones** (**inducciones**) directas del **hipnoterapeuta clínico**.

7.- <u>La Hipnosis como Feedback</u>. Para esta teoría, obtener **retroalimentación** o **(feedback)** de los sentidos respecto a nuestra relación con el mundo exterior que nos rodea, es un proceso llamado "**contrastación con la realidad**". Este proceso normalmente es tan **inconsciente** e **involuntario,** que lo damos por sentado en las **sesiones hipnóticas.** Esta teoría afirma que, cuando entramos por primera vez en un **estado de trance hipnótico**, el proceso continuo de **contrastación** con la realidad es marcadamente reducido o casi nula. *Cuando uno suspende el proceso de obtener **retroalimentación** o **(feedback)** con el mundo exterior que le rodea, centrándose única y exclusivamente en sus propios procesos internos, da como resultados los **fenómenos hipnóticos**, lo que permite a la persona desviar cualquier orientación que esté fuera de su experiencia interna subjetiva, y este proceso es lo que caracteriza a la mayoría de las **experiencias hipnóticas** "{(aunque claro está, la **HIPNOSIS** también se puede centrar en aspectos externos, según sea el caso)}"* En otro orden de idea, al suspender la **contrastación objetiva** con la realidad la persona a través de la **HIPNOSIS**, el sujeto queda libre para aceptar cualquier realidad subjetiva que se le sugiera. *La realidad sugerida, independientemente de que sea verdadera o falsa, determinará la calidad y la cantidad de las respuestas **ideo motoras, ideos sensoriales, e ideo-emocionales** y conductuales de la persona.*

8.- <u>La Hipnosis como Teoría de Role Playing</u>. Para esta perspectiva **sociocognitiva** particular, la **HIPNOSIS** como entidad de **conciencia única** y separada no existe realmente como tal. Para esta teoría, sólo ocurre la **HIPNOSIS** cuando alguien *(el paciente o participante)* desea voluntariamente representarla. Para esta teoría, *(el paciente o participante)* no entra realmente en una **dimensión de conciencia** que difiera de forma apreciable de ninguna otra. *Más bien, la persona o sujeto en cuestión, desempeña el papel activo de cómo se supone que es, o que debería ser, y actúa según esos parámetros establecidos previamente.* En otro orden de idea, *(el paciente o participante)* cumple y sigue las **sugerencias,** y **sugestiones (inducciones)** declaradas por el **hipnotizador** en respecto a un objetivo determinado con anticipación, para cumplir un fin en particular.

9.- <u>La Hipnosis como un Estado de Conciencia Alterado</u>. Esta teoría, considera y afirma que el **estado hipnótico** es un **estado real, único, separado** y **distinto** del estado normal de vigila. Por tal razón, este **estado hipnótico** puede ser **creado** y **producido artificialmente** mediante el proceso correcto de **inducción hipnótica**, que altera la **experiencia subjetiva y fenomenológica** de la persona en cuestión. Limitando así, el **factor crítico de la mente** y la **atención consciente** del individuo a través de las **sugestiones** e **inducciones** que se le ofrecen por medio del especialista **hipnólogo, hipnotista** o **hipnotizador**.

10.- Teorías Biológicas. Para esta teoría, la fuerte relación existente entre la **mente** y el **cuerpo** *(Psiquis y Somas)* es claramente evidente en las interacciones hipnóticas. Y esto ha llevado a formulaciones teóricas que defienden la existencia de una **BASE BIOLÓGICA** y **FISIOLÓGICA** en la predisposición de la persona frente a la **HIPNOSIS**. Esto da como resultado *"{(la calidad de la interrelación existente holística e integral entre los dos hemisferios cerebrales, así como el ritmo ultradiano y la asimetría hemisférica)}"* trayendo como consecuencia la aparición de los diferentes **fenómenos hipnóticos** en las **sesiones de hipnosis**.

11.- Teoría del Estado Vs. No Estado. Los autores *Pérez-Garrido*, *González-Ordi* y *Miguel-Tobal* afirman que las investigaciones básicas sobre la **HIPNOSIS** se han centrado, entre otras cuestiones, en averiguar cuáles son las características subyacentes de los **procesos hipnóticos**. La mayoría de los investigadores se adscriben a dos concepciones o paradigmas distintos sobre la naturaleza de la hipnosis: *1) El paradigma tradicional, que presupone que la **hipnosis** implica un **estado alterado de consciencia**, y 2) El paradigma, **cognitivo-comportamental** o **sociocognitivo**, que argumenta que no es necesario recurrir al concepto de **estado alterado** para explicar el **comportamiento hipnótico**.* Demos algunos ejemplos para entender estas ideas: *1)* Los defensores de los **determinantes internos** o **estado alterado de consciencia** postulan que el **comportamiento hipnótico** vienen fundamentalmente establecido por determinadas variables a modo de **habilidades**, **capacidades** o **características psicológicas preexistentes** *tales como:* **Disociación**, **absorción**, **imaginación** e **implicación emocional**, **capacidad de relajación**, **focalización de la atención**, **flexibilidad cognitiva**, entre otras , *y 2) Los defensores de los **determinantes ambientales externos** o **no estado**, hacen hincapié en que es la situación definida de la **HIPNOSIS** misma la que determina finalmente el **comportamiento hipnótico** del sujeto, en virtud a las **diferentes variables contextuales**, que **producen una modificación de los paradigmas del sujetos**, que les permite finalmente **desarrollar** y **asumir**: Las **actitudes** y **expectativas**, **roles** y **compromiso** dentro de las sesiones hipnóticas de manera voluntarias y conscientes.*

12.- Teoría de la Hipnosis Clínica. La teoría de la **HIPNOSIS CLÍNICA**, se basa en la creencia de que existe una modalidad vincular de **relación bipersonal** o **multipersonal** entre el **paciente** y el **hipnoterapeuta**. La **HIPNOSIS CLÍNICA** se considera como una forma de **COMUNICACIÓN EFECTIVA** donde el **terapeuta** se **comunica eficazmente** con el mundo interior de su **paciente**, a través de **vivencias subjetivas** que el **hipnoterapeuta** provoca en él, a través de las **inducciones** y las **sugestiones verbales**, por medio del **poder de la palabra hablada**. Tomando como punto de partida, la **HIPNOSIS CLÍNICA** es la capacidad de **COMUNICAR SENSACIONES** de **seguridad**, **protección**, **consideración**, **cuidado** y **respeto mutuo**. De este modo, a través de esa **relación interpersonal** de **COMUNICACIÓN EFECTIVA**, permite que el paciente atenúe sus mecanismos de defensa del **ESTADO DE VIGILIA** y permita bajar la guardia del **FACTOR CRÍTICO DE LA MENTE**, que finalmente, pasado estos dos obstáculos permitir al paciente alcanzar un **estado de intensa serenidad** tanto **física** como **mental**. Logrando así, un **profundo estado de trance hipnótico deseado** al enfocarse sobre sí mismo y las experiencias internas provocadas por el especialista. Desde esta perspectiva, la **HIPNOSIS CLÍNICA** se puede ver como un **FENÓMENO DE COMUNICACIÓN EFICAZ** que manifiesta la relación entre un ser protegido (el **paciente**) y un personaje protector (el **HIPNOTERAPEUTA**).

13.- Teoría de la Hiper-Sugestionabilidad.

Actualmente esta es una de las teorías más populares y difundidas en los últimos años. Esta teoría se fundamenta en que la atención consciente del sujeto se encuentra en los **procesos hipnóticos**, que están estrechamente relacionados a ciertas **técnicas de inducciones** y **sugestiones verbales usadas estratégicamente** por el **hipnólogo clínico** o el **hipnotista de show de teatro**, para causar ciertos **fenómenos hipnóticos** en el individuo. Como la atención del sujeto *(paciente o participante)* se enfoca en el **poder de la palabra hablada** del **hipnotizador**; este eventualmente a través de las **sugestiones verbales** y las **inducciones hipnóticas** se sobreimpone a la **voz interior** del sujeto en cuestión, ayudándole a desarrollar respuestas **ideo motoras, ideos sensoriales, e ideo-emocionales**. Convirtiéndose todos estos elementos de la **HIPER-SUGESTIONABILIDAD** en una herramienta efectiva para conseguir el **ESTADO HIPNÓTICO DESEADO**, en la que el individuo entra en un *estado amplificador de respuesta* o *profundizador de las experiencias sugestivas* conocida también como estados de *"hiper-creatividad"*, *"hiper-imaginación"* *"hiper concentración"* e *"hiper-relajación"* **que les permite experimentar transformaciones personales de un modo mucho más eficaz, efectivo y de manera más sencilla, que si realizara el mismo procedimiento hipnótico en el ESTADO ALERTA o ESTADO DE VIGILIA.**

14.- Teoría de la Construcción Social y Teoría del Rol.

Esta teoría sugiere que los individuos *(pacientes o participantes)* asumen un rol participativo previamente preestablecido, y así permiten al **HIPNOTIZADOR** crear en ellos una **REALIDAD ALTERNA SUBJETIVA**. Esta relación depende de cuánta información se haya establecido preliminarmente entre el **hipnotizador** y el **sujeto**. Esta teoría sugiere que generalmente bajo los efectos de la **HIPNOSIS** la gente se vuelve más receptiva a la **sugestión**, permitiendo crear cambios favorables en la forma en que se **piensan**, **sienten** y se comporta el individuo. *Mucho trabajo experimental en el campo de la HIPNOSIS ha demostrado que las experiencias subjetivas de los sujetos hipnotizados pueden ser dramáticamente formadas por expectaciones y matices sociales. "{(Este punto de vista normalmente se puede malentender. La **TEORÍA DE LA CONSTRUCCIÓN SOCIAL Y TEORÍA DEL ROL** no desacredita la afirmación de que los individuos **hipnotizados** están realmente experimentando efectos reales de sugestión. Tan solo afirma que los mecanismos por los cuales se llevan a cabo estas acciones, están en parte construidos **psico-socialmente** y que no necesariamente están fundamentadas exclusivamente en un **estado de conciencia alterada)}".*

<u>**15.- Teoría Científica y sus Aspectos Fisiológicos**</u>. Gracias a las investigaciones que se han realizado a través de los años acerca de la **HIPNOSIS** se han descubierto **procesos neurofisiológicos** y **áreas cerebrales** que se involucran activamente en todos los **fenómenos hipnóticos conocidos.** *Entre las áreas cerebrales más resaltantes que se activan en los procesos hipnóticos podemos mencionar los siguientes: **La corteza prefrontal dorsolateral y el cortex cingulado.** Áreas relacionadas con los **procesos de atención y conciencia. 1º La corteza prefrontal** que es un área integrativa que se relaciona con la **planeación, atención selectiva**, y la **modulación** de otras funciones cerebrales (generalmente por medio de la inhibición). **2º** La otra área importante involucrada es el **cortex cingulado** que se encuentra formado como parte del **sistema límbico** involucrado en las diferentes funciones como la **recompensa, detección de errores, atención, motivación** y especialmente en las **EMOCIONES.*** De hecho, estas áreas cerebrales, se encuentran involucradas activamente en muchos otros aspectos relacionados a la experiencia y al comportamiento humano. *Otros estudios científicos han demostrado que la **HIPNOSIS** también se ha relacionado con la **asimetría hemisférica**; relacionada a **los hemisferios cerebrales**.* Estas conclusiones están argumentadas, en algunas investigaciones que sugieren que **las respuestas en los procesos hipnóticos se asocian más al hemisferio derecho del cerebro.** Ya que dichas respuestas, se ven más relacionada a los **procesos cognitivos, creativos**, de **intuición** y los **pensamientos no verbales** producidos en dicho hemisferio.

<u>**EN CONCLUSIÓN**</u>: Nuestra revisión exhaustiva de las *diversas teorías existentes sobre la hipnosis*; nos han demostrado que, aún hoy en día hay muchas interrogantes e incógnitas importantes sin resolver. *Pero lo más importante a tener en cuenta es; que se ha demostrado una y otra vez, con cada teoría, que la **HIPNOSIS ES REAL.** Y que existen amplias áreas de acuerdo en común entre todos los investigadores y teóricos sobre el tema.* <u>**A modo de conclusión**</u>: Podemos reafirmar entonces que el campo de la hipnosis continuará avanzando a través de los estudios científicos y el acoplamiento entre las teorías rivales. *Durante este proceso de investigación, el estudio de la hipnosis seguirá enriqueciendo el extenso campo de la **Psicología**, aportando nuevas percepciones en las dimensiones cognitivas, conductuales y relacionales de la experiencia humana.*

CAPÍTULO III: MITOS, LEYENDAS Y ESPECULACIONES ALREDEDOR DE LA HIPNOSIS MODERNA

Bueno campeones y campeonas, hemos llegado a uno de los apartados más importante del marco teórico. *Una vez que hemos comprendido **el desarrollo del contexto histórico y evolutivo de la hipnosis a través de los siglos**, hemos comprendido las múltiples definiciones y teorías de la hipnosis, AHORA es de vital importancia aprendiz, **comprender la realidad y los perjurios detrás de los MITOS, LEYENDAS y ESPECULACIONES ALREDEDOR DE LA HIPNOSIS.*** Ya que saber y comprender cuáles son las **tergiversaciones más frecuentes** alrededor de la **hipnosis**, nos ayudará a poder **eliminar los miedos** falsamente infundidos y las **inseguridades** o **desconfianza** que existe en la mente de las personas. Ya que, si el miedo está presente en algún grado, sea la persona consciente de ello o no, puede afectar negativamente el **proceso de la hipnosis**, ya que las personas podrían inconscientemente poner resistencia, y esto es algo que debemos evitar.

*Antes de continuar aprendiz, aclararé un poco más el término de **HIPNOSIS**. Porque como es bien sabido, la **PRÁCTICA DE LA HIPNOSIS MODERNA** es un **arte magistral de excelencia personal** y una **disciplina extraordinariamente eficaz** en las **terapias y sesiones hipnóticas**; pero sin embargo, ha sido **mal interpretada** y **cuestionada** por muchas personas a través de los años, debido principalmente a las **malas ideas** y **conceptos erróneos** creados por el **uso ritualista** y **teatralidades de la HIPNOSIS ANTIGUA**, así como también la influencia negativa de ciertas películas de Hollywood, **revistas de farándula, periódicos críticos, artículos exagerados de personas con desconocimiento sobre el tema**, ciertas **creencias religiosas**, y hasta la práctica de **personas inescrupulosas que utilizaron** o **utilizan la hipnosis de manera inapropiada, anti-ética y anti-profesional.***

La idea generalizada y la percepción más frecuente que se tiene de la **HIPNOSIS CLÍNICA** y especialmente la del **ESPECTÁCULO** son la completa dominación de la mente, y el control absoluto del **hipnotista** o **hipnoterapeuta** hacia otro ser humano; **estas ideas son incorrectas** y **completamente falsas**. Que para nada tienen que ver con la **hipnosis real**.

Como ya lo expliqué anteriormente en el primer capítulo, la palabra "*trance*", "*hipnosis*" o "*patrones hipnóticos*" pueden ser mal interpretadas, y hasta incluso despertar ciertas asociaciones o sentimientos negativos en ciertas personas que desconocen del tema. Cuando en realidad el "*Trance*", la "*HIPNOSIS*" y los "*Patrones Hipnóticos*" son una **disciplina** y una **ciencia psicoterapéutica comprobada** a través de los años, y aplicada **científica** y **profesionalmente** a través del tiempo por algunos de los **especialistas hipnoterapeutas más destacados, influyentes y renombrados de la historia.**

Escrito por el **Máster Coach YLICH TARAZONA**

Entre ellos, el reconocido el Doctor **Milton H. Erickson** pionero de la **hipnosis clínica moderna**, creador de la llamada **Hipnosis Ericksoniana** o **Método Milton** *(Principios de los cuales ya hemos hablado anteriormente en capítulos posteriores a este).*

Entonces; aclarado este punto, podemos recordar como lo hemos venido enseñando en el transcurso de todos los apartados anteriores, que la **VERDADERA HIPNOSIS TERAPÉUTICA**, es la ciencia que nos permite dirigirnos directamente a la **MENTE SUBCONSCIENTE** de las personas y poder traspasar el **factor crítico de la mente**, a través de los **procesos hipnóticos** *"{(guía, instrucción, sugerencias, y sugestiones (inducciones) directas declaradas por el **hipnotizador**, así como también **metáforas, parábolas, alegorías, historias, cuentos, narraciones** y **lenguaje figurado**"})*, que permiten a los participantes estimular potencialmente su **REALIDAD ALTERNA SUBJETIVA** ayudándole a desarrollar respuestas **ideo motoras, ideo sensoriales**, e **ideo-emocionales** disminuyendo sus **niveles de frecuencias** y **ondas cerebrales** a un **ESTADO ALFA / ALPHA** de entre **13 a 8 Hz** o **ciclos por segundo** provocando así el habitual "**TRANCE LIGERO**".

Convirtiéndose todos estos elementos de manera **holística**, **integral** y **sinérgica** en una **herramienta completamente eficaz** y muy **efectiva** para conseguir el **ESTADO DE TRANCE HIPNÓTICO DESEADO**, en la que el individuo entra en un *ESTADO ALTERADO DE CONCIENCIA de intensa serenidad tanto física* como *mental. Amplificado las respuestas psicocognitivas y profundizando las experiencias sugestivas* a un estado de *"hiper-sugestionabilidad"*, *"hiper-creatividad"*, *"hiper-imaginación"*, *"hiper concentración"* e *"hiper-relajación"* **que les permite experimentar a los individuos transformaciones personales de un modo mucho más eficaz, efectivo y de manera más sencilla, que si realizara el mismo procedimiento hipnótico en el ESTADO DE ALERTA** o **ESTADO DE VIGILIA** *(ONDAS BETA entre 14 a 28 Hz o ciclos por segundo). Y así permitirle al participante ayudarle a superar algún desafío, o adentrarla a un acontecimiento concreto con la finalidad de mejorar en alguna necesidad especifica.*

*Recordemos aprendiz; que la **MENTE INCONSCIENTE** que poseemos todas las personas, es el lugar donde se almacenan las programaciones neuronales y los mapas mentales de los individuos. Y junto a ellas, también se encuentran los códigos de la ética, así como los valores morales más estrictos de las personas, que les permite vivir según los estándares más elevados centrados en sus principios morales.* Es por esta razón, que aun cuando una persona está en un completo estado de trance hipnótico, si se le da una orden que sea contraria a sus principios éticos y valores morales, esta no lo va a aceptar, ya que su mente subconsciente sabe lo que es bueno o no.

Ya que su **MENTE INCONSCIENTE**, se mantiene alerta, y sabe lo que es bueno, y reconoce lo que es malo. *¡Y la **mente subconsciente** jamás haría algo que valla en contra de su código ético y principios morales!* Así mismo pasa, cuando la orden hipnótica va en contra bien sea de sus *creencias arraigadas o cualquier otra idea* que valla en contra de un acto que atente en la supervivencia del individuo.

> ***NOTA***: *Claro está, que al igual que cualquier otra disciplina; hay personas que, a través de la práctica, la experiencia y la preparación continua desarrollan ciertas habilidades que van más allá de lo que experimentan las personas promedias, permitiéndoles llevar sus habilidades a un nivel muy superior al normal. **DÉJAME DARTE UN EJEMPLO**: Tal vez muchas personas o disciplinas practican meditación ¿**CIERTO**? Pero la preparación y la entrega de un **monje budista** o **monje tibetano** le permite llegar a un **NIVEL MUY SUPERIOR**, de lo que llegaría o llegan las personas promedias. Y esta habilidad adquirida con la práctica, la experiencia y la preparación continua les permite a los **monjes budistas** o **monjes tibetanos** llegar a lo que ellos llaman el **ESTADO DE ILUMINACIÓN**.*
>
> *En la **HIPNOSIS** sucede lo mismo. La práctica, la experiencia y la preparación continua les permite a ciertos **Hipnotizadores**, **Hipnotistas**, **Hipnólogos Clínicos y Hipnoterapeutas**, aumentar su **CÍRCULO DE POTENCIA** y su **Nivel de Fuerza** o **Nivel de Autoridad** a un **NIVEL SUPERIOR (FP´s)** que les permite desarrollar sus **habilidades hipnóticas** al siguiente nivel, (a otro nivel amigo mío) ¿**ME COMPRENDES**?*
>
> *Esto les permite crear **órdenes directas** e **indirectas**, **inducciones** y **sugestiones** de manera más óptima y efectiva, subiendo paulatinamente en los **GRADOS DE HIPNOSIS**. Es decir, que logran ascender desde el **CÍRCULO DE POTENCIA** y su **Nivel de Fuerza** o **Nivel de Autoridad** a un **NIVEL SUPERIOR FP0 y FP1**, hasta **FP5** y superiores, lo que les faculta producir ciertos **FENÓMENOS HIPNÓTICOS** que de otra manera fuera imposible.*

Aclarado este punto, ahora quiero compartir con ustedes otra **DEFINICIÓN DE HIPNOSIS**, para reforzar lo aprendido hasta este punto, y permitir ir adentrándonos más en el tema en cuestión del libro en especial a este capítulo.

*La **HIPNOSIS** como hemos aprendido hasta ahora aprendiz, es un **estado mental**, **estado de trance** conocido como **estado de "hiper – sugestionabilidad"**, es decir, un **amplificador de respuesta** o **profundizador de las experiencias sugestivas** que activa un grupo de actitudes generadas a través de una disciplina llamada hipnotismo. La **hipnosis** es entonces un **estado** de **hiper concentración** y **relajación** semejante al sueño metafóricamente hablando que se logra por medio de la **SUGESTIÓN** y los **COMANDOS** o **PATRONES DE PERSUASIÓN** utilizados por el terapeuta o hipnotista. Usualmente se componen estos **comandos** y **patrones persuasivos** de una serie de **instrucciones verbales**, y **sugestiones orales** que junto con otras técnicas de **inducción** o **conducción verbal** produce el **FENÓMENO HIPNÓTICO**. Dichas **sugestiones** o **inducciones verbales** pueden ser generadas bien sea por un **especialista (Hipnoterapeuta)** o pueden ser **auto-inducidas** y **autogeneradas por la misma persona hacia sí misma a través de la (autosugestión)** o **(autohipnosis)**.*

El uso de la hipnosis con fines terapéuticos, tal y como se aplica en la **PROGRAMACIÓN NEUROLINGÜÍSTICA**, y particularmente en este libro se conoce *como **metamodelo**, **hipnoterapia**, **patrones hipnóticos** o **hipnosis ericksoniana**.*

Escrito por el **Máster Coach YLICH TARAZONA**

Como me réferi anteriormente, el desconocimiento del **ARTE DE LA HIPNOSIS** y la **PERSUASIÓN** como **ciencia comprobada**, tiende en ocasiones a confundir a las personas que poco saben de la **aplicabilidad de esta metodología en las distintas ramas de la psicoterapia.** *Trayendo como consecuencia que muchas personas piensen que el HIPNOTIZADOR tiene poderes mágicos increíbles o hasta sobrenaturales, que pueden causarles miedo al momento de ser **hipnotizados** por un profesional.* El mayor culpable de estos **MITOS**, como ya me he referido antes, es la cultura popular donde el **Hipnotizador** es visto muchas veces como un mago que tiene poderes supremos, capaces de adueñarse de las mentes débiles de las personas, y todo esto, está muy alejado de la verdad. ***Es decir que es un MITO, una creencia infundada y una idea contraria a la verdad.***

Por tal razón, **CONOCER LOS MITOS** que rodean a la **HIPNOSIS** es importante, ya que nos ayudara a la hora de **romper esas barreras mentales limitantes** y **pensamientos auto-saboteadores** que tiene la gente cuando se le habla de **HIPNOSIS, hipnotismo** o el **trance hipnótico.**

Bueno campeones y campeonas para aprender más de este maravilloso arte, vamos a conocer los **MITOS** más populares que rodean a la **HIPNOSIS** en sus muchas variantes, así que sin más preámbulo comencemos.

<u>**MITO Nº 1. Los Hipnotizadores Tienen Poderes Mágicos, Místicos Y Especiales.**</u> Esta primera afirmación es completamente falsa. Ya que la práctica de la **HIPNOSIS** una vez que conoces sus principios es *"Muy Sencilla Aprenderla",* *tan sencilla que cualquier persona que se lo disponga, la estudie y la practique cuidadosamente la puede llegar a desarrollar.* Esto es algo que SABE todo **Hipnotizador Experto**; y es por esta razón, que hay algunos **Hipnotizadores** *(Hipnotistas de Espectáculos o Hipólogos Clínicos)* que le dan a la **HIPNOSIS** un aire de **"MISTERIO"** o **"PROFESIONALISMO"** e intentan convencer a la gente *(participantes o pacientes)* de que la hipnosis es algo muy "DIFÍCIL" que sólo unos pocos que tienen el *"Don Mágico o Poder Especial"* o los *"Estudios o la Titulación Universitaria"* son los únicos facultados para lograr conseguir esos **FENÓMENOS HIPNÓTICOS** en los individuos *(participantes o pacientes)* que participan en sus sesiones. <u>**REAFIRMO "ESTE MITO ES FALSO".**</u> *Ya que en realidad no es el **DON** ni la **TITULACIÓN** lo que te hace un excelente hipnotista, sino la preparación, la disciplina, la práctica constante y los conocimientos de las diferentes técnicas y metodologías, que, junto a la participación consciente, pro-activa, voluntaria y participativa de las personas, son finalmente los pilares claves que te permitirán desarrollar profesionalmente esta disciplina en cualquier de los dos campos mencionado.*

¿ENTONCES PORQUE TODA ESTA CONFUSIÓN? <u>***Déjenme compartirles algunos ejemplos en ambos casos, para que comprendan la raíz que ha sido la causante de la aparición y popularización de este MITO:***</u> *Para comenzar, les confieso que yo personalmente he conocido a muchos **Hipnotizadores** (**Hipnotistas de Espectáculos**) colegas míos, que rodean el arte de la **HIPNOSIS** de un aire de* *"ocultismo", "secretismo" y "misterio" para que la gente "normal" en el escenario <u>No Vea</u> en que consiste realmente el procedimiento hipnótico". Porque si lo vieran, muchos de esos **(Hipólogos de teatro** o **Hipnotistas de Espectáculos)** "perderían su poder sobrenatural".* Así es que el **Hipnotizador Profesional**, afirma sabia y categóricamente que es el **"PODER DE SU MENTE"** la que permite **HIPNOTIZAR** a la otra persona, y que sólo unos pocos privilegiados, aquellos que nacemos con este supuesto **"DON"**, somos los únicos capaces de hipnotizar... *(Les revelo algo, yo entiendo por qué lo hacen.* **Es parte del show,** *el crear en el escenario esa incertidumbre y generar en las personas esas expectativas aumenta los niveles de* **hiper-sugestionabilidad,** *ya que estas creencias psicológicamente ayudan a los participantes a estar más receptivos a las inducciones y sugestiones del hipnotista. Lo que permite crear esos espectaculares fenómenos hipnóticos que tanto sorprenden a la gente...* **¿Y porque lo sé?** *... Porque yo mismo, mis apreciados lectores, en mis inicios en este* **ARTE HIPNÓTICO** *también realizaba* **exhibiciones de hipnosis callejera** *y* **show de hipnosis de teatros y espectáculos,** *lo que me permitió comprobar y entender por mí mismo, cómo estos* **MITOS,** *junto a ciertas estrategias publicitarias, me daban tan excelente resultado en la mente del espectador.*

El primer ejemplo, por una parte; por otra parte, también he tenido la oportunidad de conocer y compartir con otros colegas míos **(Hipólogos Clínicos),** *aquellos que trabajan como* **Médicos Profesionales** *o* **Hipnoterapeutas,** *que aún hoy día, todavía rodean su* **trabajo médico-científico** *de ciertas "barreras psicológicas" para que los pacientes normales o personas comunes y corrientes no "adquieran estas técnicas terapéuticas" irresponsablemente. En esta ocasión, esas "barreras psicológicas" creadas eran la necesidad de estudiar supuestamente esos* **"libros muy gordos** *y las* **enciclopedias"** *llenas de teoría sobre los* **"conceptos más complejos de la hipnosis"** *que, en vez de animar a los nuevos participantes, les crean más incertidumbres que respuestas. Otras de las* **"barreras psicológicas"** *son los* **"TÍTULOS UNIVERSITARIOS",** *y la* **"Necesidad de estar Colegiado como algún tipo de Médico especializado para poder Ejercer** *- (claro está, que estos dos últimos puntos son de vital importante si realizas terapias a nivel profesional)", pero no necesaria para practicar la* **hipnosis de espectáculos,** *la* **AUTOHIPNOSIS** *o la* **AUTOSUGESTIÓN.**

Ahora analicemos un poco este segundo ejemplo y entendamos por qué colocar estas *"barreras psicológicas".* Este principio es lógico comprenderlo, es decir, que es fácil entender por qué razón los **médicos** y **especialistas** alimentan este **MITO.** *Ya que este* **"celo profesional"** *es lo permite mantener a las* **HIPNOSIS TERAPÉUTICA** *alejada de las* **personas inescrupulosas, personas anti-éticas** *y* **anti-profesionales** *que pudieran ejercer este arte o disciplina sin la previa preparación adecuada o sin los estudios universitarios o titulación requeridos para tal fin.* Recordemos que la **HIPNOSIS CLÍNICA** debe ser estudiada profesionalmente, es decir que se debe recibir una colegiatura o título certificado universitario para poder ejercerla terapéutica, profesional y éticamente.

> _**NOTA**: Cabe destacar, que, aunque cada uno de los puntos o ejemplos antes mencionados son imprescindibles y de vital importancia comprender a la hora de **efectuar un show hipnótico de espectáculo** o **ejercer la hipnosis clínica terapéuticamente**. En realidad, no existe ningún tipo de **poder especial** o **mágico** en ninguna de las dos especialidades. Es más, si hablamos de **algo especial** o **mágico** en la **hipnosis de espectáculo** o en la **hipnosis clínica**, es el **DON mismo de la persona para ser Hipnotizable**. Que es, repito y reitero nuevamente, es este **DON**, la habilidad de poder ser hipnotizado, y esta cualidad maravillosa la tienen las personas mismas que reciben las **sugestiones verbales** o las **inducciones hipnóticas** por parte del Hipnotista o el **hipnoterapeuta**. Ya que nosotros los **Hipnotizadores Profesionales** simplemente somos un guía que dirige la experiencia hipnótica de las personas a través de las herramientas y metodologías adecuadas para generar el estado de trance hipnótico deseado._

MITO Nº 2. Solo Unos Pocos Elegidos Son Hipnotizables. ¡Este segundo **MITO** también es totalmente falso! **¿Por qué?** Porque **toda persona es hipnotizable** en **menor** o **mayor grado**, dependiendo de la **predisposición**, **la voluntad** y la **influencia ejercida** que se tenga en el sujeto en cuestión _(Te voy a compartir algunas ideas, la primera de ella es que tenemos más inclinación de dejarnos persuadir por personas de autoridad en la que confiamos. POR EJEMPLO, Un niño es más influenciable por su madre, así como el paciente lo es de su doctor)._ Simplemente lo que sucede es que **para algunas personas es más sencillo o más rápido o más sugestionables ser hipnotizados (programados) que para otros. TE EXPLICO PORQUE**… El **Trance Hipnótico** es un **estado natural del cuerpo**, que de hecho sucede todos los días, a cada momento y de varias maneras o formas en nuestro diario vivir, solo que no nos damos cuenta de ello conscientemente.

(**P**or ejemplo siguiendo el ejemplo anterior, **el niño es hipnotizado** por su madre cuando está la orienta, lo guía y lo dirige en su desarrollo "**S**i la madre **le programa principios** y valores desde su niñez a su hijo cuando le dice que él es un buen muchacho, lo que está haciendo es **programándolo {hipnotizándolo}** para que el joven lo crea y a media que valla creciendo tenga estas enseñanza fuertemente arraigada en su mente subconsciente, en su forma de pensar, sentir y actuar" lo mismo sucede en el caso contrario; **IMAGÍNATE** lo que sucedería si en vez de enseñarles principios y valores a los hijos, los padres, como sucede lamentablemente en algunos hogares decretaran sobre sus hijos que son unos perdedores, fracasados e inútiles, estos niños a medida que van creciendo escuchando estas cosas comienzan a ser **programados {hipnotizados}** creando esta realizad subjetiva que le implantaron cuando niño, cuando en realidad esas palabras solo eran una forma de reproche, pero que al declararlas el niño se las cree y comienza a vivir bajo esa FALSA CREENCIA…

**¿ESO ES HIPNOSIS?** Claro que sí lo es) …

Tengamos presente que la **HIPNOSIS** es un proceso psicológico tan natural de todo ser humano, que tal vez **TU YA HAS ENTRADO EN TRANCE HIPNÓTICO MUCHAS VECES** una y otra vez; en tu niñez o juventud, sin ni siquiera haberte dado cuenta de ella. O *tal vez, aún ahora mismo, tú puede ser que estés hipnotizado (programándote positivamente estas enseñanzas) a medida que vas leyendo atentamente este capítulo. (P*ara continuar y retomar con el tema, permíteme compartirte otra idea; siguiendo con el ejemplo anterior del doctor y el paciente. "*C*ada vez que el médico le receta un medicamento (tratamiento) a su paciente y le dice que, con él, este va a mejorar su salud; lo predispone (**programa** o **hipnotiza**) para que así sea. Pero también está el caso contrario, **IMAGÍNATE** que sucedería si el doctor cometiera un error de prescripción y por descuido o negligencia como también ha pasado, le comunica al paciente que su enfermedad es grabe y que no va a mejorar, este doctor sin querer está **programándolo {hipnotizándolo}** para que el paciente lo crea y responda ante esa situación, aunque haya sido solo un error de diagnóstico" … ¿**ES ESTO HIPNOSIS**? **Claro que sí lo es** y por cierto muy común.*

Recuerden que la **HIPNOSIS** es una habilidad o capacidad natural que hemos desarrollado en el transcurso de nuestra vida, lo que nos hace más **sugestionables** *{hipnotizables} en todo momento y en muchas ocasiones, seamos conscientes de ellas o no...* **DÉJAME DARTE ALGUNOS OTROS EJEMPLOS**: Esta misma situación de **HIPNOSIS** o *"ESTADO ALTERADO DE CONCIENCIA"* o **ESTADO HIPNÓTICO INVOLUNTARIO** sucede y se repite muy regularmente en nuestro diario vivir **POR EJEMPLO**: *Cuando* **vemos una buena película,** *y nos* **adentramos tanto en las historia** *y en el argumento de la misma,* que sin darnos cuenta de ello **la película termina por sumergirnos tanto en el trama;** de tal manera, que quedamos literalmente **HIPNOTIZADOS** por el *film,* que **comenzamos a recrear en nuestra mente las mismas sensaciones, vivencias, situaciones, acontecimientos, pensamientos, sentimientos, ideales y hasta los estados emocionales de los protagonistas;** a tal punto, que **experimentamos en ese momento sus mismas emociones,** bien sean estas de **miedo, terror, suspenso, drama, dolor, tristeza, alegría, felicidad, amor, pasión, excitación, sensualidad** y hasta **deseo.** Con una intensidad tal, como si fuéramos nosotros los protagonistas de la película ¿*ESO* **ES HIPNOSIS**? **Claro que sí).**

OTRO BUEN EJEMPLO PODRÍA SER *Cuando alguien nos cuenta una historia fascinante, o nos relata un acontecimiento o situación que haya vivido una persona, y lo describe con tal intensidad, pasión y emoción, que nosotros que lo escuchamos comenzamos a ser capaces de imaginar vívidamente esas mismos emociones o circunstancias narradas en la situación, y a recrear en nuestra poderosa mente subconsciente cada acontecimiento de la narración como si lo estuviéramos viviendo y experimentando personalmente nosotros mismos en ese preciso momento.* Es decir, **[En ese instante, la persona que escucha atentamente la historia, queda tan absorto en el relato, que entra en un estado de trance ALFA o "ESTADOS ALTERADOS DE CONCIENCIA" sin siquiera darse cuenta o percatase de ello].** Ahora pregunto ¿ES **ESTO HIPNOSIS**? **Claro que sí lo es también.** ¿*Cierto*?

En fin, mis apreciados lectores, como pudimos apreciar en los ejemplos anteriores, comprobamos como a cada instante, en todo momento y en cada lugar o circunstancia que vivimos, generamos una gran cantidad de situaciones **MULTI-SENSORIALES** que nos producen o generan una **RESPUESTA INCONSCIENTE EN NUESTRO ORGANISMO** y que en **HIPNOSIS** lo llamamos **ESTADO ALTERADO DE CONSCIENCIA** o **ESTADO DE TRANCE HIPNÓTICO INVOLUNTARIO.** Y todos estos estímulos **MULTI-SENSORIALES** suceden dentro de nosotros internamente, sin siquiera darnos cuenta de ellos. *Lo único que ocurre, es que tú aun no te habías dado cuenta de esta realidad; es decir, que no sabías que poseías esas destrezas y cualidades hipnóticas desde siempre; y por esa razón, HASTA ESTE MOMENTO no habías caído en cuenta de este poder innato de la mente conscientemente que tienes a tu favor.*

En resumen, el **MITO Nº 2. Solo Unos Pocos Elegidos Son Hipnotizables** Es total y completamente falso. Ya que como demostramos *todas las personas son y pueden ser HIPNOTIZABLES* de una u otra manera; y *todas las personas han entrado en una especie de ESTADO ALTERADO DE CONSCIENCIA o ESTADO DE TRANCE HIPNÓTICO INVOLUNTARIO* en menor o mayor grado; consciente e inconscientemente nos hayamos dado dé cuenta de ello o no.

TENGAN SIEMPRE PRESENTE QUE: *SI se puede aprender a **HIPNOTIZAR**, a cualquier persona, en cualquier momento y en cualquier lugar. El asunto no es, si entrara en **HIPNOSIS**, la cuestión es, cuando entrara. Ya que toda persona es **HIPNOTIZABLE** si se sabe el "**COMO**" y al "**QUE**" responde.*

MITO Nº 3. Solo Las Personas Con Poca Voluntad Pueden Ser Hipnotizables O Solo Se Pueden Hipnotizar Las Personas De Mente Débil. Cuestionemos este **falso MITO**... Hasta la siguiente pregunta *¿Has pensado alguna vez en la cantidad de personas que utilizan la **Auto-Hipnosis**, las **Sugestiones Positivas** o **El Poder de su Mente** como medio para **mejorarse** o **superarse a ellos mismos?*** De hecho, se ha demostrado y comprobado científicamente una y otra vez, que **las personas más creativas, intuitivas, llenas de imaginación** y **confiadas en sí mismas** entran en **ESTADOS DE TRANCE HIPNÓTICO** mucho más rápido, de forma más efectiva y de manera más potente que aquellos individuos que tienen dudas o falta de creatividad e imaginación. *Ya que repito, se ha demostrado y comprobado científicamente que una **mente abierta** y una **actitud positiva** es mucho más poderosa, intuitiva e ingeniosa, que se abre a un sinfín de probabilidades ilimitadas mucho mayores y extraordinarias, que la de las personas promedio.*

Es decir, campeones y campeonas, que las personas que entran en un *estado de trance hipnótico* no son de mente débil en ningún sentido; al contrario, se puede decir, que las personas que entran en **HIPNOSIS** son de **mente más abiertas, receptivas, dispuestas e ingeniosas**. En otras palabras, que son más **susceptibles** (*aptos, capaces, dispuestos, hábiles*) y **receptivas** al **estado de trance hipnótico**. *Es decir, que son personas más **sensibles** y prestas a las **sugestiones** e **inducciones** *del **hipnotista**. Y esta **cualidad tan extraordinariamente maravillosa** mis apreciados lectores es una **habilidad, don natural** o **talento innato**. Más que un defecto, es una capacidad de concentración que todos debiéramos querer desarrollar.*

En resumen, el <u>**MITO Nº 3. SOLO LAS PERSONAS CON POCA VOLUNTAD PUEDEN SER HIPNOTIZABLES O SOLO SE PUEDEN HIPNOTIZAR LAS PERSONAS DE MENTE DÉBIL.**</u> Es completa y totalmente **falso**...

<u>**MITO Nº 4. Bajo Hipnosis Somos Totalmente Vulnerables**</u>. Desmintamos este otro falso MITO... La **HIPNOSIS** nunca ha sido, ni jamás será una situación vulnerable en la que perdamos el control absoluto bajo la influencia del hipnotista, como muchas personas erróneamente creen. Ya que tenemos que recordar cómo he enfatizado en apartados anteriores que *aun estando bajo un Estado Profundo de TRANCE HIPNÓTICO, nuestra consciencia siempre queda activa y conservamos latentes nuestros VALORES MORALES y nuestros PRINCIPIOS ÉTICOS más elevados.* Por lo que nadie, ni nada nos puede inducir a realizar acciones, decir algo o hacer nada para lo que no le hayamos dado nuestra aprobación y autorización previa; ya que todo lo que se puede realizar a través de la **HIPNOSIS CLÍNICA** o **HIPNOSIS DE ESPECTÁCULO** es solo y únicamente con el consentimiento voluntario y participativo de la persona en cuestión. *Lo único que se puede conseguir a través de la **Hipnosis**, es que nosotros hagamos **SI ASÍ LO QUEREMOS** y si **ASÍ LO ELEGIMOS**; es hacer, sentir, pensar o actuar en la forma en la que el **hipnotista de teatro**, el **hipnotizador de espectáculos**, el **hipnólogo clínico** o lo que **hipnoterapeuta especialista** nos sugiere. Siempre y cuando nosotros accedamos a ello voluntariamente, sobre todo si sabemos que es bueno y útil para nosotros.*

*Recordemos que la **MENTE SUBCONSCIENTE** que poseemos todas las personas, es el lugar donde se almacenan nuestras **programaciones neuronales** y junto a ellas, también se encuentran los **códigos de la ética**, así como los **valores morales más estrictos** de las personas; que les permite vivir según los **estándares más elevados centrados en sus principios morales.*** Es por esta razón, mis apreciados lectores, que aun cuando una persona este bajo en un **completo estado de trance hipnótico**, si se le diera una orden que sea contraria a sus **principios éticos** y **valores morales**, esta nunca accedería a ella y jamás podría aceptarla, ya que su **mente subconsciente** sabe lo que es bueno o no para nosotros.

Hay que tener siempre presente que **nuestra MENTE INCONSCIENTE se mantiene alerta a cada instante de nuestra vida**, y ella sabe lo que es bueno para nosotros, y reconoce de inmediato lo que es malo. ¡Y la **mente subconsciente** jamás haría algo que valla en contra de su **código ético** y **principios morales**!... *Así mismo sucede, cuando una orden hipnótica va en contra bien sea de nuestras **creencias más arraigadas** o cualquier otro ideal que tengamos, si la orden es contraria a estos **estándares elevados** que* *tenemos registrados la **MENTE SUBCONSCIENTE se activa en modo de alerta**, rechazando la orden automáticamente, ya que esta nunca permitirá hacer o realizar un acto que atente en la supervivencia del individuo.*

En resumen, el <u>**MITO Nº 4. BAJO HIPNOSIS SOMOS TOTALMENTE VULNERABLES**</u> es completa y totalmente falsa. Porque como ya hemos aclarado en varias ocasiones, bajo ningún **trance hipnótico** no vas a hacer nada que no quieras hacer, **¿PORQUE TE PREGUNTARAS?** Bueno la razón es porque aun en **estado de hipnosis profunda**, que como ya sabes vas a estar siempre consciente en todo momento de la **INDUCCIÓN**, lo que te permitirá escuchar y seguir las *instrucciones, sugerencias y sugestiones directas* declaradas por el *hipnotista, hipnotizador, hipnólogo clínico* o *hipnoterapeuta Ya que nosotros somos simplemente un guía que dirige la experiencia hipnótica de las personas a través de las herramientas y las metodologías adecuadas para generar el estado de trance hipnótico deseado.*

<u>**MITO Nº 5. Me Puedo Quedar Dormido Para Siempre**</u>. Desmintamos este **MITO** de una vez por todas. Tengamos presente que, aunque el termino **HIPNOSIS** provenga del término griego *(Hypnos)* que signifique sueño, el estado real que se experimenta en un **trance hipnótico**, es más similar a un **estado de relajación** o **meditación** en el que siempre somos conscientes en todo momento de lo que pasa a nuestro alrededor. *¿ENTONCES PORQUE EXISTE ESTE MIEDO DE QUEDARNOS DORMIDOS?* Déjame explicarte brevemente...

*La **HIPNO-SIS** al provenir del vocablo griego **(Hypnos)** que significa sueño, se le asocia **simbólica** y **metafóricamente** al adormecimiento, al sueño o al letargo, Pero recordemos que la expresión **HIPNOSIS**, solo es una referencia alegórica de la **MITOLOGÍA GRIEGA (Hypnos)** y a las **PRÁCTICAS EGIPCIAS ANTIGUAS** que se asocian a **(Los Templos del Sueño Egipcios)** que se practicaban en la antigüedad. Eso quiere decir, que, en la práctica real, la **HIPNOSIS MODERNA** no tiene nada que ver con el acto de "**DORMIRSE, SOÑAR** o **ADORMECERSE**" literalmente.*

*Como ya se ha comprobado científicamente la **HIPNOSIS** es "**Un estado fisiológico normal del ser humano**, donde se producen ciertos **fenómenos fisiológicos semejantes al sueño REM**, que al activarse por medio de las **sugestiones** e **inducciones hipnóticas** declaradas por el (**hipnotista, hipnotizador, hipnólogo clínico** o **hipnoterapeuta**), permite la aparición de respuestas **ideo motoras, ideo sensoriales**, e **ideo-emocionales**, pero el sujeto en cuestión siempre se mantiene **despierto** y **alerta** en todo momento, solo que en un **estado de relajación, meditación** y **concentración** mucho más elevado que el estado de vigilia.*

Aunque es verdad que ciertas funciones del **estado REM del sueño** entra en juego en los **procesos hipnóticos**, es importante resaltar como ya hemos aclarado anteriormente que *el **ESTADO DE TRANCE HIPNÓTICO** es muy* *diferente al **SUEÑO FISIOLÓGICO** normal que conocemos como el acto de (**DORMIR**)". Ya que repito, en ningún momento del procedimiento, las personas en el **estado de trance hipnótico** caen en algo como un sueño profundo, ni mucho menos se duermen literalmente.*

MITO Nº 6 Puede La Hipnosis Afectar Mentalmente De Una Manera Negativa O ¿Puede La Hipnosis Ser Peligrosa En Ocasiones? Este **MITO** es uno de los más interesantes; por tal razón, lo deje en último lugar para explicarlo claramente y **comprender equilibradamente** lo **favorable** y **desfavorable**, lo **negativo** o **positivo** y la **realidad** o **ficción** de este **MITO**. *Para comenzar podemos afirmar categóricamente que el acto hipnótico no es peligroso en sí mismo. La experiencia a través de los años, y los cientos de estudios médicos científicos nos demuestran decisivamente que no se puede hacer que un individuo (**Paciente** o **Participante**) bajo el **ESTADO DE HIPNOSIS** adopte un comportamiento contrario a su **ética moral**, sus **principios y valores**, **creencias religiosas**, **buenas costumbres**, **ideales** o cualquier otro **pensamiento**, **sentimientos** o **acciones** que atente contra dignidad o ponga su vida en riesgo o en peligro.* Tengamos en cuenta que el (**hipnotista callejero**, **el hipnotizador de espectáculo**, **el hipnólogo clínico** o **el hipnoterapeuta especialista**) solo tiene el control y el poder que el **inconsciente** y **subconsciente** del mismo sujeto le entregue **voluntaria** y **conscientemente**.

*Si por **EJEMPLO** un **hipnotista callejero** en una de sus presentaciones de calle logra hacer que uno de sus participantes se pegue sus dedos, manos o pies, es porque el mismo participante accedió a las sugestiones libremente, al comprender que estos fenómenos hipnóticos muy populares en este tipo de presentaciones se llevan a cabo gracias a la participación voluntaria de la persona en sí misma, que al saber que solo es parte de una especie de juego mental permite dejarse llevar por la experiencia trayendo como resultado lograr favorablemente el fenómeno hipnótico deseado. De igual manera, si un **hipnotizador de espectáculo** consigue que un sujeto del público se comporte como un perro, un gato o cualquier otro animal, es porque el sujeto en cuestión sabe intuitiva e inconscientemente que se trata de un juego en la cual él es el protagonista; en otras palabras, el sujeto acepta las **sugestiones** e **inducciones** del **HIPNOTIZADOR** porque sabe y comprende en su interior que es parte del **show de espectáculo hipnótico** que está experimentando y que él es parte del mismo.*

Lo que, si hay que tener en cuenta, y lo enfatizo por lo importante que es. Es que ningún **hipnotista callejero** o **hipnotizador de espectáculo** deben por ninguna razón, motivo o circunstancia realizar diagnósticos o tratar enfermedades sin tener conocimiento previo y estar autorizado para tal fin, ya que esto es única y exclusivamente para los **hipnólogos clínicos** e **hipnoterapeutas especializados** que están facultados y titulados para realizar este tipo de terapias y procedimientos. Es importante destacar en este punto, que todo diagnostico o tratamiento solo debe ser realizado por personas especializadas en ese tema tales como lo son, los **psiquiatras**, **doctores**,

psicólogos e **hipnoterapeutas**. Ni los **coach** ni los **trainer en PNL** están facultados en diagnosticar o tratar enfermedades al menos que estén debidamente titulados y facultados para ello, de lo contrario deberían abstenerse de estas prácticas.

MITO Nº 7 Siempre podemos recordar todas nuestras experiencias y realizar REGRESIONES al pasado cuando estamos Hipnotizados. Antes de explicar este **MITO** es importante aclarar que dentro del campo de la hipnosis existen ciertas disciplinas y especialistas encargados de realizar estos **fenómenos hipnóticos** llamados **REGRESIONES** *(Que son la capacidad de producir en el sujeto (**paciente** o **participante**) la oportunidad de "Experimentar Vivencias del Pasado" y estimular la memoria junto a sus recuerdos almacenados en su mente subconsciente, para traerlos al presentes con un propósito específico y un objetivo determinado previamente establecido entre la persona y el **HIPNOTIZADOR**).*

Teniendo esta idea en cuenta; es de vital importancia tener claro, que en ciertas ocasiones el **HIPNÓLOGO** o **HIPNOTISTA ESPECIALISTA EN REGRESIONES** si puede llevarnos a través de una **sesión de hipnosis**; atrás en el tiempo, para así encontrar algún detalle de interés en nuestro pasado, y traerlo al presente. Es decir; al AQUÍ y al AHORA. Y esto sucede, mayormente porque el **HIPNOTERAPEUTA** ha sido capaz de llegar a los **fragmentos resguardados** o **capas más profundas** de nuestra **mente subconsciente** donde **reside la memoria.** *Que es el banco donde se encuentra los **pensamientos** y los **recuerdos almacenados** que nosotros ya hemos olvidado. **Y lo que hace específicamente el hipnotizador, es volver esas memorias, pensamientos o recuerdos del pasado al presente; permitiendo revivirlos, recordarlos, acceder a ellos y experimentarlos nuevamente** en forma de **memorias, pensamientos** o **recuerdos más presentes.** Y así trabajar, en pos de ello, para lograr un propósito u objetivo previamente establecido entre las partes.*

En este sentido, la **HIPNOSIS** si puede ayudarnos a recordar ciertas experiencias del pasado cuando estamos hipnotizados y traerlas al presente con un propósito específico. *PERO LO QUE NO PUEDE HACER LA HIPNOSIS es llevarnos a revivir una vida pasada o recordar acontecimientos, hechos y situaciones que en realidad no hayan ocurrido.*

A MODO DE RECAPITULACIÓN: Aprendices; el estado hipnótico no entraña ningún riesgo, puesto que la **HIPNOSIS** es un estado natural de todo ser humano. *Si existiera alguna posibilidad de peligro en algún momento; esto sólo podría ser casado, sin querer, por medio de la práctica desautorizada, negligente e incompetente por parte de un **Hipnotista, Hipnotizador, Hipnólogo** e **Hipnoterapeuta**; que ejerza la profesión sin los conocimientos previos necesarios de lo que hace, o sin la titulación universitaria superior requerida, si así fuera el caso.*

Riesgos Psicológicos: *Aprendiz; si no eres psiquiatra, psicólogo o hipnoterapeuta titulado, colegiado y certificado y careces de información sobre el pasado de la persona (puedes acentuar un desequilibrio, pero no provocarlo.) (También puedes proporcionarle un pretexto para que caiga en un desequilibrio latente).*

Por este motivo, no es conveniente practicar la hipnosis clínica sin antes: *Haber mantenido una entrevista previa con el sujeto, haber realizado el informe médico, leer y rellenar el guion terapéutico con el paciente, llenar y revisar el contrato o acuerdo PostHipnótico para tener presente las metas que se quieren lograr con la sesión, profundizar el motivo de la consulta o sesión, hacer preguntas al sujeto para localizar posibles problemas psicológicos y fisiológicos si los hubiera, detectar miedos, traumas, fobias, expectativas, deseos e intereses, etc.* Sobre todo, asegúrate siempre de primero contar con los suficientes conocimientos previos necesarios y la titulación universitaria superior requerida para ejercer ética y profesionalmente.

EN CONCLUSIÓN: *No existe ningún peligro intrínseco en la hipnosis, sino ligeros riesgos ligados en la gran mayoría a la (incompetencia, ineptitud, inexperiencia o incapacidad) del* **hipnotista, hipnotizador, hipnólogo clínico o hipnoterapeuta**). Por tal razón, todo riesgo puede evitarse con una simple **entrevista** o **guion terapéutico** con el sujeto *(paciente)* o realizar una breve **charla pre-hipnótica** con el *(participante)* tratando de esta manera, recoger la mayor cantidad de hechos o acontecimientos importantes en la vida de la persona, comenzando desde lo más general a lo más específico. Así nos evitaríamos esos ligeros riesgos; que claro está, si se pueden cometer; como sucede en toda otra especialidad, carrera o disciplina.

¿Entiendes lo que te digo? *Al hacer todo esto mi aprendiz, no solo podrás prevenir con tiempo algún inconveniente, sino que sobre todo te podrás adelantarte y cubrir cualquier expectativa, posicionándote como un experto y especialista en la materia; consolidar tu* **IMAGEN** *como* **Hipnotista, Hipnotizador, Hipnólogo** *o* **Hipnoterapeuta.** Está claro, que al tener un perfil de la personal en cuestión con quien vas a trabajar, vas a tener más ventajas, que si no cumplieras con todos estos procedimientos iniciales ¿**Me doy a entender**?

Estás de acuerdo aprendiz, que, al tener mayor información, mayores probabilidades de éxitos tendrás en **realizar tus sesiones de hipnosis clínica terapéuticas** *y más probabilidades de éxitos tendrás al* **realizar tus shows de hipnosis callejeras o de espectáculo**. ¿**Estás claro en esto verdad**? **RECUERDA QUE**: *Un buen profesional siempre trata de recoger la mayor cantidad de hechos, información o acontecimientos importantes en la vida de la persona en cuestión, y lo debe hacer, desde lo* **más general** *a lo* **más específico**.

Bueno **APRENDICES**, ¡Hemos **Finalizado con el Tercer Capítulo**! Donde aprendimos sobre los ***MITOS, LEYENDAS y ESPECULACIONES ALREDEDOR DE LA HIPNOSIS moderna***. Ya has avanzado bastante, espero estés aprendiendo mucho **"Y solo es el comienzo, de este gran libro sobre hipnosis"** Recuerda *"Si tienes alguna pregunta, puedes **"Escribirme directamente a mi Correo Electrónico"***.

Bueno "aprendiz y apreciado lector" quiero agradecerte por haber adquirido este libro que escribí especialmente para ti; me alegra, poder ser tu mentor y maestro en este gran **arte magistral de la HIPNOSIS**. La prueba final de este libro **"El Poder de la HIPNOSIS"** será que habrás aprendido a dominar los principios esenciales para generar un **Estado de Trance Hipnótico** dirigido por Hipnosis.

(Ya compartiré más información con ustedes, más adelante) Te comento, algo muy personal, sabes a mí personalmente, me encanta enseñar **HIPNOSIS,** es una de mis más grandes pasiones. Pero también hacer y poder realizar todas las cosas extraordinarias que se pueden lograr a través de la HIPNOSIS, como lo son los **Sueños Lucidos**, los **Viajes Astrales**, las **Experiencias Extracorporales** y los **Fenómenos Hipnóticos** entre otras cosas. *Que al principio te pueden parecer algo difícil, complicado o hasta increíbles; bueno sí, es cierto, un poco, pero solo al principio jeje =) "sabemos que todo inicio es así"*. Pero te aseguro, que ustedes también podrán **dominar este arte hipnótico completamente**, porque pienso enseñarte cómo hacerlo, y cuando empieces a vivir tus propias experiencias será muy curioso e interesante para ti, ya verás ^_^ Bueno ¡Espero tener pronto noticia tuya!...

MásterCoach.YlichTarazona@gmail.com
http://www.reingenieriamentalconpnl.com

"El ÉXITO no es un acontecimiento de un solo día, es un proceso que se repite toda la vida. Usted puede ser un ganador en su vida si se lo propone. YA QUE NACISTE Y ERES UN TRIUNFADOR desde el instante de la concepción... Recuerda: Las personas exitosas realizan actividades que les permitan ganar de vez en cuando; porque saben que tanto el triunfo, la victoria, así como la conquista son hábitos que deberían desarrollarse constantemente en su estilo de vida... Las personas exitosas; asimismo tienen presente que, perdiendo también se gana. Porque saben que cada fracaso los acerca más a su propósito y que cada derrota los fortalece y les enseña lo que deben mejorar. En fin y al cabo; tanto los triunfos como las derrotas, son tan importantes para el éxito, que cuando aprendemos de ellas nos hacemos más fuertes y merecedores de vivir ese estilo y calidad de vida extraordinaria por la que tanto nos hemos esforzamos día tras día" -. **YLICH TARAZONA**. -

CAPÍTULO IV: PRINCIPIOS ESENCIALES PARA COMENZAR A UTILIZAR LA HIPNOSIS

Felicidades campeones y campeonas, hemos llegado a la parte práctica, a partir desde ahora profundizaremos lo que necesitas aprender para convertirte en un excelente **HIPNOTIZADOR.** *Hasta ahora, hemos estudiado **el desarrollo del contexto histórico y evolutivo de la hipnosis a través de los siglos**, hemos comprendido las múltiples definiciones y teorías que existen sobre la hipnosis, aprendimos sobre la importancia de comprender **la realidad y los perjurios detrás de los mitos, leyendas y especulaciones alrededor de la hipnosis.** Ahora estudiaremos los **PRINCIPIOS ESENCIALES PARA COMENZAR A UTILIZAR LA HIPNOSIS DE FORMA PROFESIONAL** tanto en el ámbito de la **Hipnosis Callejera** y de **Espectáculo**, así como la **Hipnosis Clínica** y **Terapéutica.**

Para comenzar a practicar todas las **TÉCNICAS DE HIPNOSIS,** los **PATRONES SUGESTIVOS,** las **INDUCCIONES** y los **COMANDOS HIPNÓTICOS** que estarás aprendiendo a continuación, te recomiendo que comiences a practicar con pequeños grupos de entre 3 o 6 personas a medida que vallas aprendiendo cada técnica. Al principio se recomiendan que las personas con quienes decidas iniciar tus prácticas sean conocidas, y con las cuales te sientas a gusto al compartir estas nuevas habilidades que estas adquiriendo. *La intención de practicar con pequeños grupos de entre 3 o 6 personas, es que puedas recibir **retroalimentación positiva;** es decir, **Feedback efectivo**, con el propósito de mejorar tus **TÉCNICAS** y metodologías hipnóticas cada día, al mismo tiempo que vas incorporando subsiguientemente los **patrones sugestivos**, las **inducciones** y los **comandos hipnóticos** a tu repertorio, bien sea a tus **sesiones de hipnosis clínica** y **terapéuticas** o en tus **shows de hipnosis callejera** y de **espectáculo.***

Después de cada práctica de los ejercicios repetidas veces con las personas que hayas elegido para iniciar tu periodo de formación, es importante que vallas evaluando tu progreso a través de tus propias observaciones, así como el **Feedback efectivo** o **retroalimentación positiva** que recibas de tus colaboradores.

Una vez que ya poseas cierto dominio de las diferentes **TÉCNICAS HIPNÓTICAS,** es recomendable que comiences a **ponerlas en práctica** y a **tomar acción** inmediatamente con personas reales en diferentes contextos o situaciones. Ya que esto te permitirá ir desarrollando las experiencias necesarias y las habilidades hipnóticas que te llevaran a **convertirte en el excelente hipnotizador que quieres y puedes llegar a ser.** *Recuerda aplicar siempre en tus **sesiones de hipnosis clínica** o **terapéutica**, o en tus **eventos de show de hipnosis callejera** o de **espectáculo** la mayor cantidad de técnicas posible que recuerdes, ya que esta es la única forma en la que iras desarrollando experiencias y profesionalismo en el domino competente de es este maravilloso arte supremo de la **HIPNOSIS**.*

Recomendaciones a tener en cuenta en cada Sesión de HIPNOSIS:

- <u>MANTENER</u>: Todas las **técnicas** y **metodologías** que has realizado bien, y seguir aplicándolas en las subsiguientes oportunidades que se te presenten. Recuerda que la práctica y la repetición constante es la madre de la enseñanza. *Una de las maneras que tenemos para ir perfeccionando nuestras técnicas y metodologías es la evaluación periódica de nuestras acciones en cada práctica, sesión de hipnosis o evento de show de espectáculo. Ya que cada vez que nos evaluamos, nos permite interiorizar el **MODELO** que hemos utilizado para poder repetir los mismos resultados con mayor excelencia la próxima vez que realicemos la misma técnica.*

- <u>ACTIVAR</u>: Todo aquello que podrías a ver echo, y que no realizaste en la sesión o evento anterior. Es importante que cada vez que realices una **sesión de hipnosis clínica** o un **show hipnótico de espectáculo**, evalúes posteriormente lo que hiciste bien, y lo que probablemente pudiste haber hecho mejor. *Ya que esto te permitirá interiorizar y profundizar en tu mente subconsciente la técnica que hayas utilizado; permitiéndote de esta forma, ir agregando a tu repertorio aquello que tal vez hayas omitido, pero que, si lo hubieras realizado o lo hubieras intentado, te fuera ayudado efectuar la técnica con mayor efectividad y eficacia posible.*

- <u>DESACTIVAR</u>: Todo aquello que hiciste en el **ejercicio**, la **práctica**, en la **sesión de hipnosis clínicas** o **show de hipnosis de espectáculo** que no debías haber hecho. Como en los pasos anteriores, **este punto te ayudara a evaluar lo que hiciste en una determinada sesión terapéutica** o **evento de hipnosis**, que no deberías haber realizado, o que pudiste haber omitido. *El propósito de este parte del ejercicio, es que una vez te hayas evaluado equitativamente, y hayas identificado aquellos puntos que no debiste haber introducido en tus **sesiones** o **show**; te permita posteriormente ir eliminando todo aquello que sea innecesario o excedente en la práctica real en la aplicación futura de los ejercicios de hipnosis con una persona.*

---

*Este **ejercicio** o **proceso de tres pasos** [MANTENER - ACTIVAR y DESACTIVAR] te servirá para **ir perfeccionando poco a poco tus HABILIDADES HIPNÓTICAS y persuasivas**. Al mismo tiempo que te permitirá observar cómo responden las diferentes personas bien seas estos (**pacientes** o **participantes**), ante las **sugestiones verbales persuasivas** o **inducciones orales hipnóticas** que les trasmites y les comunicas para generar el **estado de trance hipnótico deseado** en cada contexto o situación en el que realizas la hipnosis.*

Principios a tener en cuenta antes de comenzar una SESIÓN DE HIPNOSIS CLÍNICA o un SHOW DE HIPNOSIS DE ESPECTÁCULO.

Antes de comenzar a **HIPNOTIZAR** a una persona, debemos primero comenzar a realizar una serie de **protocolos pre-hipnóticos** que nos permitirán aumentar considerablemente nuestro porcentaje efectivo de acierto:

<u>**ESTABLECER SINTONÍA, RAPPORT Y ACOMPASAMIENTO**</u>: Para lograrlo, lo primero que debemos hacer, es **explicarle claramente** a nuestro sujeto en cuestión *(paciente o participante)* **que es** y **que no es la hipnosis**. Así como también **explicarle que va a sentir** o **experimentar antes**, **durante** y **después de la sesión** o **el show de hipnosis**; y establecer previamente una relación estrecha entre ustedes más allá de la confianza, para que el sujeto *(paciente o participante)* nos permita acceder a esa parte de su **MENTE INCONSCIENTE** que es la que les faculta ser más respectivo a las **sugestiones** e **inducciones** que les sugerimos. De esta manera, el sujeto *(paciente o participante)* participa activamente en la **sesión** o el **show de hipnosis**, sin poner ninguna resistencia psicológica a los **comandos** u **órdenes hipnóticas** que les estamos sugiriendo.

<u>**DESCONEXIÓN O DISOCIACIÓN**</u>: El siguiente paso es desconectar al sujeto *(paciente o participante)* de la parte **CONSCIENTE** de su cerebro *(a saber, la parte lógica o racional de su mente)* de la parte **INCONSCIENTE** *(es decir, la parte sugestionable de su mente)*. Para ello, debemos comenzar nuestras **sesiones terapéuticas** o **eventos de hipnosis callejeras** (SEGÚN SEA EL CASO) con pequeños ejercicios de comprobación, para evidenciar su reacción, respuesta, disposición y sugestionabilidad ante las órdenes que les impartimos. Entre los ejercicios básicos más comunes que se recomiendan podríamos mencionar los **Dedos Magnéticos**, **Manos Magnéticas**, **Manos Direccionales Arriba - Abajo**, **Elevación** o **Levitación del Brazos**, **Caída Hacia Atrás**, **Catalepsia De Ojos**, **Brazos** y **Piernas** entre muchos otros, que nos puedan ayudar a conseguir esa disociación, y lograr finalmente nuestro objetivo. Que es hacer entrar en **trance hipnótico** a la persona, y permitirle desarrollar su "**hiper – sugestionabilidad**" es decir, su **amplificador de respuesta** o **profundizador de las experiencias sugestivas**, para crear finalmente el **ESTADO HIPNÓTICO** que deseamos.

<u>**INTRODUCCIÓN DE LAS INDUCCIONES**</u>: Una vez *realizado la comprobación previa de sugestionabilidad*, podemos ir avanzando poco a poco en nuestro proceso de **trance hipnótico**, comenzando a utilizar una diversidad variada de diferentes **inducciones verbales**, acompañadas de **comandos hipnóticos**, **sugestiones** y **patrones persuasivos** que nos permitan finalmente ir dirigiendo al sujeto *(paciente o participante)* a entrar en el **estado de trance hipnótico deseado** y al **estado mental** de **DISPOSICIÓN PRE** y **POS HIPNÓTICA** que deseamos alcanzar con la persona en cuestión.

La **Inducción Hipnótica** es el **proceso verbal**, por medio el cual el **HIPNOTIZADOR establece**, **estimula**, **dirige** y **sugestiona** a la persona a través del poder de la **palabra hablada**, para hacer entrar al sujeto *(paciente o participante)* al **estado de trance hipnótico** deseado. En otras palabras, la **Inducción Hipnótica** es el medio más efectivo por medio del cual el **hipnotizador** declara verbalmente y prepara las **condiciones mentales** requeridas en el **proceso del trance** para que ocurra la **HIPNOSIS**. Es decir, los *(Fenómenos Hipnóticos)*.

En otro orden de idea, podemos decir entonces que la **Inducción Hipnótica** puede definirse como los **procesos psicológicos** o **procedimientos mentales** de la **HIPNOSIS** necesarias para llevar a una persona al *estado de trance hipnótico* deseado a través del poder de la **palabra hablada** declaradas a través de las **sugestiones verbales** y las **inducciones orales** que les comunicamos al sujeto *(paciente o participante)*. El **Estado de Trance Hipnótico** es el estado de mayor **sugestión** o **sugestionabilidad**, durante el cual las facultades de la *mente críticas* o el *factor crítico de la mente* se reducen, y los sujetos *(pacientes o participantes)* son más propensos y receptivos a aceptar los **comandos, patrones, sugestiones, inducciones, órdenes directas** y **sugerencias** declaradas por el **hipnotizador.**

A continuación, voy a explicar algunos de los **elementos básicos más importantes a tener en cuenta a la hora de comenzar a inducir estados hipnóticos**. *Hay decenas de principios en el transcurso de este libro, pero solo voy a resaltar los más esenciales y necesarios para multiplicar nuestro porcentaje de éxito:*

Elementos Básicos más Importantes a tener en cuenta a la hora de Comenzar a Inducir Estados de Trance Hipnótico.

<u>AUTORIDAD</u>: Cualquier **tipo de sugestión, comando subliminal, inducción hipnótica, petición** u **oren directa** e **indirecta**; es incluso mucho mejor y funciona más efectivamente aun estando despierto **si la realiza una persona con autoridad. <u>*POR EJEMPLO*</u>**: *Si una persona desconocida te ve sentado en una banca del parque, y te pide que te levantes para sentarse él o ella - ¿Lo harías? Indudablemente que no verdad...* Pero ahora **IMAGINA** la misma situación anterior, y **trata de imaginarte** esta vez, que la persona que te pide que te levantes del banco para sentarse es alguien de autoridad, reconocido, famoso, importante y relevante para ti. En esta nueva situación, probablemente le sederías el banco cierto – si verdad... ¿**Por qué**? Porque **representa una autoridad** o **personaje importante** para ti. [Pues en **el campo de la HIPNOSIS sucede exactamente lo mismo**]. *Es decir, que debemos presentarnos ante las personas como una AUTORIDAD en el campo de la HIPNOSIS; en otras palabras, debemos presentarnos como expertos HIPNOTIZADORES ante nuestro público, espectadores, clientes o pacientes, para que nuestras sugestiones o inducciones tengan mayor fuerza para el sujeto en cuestión.*

<u>REPETICIÓN</u>: Debemos **repetir varias veces**, en **varias ocasiones**, de **diferentes modos** y de **distintas formas** los **estados mentales** que queremos **INDUCIR** y **GENERAR** en la mente de las personas *(pacientes o participantes)* a quien le realizamos la **sesión** o **show hipnótico**. <u>*POR EJEMPLO*</u>: *Si queremos que el sujeto (paciente o participante) entre en un estado de trance profundo de relajación, no bastará con que solo le digamos SUEÑO, DUERME o RELÁJATE para producir el fenómeno hipnótico esperado...* Para que esto realmente suceda, debemos continuamente bombardear su **mente subconsciente** repetidamente con **sugestiones verbales, comandos subliminales, inducciones hipnóticas** y **órdenes directas** e **indirectas** que les permitan **inducir** y **generar** el **estado**

hipnótico deseado; a saber, el **estado de trance profundo**. Y para lograr ese objetivo, utilizamos repetidamente las palabras **SUEÑO, DUÉRMETE** o **RELÁJATE**, organizadas en pequeñas oraciones subliminales creadas para tal propósito; a fin, de dirigir al sujeto a entrar en el estado de trance hipnótico deseado. Y la mejor forma de hacerlo sería de la siguiente manera: *A la cuenta de 3, te ordenare que cierres tus ojos, y al cerrar tus ojos deseo que te **RELAJES PROFUNDAMENTE** hasta que comiences a tener esa sensación de **SUEÑO PROFUNDO**, quiero que a medida que escuches mi voz, y te diga **DUÉRMETE** sientas una sensación de paz y tranquilidad que te hace entrar en un **estado más y más profundo de relajación**, a medida que te **RELAJAS** más y más **PROFUNDAMENTE** sientes como caes en un **SUEÑO PROFUNDO** que te produce cada vez más y más deseos de **DORMIRTE**, correcto, así es lo estás haciendo muy bien. Perfecto, ahora que has entrado en un estado de **RELAJACIÓN PROFUNDA** entre más escuchas mi voz, más y más te adentras en ese **SUEÑO PROFUNDO** que te da serenidad y te produce esa paz interior que te estimula que **DUERMAS PROFUNDAMENTE** más y más. Muy bien, así es, lo estás haciendo correctamente. Ahora voy a comenzar a contar del **1** al **3** y a medida que voy contando vas profundizando cada vez más y más en este estado de **RELAJACIÓN PROFUNDA**, y quiero que percibas como con cada respiración te relajas más y más. Correcto así es, muy bien; **1** inhala profundamente y siente como con cada inhalación te llenas de tranquilidad y una paz interior que te produce serenidad, **2** con cada exhalación deseo que sueltes todo estrés, y sientas como al exhalar el aire de tus pulmones sientes que liberas todas las tenciones de tu cuerpo, **3** siente como cada vez profundizas más y más en este estado de **RELAJACIÓN PROFUNDA**, correcto, así es lo estás haciendo muy bien. Perfecto, ahora **DUÉRMETE PROFUNDAMENTE**. Listo; hasta aquí si hicimos la inducción correctamente, hemos generado en la persona el estado de trance deseado, ahora solo tenemos que pasar a la siguiente parte de la inducción.*

<u>ACIERTOS</u>: *Conviene comenzar aplicando* **sugestiones sencillas** *e* **inducciones directas**. La combinación acertada de estas **sugestiones** e **inducciones**, nos permitirán conseguir, que nos sea mucho más sencillo llevar al sujeto *(paciente* o *participante)* a un *Estado de Tracen Hipnótico Deseado*. Si consigamos lograr esa **DISOCIACIÓN** entre su **mente consciente** y su **mente inconsciente** la **sesión hipnótica** o el **show de espectáculo** habremos tenido éxito. *Y para lograr esto, debemos seguir los pasos anteriormente nombrados, ya que esto permite crear una secuencia o continuidad en el* **proceso hipnótico**, *y* **entre mayor cantidad de aciertos tengamos** *mayores son las probabilidades de éxito que obtendremos.*

<u>TÉCNICA DE YES-SET</u>: Debemos conseguir poner al sujeto *(paciente* o *participante)* de nuestra parte. Y para lograr ese objetivo debemos conseguir que la persona coincida afirmativamente y este de acuerdo con nosotros en al menos 3 "**SI**" seguidos. <u>***POR EJEMPLO***</u>: *Puedes sentarte "**Si**", Puedes juntar las piernas "**Si**", puedes tomar una respiración profunda "**Si**". A partir de ese momento, será mucho más sencillo que su* **mente subconsciente** *ACCEDA a nuestras* **sugestiones** *e* **inducciones** *más libremente, lo que permitirá llevar a cabo la sesión hipnótica o el show de espectáculo al siguiente nivel, activando los fenómenos hipnóticos deseados.*

<u>**REFUERZO POSITIVO**</u>: ***¿Cómo sabe el sujeto (paciente o participante) si lo que está realizando en un momento determinado, lo está haciendo correctamente?*** Está es una pregunta que a menudo suele pasar por la mente de la persona, bien sea consciente o inconscientemente. Por tal razón, es de vital importancia que la persona que está recibiendo las **sugestiones** e **inducciones**, *sepa que lo que está pasando, ocurriendo o realizando en el proceso del trance hipnótico*, es precisamente lo que tiene que ocurrir. *Para ello, reforzaremos continuamente las acciones del **sujeto (paciente o participante)** con palabras y afirmaciones positivas tales como: "**Eso es, muy bien**", "**excelente, lo estás haciendo genial**", "**correcto, así es lo estás haciendo muy bien**". <u>**POR EJEMPLO**</u>: Si vemos que de repente realiza un movimiento brusco, reforzaremos esa acción, como si eso fuera algo normal, "**Eso es, muy bien**", siente como ese movimiento hace que entres más y más en un estado de trance profundo, "**Correcto lo estás haciendo muy bien**".*

<u>**ASOCIACIÓN**</u>: Debemos asociar nuestras **sugestiones** e **inducciones** a las **experiencias internas** y **externas** del sujeto *(paciente o participante)*. <u>***SI POR EJEMPLO***</u> *Hay algún ruido en el exterior que esta fuera de nuestro control, entonces podemos usar ese sonido a nuestro favor; sugiriéndole que si "**Escucha**" cualquier ruido del exterior, hace que se centre más y más en su paz interior – Si al contrario el sujeto **(paciente o participante)** realiza cualquier movimiento brusco o involuntario como por ejemplo un ligero parpadeo o movimiento del brazo – Puedes sugerirle que, "**Sienta**" como con cada parpadeo que realiza o con cada movimiento del brazo le permite entrar más y más en el estado de trance hipnótico deseado.* Y así de esta manera, utilizamos las **situaciones internas** y **externas** de la persona, y las asociamos positivamente al contexto de nuestra sesión hipnótica, permitiendo que cada circunstancia que sucede a nuestro alrededor se convierta en nuestro aliado.

<u>**UTILIZACIÓN DE METÁFORAS**</u>: Las metáforas, son un **lenguaje figurado** y **alegórico** que funciona muy bien como un excelente **recursos persuasivo** en la **comunicación hipnótica**, que nos permite **asociar subconscientemente** un **estado mental deseado** o **estado de consciencia alterado** a un hecho cotidiano, que permite al sujeto *(paciente o participante)* estimular potencialmente su **REALIDAD ALTERNA SUBJETIVA** ayudándole de esta manera, a conseguir estimular y desarrollar respuestas **ideo motoras**, **ideo sensoriales**, e **ideo-emocionales** a un **nivel inconsciente** y provocar activar su **REALIDAD ALTERNA SUBJETIVA**; y de esa forma, es mucho más sencillo que el sujeto *(paciente o participante)* reciba la [**guía, instrucción, sugerencias, sugestiones hipnóticas** e **inducciones directas** o **indirectas**] que le estamos ordenando. <u>***POR EJEMPLO***</u>: *"**IMAGÍNATE** que tus (dedos) o (manos) son dos **fuertes imanes magnéticos** que se **atraen uno del otro**, y que entre más se acercan, más las **gravedad magnética los atrae entre sí**", eso es correcto, lo estás haciendo bien "**IMAGÍNATE** que tus (dedos) o (manos) están **completamente pegadas**, que se **fusionan fuertemente** y se **unen o pegan como si estuvieras usando un poderoso pegamento** que los mantiene **completamente unidos**" así es, correcto lo estás haciendo muy bien.*

REPRESENTACIÓN DE LOS SISTEMAS SENSORIALES: Debemos adaptarnos al **sistema sensorial** o **submodalidades representacionales** del sujeto *(paciente o participante)*, bien sea que este sea "**Visual**, se representa con lo que **VE**; **Auditivo** se representa con lo que **OYE**; o **Kinestésico** se representas con sus emociones, sentimientos y sensaciones que **SIENTE**". Cuando la **HIPNOSIS** se realiza en grupo entonces tendremos que hacer referencia **MULTI-SENSORIAL** a los tres estados principales que son *(Vista, Oído y Sensaciones).* Algunos ejemplos de los apartados que podemos utilizar en nuestras **sesiones hipnóticas** o **show de espectáculos** serían las siguientes.

***Observa** como todo lo que pasa a tu alrededor te hace estar más y más relajado.*
***Escucha** como todo lo que pasa a tu alrededor te hace estar más y más relajado*
***Siente** como todo lo que pasa a tu alrededor te hace estar más y más relajado.*

REPRESENTACIÓN VERBAL o COMUNICACIÓN ORAL: El poder de la **PALABRA HABLADA** es nuestro mayor aliado; por tal razón, **nuestra voz**, el **ritmo**, la **cadencia**, el **timbre**, el **volumen** y la **entonación** deben representar armoniosamente lo que nuestra palabra hablada dice. ***POR EJEMPLO****: Si queremos **inducir** o **sugestionar** al sujeto (**paciente** o **participante**) a un estado de SUEÑO HIPNÓTICO, tendremos que decir frases como las siguientes: Entra más y más en un "SUEÑO, SUEÑO, SUEÑO PROFUNDO" "Eso es, muy bien", "excelente, lo estás haciendo genial" AHORA "DUERME PROFUNDAMENTE"*

*La primera **inducción** o **sugestión** la hacemos con un tono o volumen de voz baja, suave, susurrante y cálida; la segunda, que es la orden hipnótica directa que queremos provocar, la pronunciamos después del refuerzo que utilizamos para entrelazar una oren de la otra; pero esta vez, con un tono o volumen de voz más alta y con autoridad.*

*Sin embargo, si lo que queremos es **inducirle** o **sugestionarle** al sujeto (**paciente** o **participante**) a entrar en un estado de RELAJACIÓN PROFUNDA, tendríamos que pronunciar frases y oraciones compuestas como las siguientes: A partir de ahora, quiero que sientas cómo te RELAJAS PROFUNDAMENTE, y te sientes más y más RELAJADO hasta el grado que experimentas una PAZ y un RELAX INTERIOR; así es, correcto lo estás haciendo muy bien.*

*Estas frases debemos pronunciarlas con un tono, ritmo, cadencia y entonación de voz que expresar sutilmente el estado de relax y paz interior que deseamos provocar en el interior de su **mente consciente** y **subconsciente**.*

VOZ HIPNÓTICA: Como **HIPNOTIZADORES PROFESIONALES**, bien sea que seamos *(hipnotistas callejeros, hipnotizadores en show de espectáculos, hipnólogos clínicos o hipnoterapeutas especialistas)* siempre tenemos que hacer uso de **dos (2) tipos de voz**, nuestra **VOZ HABITUAL** *(que es la que utilizamos en nuestras interacciones diarias)* y nuestra **VOZ HIPNÓTICA** *(que es la **VOZ PERSUASIVA** que utilizamos en nuestra **sesiones** o **show** para inducir el trance).* De esa manera, cada vez que el sujeto *(paciente o participante)* escuche nuestro **TONO DE VOZ HIPNÓTICO**, le será mucho más fácil reconocerlo y acceder subconscientemente al estado de trance deseado.

Aumenta tú CÍRCULO DE POTENCIA y tú Nivel de Fuerza o Nivel de Autoridad a un NIVEL SUPERIOR (FP): *Aumentar tú CÍRCULO DE POTENCIA y tú Nivel de Fuerza o Nivel de Autoridad a un NIVEL SUPERIOR (FP) te permite desarrollar tus habilidades hipnóticas al siguiente nivel, (a otro nivel amigo mío).*

Esto les permite crear órdenes directas e indirectas, inducciones y sugestiones de manera más óptima y efectiva, subiendo paulatinamente en los GRADOS DE HIPNOSIS. Es decir, que logran ascender desde el CÍRCULO DE POTENCIA y su Nivel de Fuerza o Nivel de Autoridad a un NIVEL SUPERIOR FP0 y FP1, hasta FP5 y superiores, lo que les faculta producir ciertos FENÓMENOS HIPNÓTICOS que de otra manera fuera imposible.

Este principio es uno de los ELEMENTOS AVANZADOS MÁS IMPORTANTES A TENER EN CUENTA A LA HORA DE PROFUNDIZAR E INDUCIR ESTADOS HIPNÓTICOS EN LOS GRADOS MÁS ELEVADOS DE LA HIPNOSIS.

Por tal razón, he escrito todo un capitulo completo sobre este punto en particular. La HIPNOSIS es todo un arte magistral y deseo compartirte las técnicas avanzadas que en su mayoría son reservadas en otros libros y omitidas en muchos de los cursos presenciales. Así que más adelante, compartiré lo que nunca antes ningún (hipnotista callejero, hipnotizador en show de espectáculos, hipnólogo clínicos o hipnoterapeuta especialista) comparte publica y abiertamente... ¿Te gusta la idea de aprender estas técnicas avanzadas verdad? Si. Ok entonces, sin más preámbulos continuemos.

ENCUENTRA TU PROPIO ESTILO Y DESARRÓLLALO: Este elemento, es el más importante a tener en cuenta a la hora de comenzar a inducir y crear estados hipnóticos. Mi experiencia personal en el maravilloso mundo de la **HIPNOSIS**, me ha enseñado que para ser un buen **HIPNOTIZADOR** o **HIPNOTERAPEUTA** primero debes convertirte en **EL HIPNOTISTA**; es decir, **sentir**, **pensar** y **actuar** como **EL HIPNÓLOGO** que QUIERES LLEGAR A SER. O, en otras palabras, verte a ti mismo como el **Hipnotista**, **Hipnotizador**, **Hipnólogo** o **Hipnoterapeuta** que PUEDES LLEGAR A SER. *Ten siempre presente que tu actitud, carisma, confianza y seguridad en ti mismo tienen mayor peso que cualquier guion terapéutico, charla pre-hipnótica, truco lingüístico, técnica de inducción, sugestión, patrones o comandos hipnóticos. Ya que estos, solo son elementos que utilizaras como profesional para reforzar tu presentación; bien sea en tus sesiones de hipnosis clínica terapéuticas, o en tus show de hipnosis callejera y de espectáculo, pero recuerda que será siempre tu actitud, carisma, confianza y seguridad personal la que te consolidara y posicionara finalmente como el HIPNOTISTA, el HIPNOTIZADOR, el HIPNÓLOGO o el HIPNOTERAPEUTA tanto frente a tu audiencia y público en general, así como en tus respectivas sesiones de hipnosis.*

Para comenzar a crear tú propio estilo, lo primero que debes hacer es identificar cuál de las diferentes especialidades hipnóticas vas a elegir para iniciar tu camino. Y estas opciones pueden ser: Darte a conocer como *hipnotista en eventos de hipnosis callejera, o convertirte en un hipnotizador de hipnosis de teatro o show de espectáculos; o si así lo prefieres puedes optar por titularte universitariamente y ejercer profesionalmente como* **hipnólogo clínico** *o* **hipnoterapeuta especialista**. *Pero sea cual sea, la decisión que tomes, siempre debes prepararte, tomar acción y hacer que las cosas sucedan, para que así puedas SER el mejor en el área que elijas.*

Otra de las cosas que debes hacer para **ENCUENTRA TU PROPIO ESTILO Y DESARRÓLLALO** es elegir el tipo de hipnosis que vas a usar para iniciar tu camino como **HIPNOTISTA, HIPNOTIZADOR, HIPNÓLOGO** o **HIPNOTERAPEUTA.** *Entre las diferentes y múltiples opciones que existen puedes especializarte en: Hipnosis Clásica, Hipnosis Freudiana, Hipnosis de Espectáculo, Hipnosis Clínica, Hipnosis Terapéutica, Hipnosis de inducción Indirecta, Hipnosis Ericksoniana, Hipnosis Psicolingüística, Hipnosis con Programación Neurolingüística, Hipnosis Conversacional o la combinación de ellas según tus gustos, preferencias, estilo y forma de ser. Y hasta combinarlas también según la situación y la ocasión lo requiera.* Recuerda la **HIPNOSIS** te ofrece un sin fin de opciones y de probabilidades ilimitadas, así que aprovéchalas a tu favor en tu camino hacia la excelencia personal.

Estos solo son algunos de los principios básicos más elementales e importantes al tener presente en una **sesión de hipnosis clínica** *o* **hipnoterapéuticas**, *así como también en los* **shows de hipnosis callejero** *o de* **espectáculo.** Como he dicho anteriormente **este libro es solo una pequeña guía de referencia teórica-práctica**, para introducirte en este maravilloso mundo de la **HIPNOSIS.** Es por esta razón, que he visto oportuno, compartir contigo solo los más significativos e importantes primeros pasos y elementos básicos de la hipnosis.

Las 15 Reglas de la Sugestión Hipnótica:

1. **CORTAS.** Nuestro cerebro puede procesar cinco datos simultáneamente, e incluso hasta siete, pero no ni diez, ni veinte. Por tal razón, de debe evitar construir sugestiones e inducciones largas tales como: "La pesadez de su brazo se desplaza primero hacia su pie izquierdo, luego hacia su mano derecha, antes de llegar a su frente, para regresar finalmente a su pie izquierdo". **Es preferible decir**: *"La pesadez de su brazo, se desplaza poco a poco hacia su pie". "La pesadez de su pie, se desplaza muy lentamente hacia su mano"*, etc. **¿Vez, son las mismas sugestiones e inducciones, pero declaradas de forma más corta y precisa?**

2. **CONCRETA y PRECISA.** Se dirá: "Su brazo cada vez es más y más pesado como el plomo", "Su mano cada vez se hace más y más rígida como una barra de acero", "Sus ojos se hacen cada vez más y más pesados, sus parpados se cierran y siente la sensación de entrar en un sueño profundo".

3. **AFIRMATIVA EN TIEMPO PRESENTE.** Como si lo que dijéramos estuviera pasando en este momento en el AQUÍ y en el AHORA: *"Se siente pesado o cansado; se siente relajado o calmado".* No vale decir: *"Me gustaría que sintieras pesadez en..."*

4. **POSITIVA.** La sugestión se aceptará mucho mejor, cuanto mayor sea la mejoría que proporcione al individuo: un **EJEMPLO** de cómo no debería de ser:

"Evitará cualquier enfermedad dejando de fumar". En cambio, un **EJEMPLO** de cómo SI debería de ser: *"**Sus pulmones se despejan, su respiración es enérgica, sus ganas de fumar disminuyen y usted se siente cada vez más y más sano**"*.

5. <u>REPETITIVA</u>. Si a un sujeto se le dice que su cuerpo es pesado directamente *(su cuerpo es pesado, su cuerpo pesa mucho, está muy pesado...)* lo más seguro es que acabaremos por provocarle ansia. Lo más correcto sería, decirlo de la siguiente manera: *"Su cuerpo poco a poco, se hace cada vez más y más ligero, su cuerpo comienza ahora a sentirse completamente ligero, cada vez más y más ligero, sus piernas y sus manos también se hace cada vez más y más ligeras poco a poco. Cada una de mis palabras, hace que tanto su cuerpo, piernas y brazos, se sientan aún más y más ligera. Tan ligera que siente la sensación de levitar, tan ligero que se siente completamente relajado"* (Como ves estamos diciendo lo mismo, pero de diferente forma)

6. <u>SIMPLE o SUPERPUESTA</u>. Estas dos herramientas, consiste en relacionar un hecho con otro *(Aun cuando en realidad, no tengan ninguna relación entre sí)*
SIMPLE: "Su brazo se hace cada vez más y más ligero".
SUPERPUESTA: "Cuanto más ligero se hace su brazo, más profundamente se sume en el sueño; entre más ligero se hace su brazo más y más se relaja su cuerpo y más y más siente una sensación de sueño profundo".

Esta sugestión superpuesta, como podrás notar subordina la relación de una sugestión simple. Como viste en las inducciones, no existe en realidad una verdadera relación entre ambas; es la capacidad de convicción del hipnotizador la que la crea.

7. <u>INMEDIATA o DIFERIDA</u>:
DIFERIDA: "Después de contar hasta tres levantarás tu brazo izquierdo".
INMEDIATA: "Levanta tu brazo izquierdo, ahora".
*La **diferida** tiene dos ventajas: **1°** Permite prevenir al sujeto, especialmente respecto a un contacto físico si fuere necesario; y así, evitar generar alguna emoción. **2°** Pero en sí misma, utilizada correctamente, es otra acción hipnótica que impulsa al individuo a responder antes una orden y prever otra realidad... A través del simple poder de su imaginación y su hiper-sugestionabilidad.*

*La **inmediata** tiene también dos ventajas: **1°** Permite ver el grado de atención y sugestionabilidad del sujeto antes las órdenes directas. **2°** Permite evaluar el nivel de hipnosis donde se encuentra el sujeto. Si responde inmediatamente a la orden de "Levantar su brazo izquierdo", significa que está en el estado Z2.*

8. <u>INTRAHIPNÓTICA o POSTHIPNÓTICA</u>:
INTRAHIPNÓTICA: Se produce durante la hipnosis. *(Es decir, son los fenómenos hipnóticos que se producen durante el proceso de la hipnosis).*
POSTHIPNÓTICA: Se refiere al momento posterior a la hipnosis. *(Es decir, son las órdenes y sugestiones hipnóticas, que se mantienen aún después de terminar la sesión de hipnosis). Por ejemplo:*

"A partir de ahora, siempre que te toque la frente y te diga que duermas, entrarás en un estado de trance hipnótico aún más profundo, del que te encuentras ahora. Ahora, para probar que has comprendido, aceptado y asimilado todo lo que te he dicho, voy a contar hasta tres (3) y despertarás. Y verás que te encontrarás muy bien y te sentirás lleno de energía y vitalidad; pero aun después de despertar, siempre que te toque la frente y te diga que duermas, cerrarás los ojos y nuevamente entrarás en un estado de hipnosis todavía más y más profundo del que estas ahora, si entiendes asiente con la cabeza.

UNA VEZ CREADA LA ORDEN; y el sujeto se despierte, probaremos la **Sugestión Posthipnótica**, *le* **pasaremos la mano leve y suavemente por la cara** *(activando el anclaje kinestésico) y le diremos* **DUERME** *(activando el anclaje auditivo y sensorial) y si la persona comprendió, acepto y asimilo toda la orden que se le fue implantada con anterioridad, volverá a entrar en el estado de trance hipnótico profundo acordado. Y LISTO, ya habremos logrado el objetivo. ¿***Qué bien verdad?***

9. **PROGRESIVA**. Si le dice a alguien de una vez: "Su cuerpo relajado", quizá necesites repetirlo durante quince minutos para que esa sensación se cree realmente en el subconsciente de la persona. Pero si comienza diciendo*: "Tu cuerpo comienza a relajar poco a poco, siente como tus manos se relajan más y más, sientes como tus piernas se relajan cada vez más y más". "Correcto, así es lo estás haciendo muy bien". "Ahora sientes una paz y una tranquilidad en todo tu ser, siente una sensación de bienestar por todo tu cuerpo, ahora siente como esa paz, tranquilidad y sensación de bienestar se siente en todo cuerpo y mente, etc." Aprendiz, como puede apreciar, ahora podemos obtener el mismo resultado que el anterior, pero esta vez, sólo tendríamos que emplear un máximo de unos cinco minutos y listo.*

10. RAZONABLE. Siempre hay que anticiparse, y evitar situaciones de estrés. **POR EJEMPLO**: Nunca deberá decir: "Usted se sumerge en un sueño profundo que lo cubre poco a poco" a un sujeto que se ha salvado de ahogarse en el mar unos años antes, ya que este tipo de sugestiones podría provocarle ansiedad. Lo correcto sería UTILIZAR FRASES INDETERMINADAS o INESPECÍFICAS, es decir usar frases neutrales, como **POR EJEMPLO**: *"Usted poco a poco se relaja, se siente en paz, calmado, tu cuerpo y tu mente comienza a sentir sensaciones de bienestar, eso es, así es, siente como esa sensaciones de tranquilidad se desplaza por todo tu cuerpo, ahora siente como te relajas cada vez más y más profundo, siente como esa sensación de relajación te permite entrar poco a poco en un estado de sueño profundo, así es, correcto lo estás haciendo muy bien.*

11. FLEXIBLE. Para poder adaptarnos a cada situación, contexto o circunstancia, según la ocasión lo requiera. *Debemos ser flexibles para adaptar nuestro vocabulario y dicción al mismo dialecto o vocablo del sujeto a hipnotizar.*

12.*CONVERGENTE, RELACIONADOS ENTRE SI**. Nuestras sugestiones deben ser coherentes entre sí, y tener un patrón continuo y relacionado con la anterior, para llevar al sujeto finalmente al estado hipnótico deseado. ***POR EJEMPLO*: "Su cuerpo se relaja, sus parpados pesan y sus ojos se cierran, su corazón poco a poco reduce su ritmo, su respiración disminuye cada vez más y más" Se dice que* **convergen** *ya que cada una de las sugestiones antes mencionadas estimulan en el sujeto el recuerdo inconsciente de la sensación de dormir, lo que lo lleva a sentir la sensación del sueño. Como vez cada acción mencionadas anteriormente* **(representan cinco consecuencias fisiológicas naturales del sueño)** *por lo que utilizada esta técnica correctamente, podemos generar artificialmente la sensación que se produce en el sueño fisiológico, usando esa sensación a nuestro favor.*

***13.*REALIZABLE**. Si diéramos una sugestión que no pueda ser realizable por el sujeto. Como por ejemplo que *(vaya en contra de sus principios, moral, ética, religión o buenas costumbres...)* En estos casos puede suceder: **1°** Nada; **2°**El sujeto despierta; o **3 °** El sujeto huye y se refugia en el estado Z3. Por tal razón, siempre es recomendable dar **órdenes**, **sugestiones** e **inducciones** que estén dentro de sus *(principios, moral, ética, religión y buenas costumbres...) y sobre todo en el estado correcto Z1 o Z2 y en círculo de potencia, nivel de fuerza o nivel de autoridad correcto.*

***14.*RAZONABLES, CONGRUENTES Y COHERENTES**. Siempre hay que **anticiparse a las reacciones fisiológicas**. **POR EJEMPLO**: No podemos decirle al sujeto que sus dedos van a comenzar a separarse, cuando ya tiene las manos completamente abiertas.

15.*NORMAL o SUBLIMINAL**. Una **Sugestión Normal** está destinada a ser escuchada conscientemente por el sujeto. Mientas que una **Sugestión Subliminal** va dirigida sutil y subjetivamente al subconsciente de la persona. Las **Sugestiones Normales** son, ***POR EJEMPLO*: Ordenes simples y directas, te sientes relajado, tu brazo levita, tus manos se quedan pegadas, tus ojos se cierran, tus parpados pesan, etc.* Mientras que las **Sugestiones Subliminales** son, ***POR EJEMPLO****: Imágenes invisibles intercaladas en una película, frases pronunciadas a gran velocidad o en un tono tan bajo que no se puedan oír, o una sugestión sutil u orden encubierta como podría ser "Cada vez que* **escuches mi voz**, *te sentirás más y* **más relajado**.

Como pudimos asimilar en este apartado aprendiz, **LAS 15 REGLAS DE LA SUGESTIÓN HIPNÓTICA** son de vital importancia. Aprendiendo estos **15 PRINCIPIOS** y adaptarlos a nuestras **sesiones de hipnosis clínica terapeuta** o en nuestros **shows de hipnosis callejero a de espectáculo** nos permitirá tener mayores probabilidades de éxito en nuestros procesos hipnóticos.

Escrito por el **Máster Coach YLICH TARAZONA**

Programa de Trabajo para llegar a SER un Excelente HIPNOTIZADOR

1. Preparación de la Voz.

Escoge un texto, preferiblemente que sea interesante y motivador para ti; puedes usar como referencias las pruebas de sugestionabilidad, o las inducciones hipnóticas que hay en este curso; y pronuncia cada frase, 4 veces, de 4 maneras distintas:

- *Paternal autoritaria.*
- *Maternal, dulce y cariñosa.*
- *Colaborador.*
- *Flexible.*

Aquí te compartiré algunos <u>EJEMPLOS</u>:

Paternal	Autoridad. "Obediencia por respeto".	"¡Levántate inmediatamente!" Y ven aquí, por favor.
Maternal	Dulzura, Protección. "Obediencia por amor".	"Me gustaría que te levantaras para alcanzarme esa caja: es que me siento muy cansada."
Colaborador	Analítico, Inteligencia. "Obediencia por el razonamiento lógico".	"Ese humo puede ser perjudicial; deberías levantarse y abrir la ventana." ¿No cree usted?
Flexible	Libertad de Elección, Iniciativa Sugerida. "Obediencia a través de una aparente libertad de decisión".	"Imagine que se levanta. Provoque ese deseo internamente en usted; hágalo cuando quiera y sientas que deberías hacerlo y lo haces."

Para este ejercicio, si es necesario, el hipnotizador puede emplear estas cuatro voces en menos de quince segundos. Esto da una idea de la adaptación necesaria.

Es preciso subrayar en este punto, que no basta con solo leer estas **sugestiones**; *debes ser consciente de la imitación que hagas al momento de* **pronuncias las inducciones**, *de buscar con exactitud la pronunciar de la* **orden hipnótica**, *a través de una adecuada utilización de un tono de voz específica, hablando con un tono de voz que refleje la emoción que quieres despertar, describiendo imágenes mentales que generen en el sujeto una sensación de* **profundización del estado** *que queremos* **inducir**.

2. Mírate en el Espejo. Práctica el ejercicio anterior, habla con tus cuatro voces ***Paternal autoritaria - Maternal, dulce y cariñosa – Colaborador y Flexible.***
Para éste 2 paso; mirándote al espejo, trata de reflejar las siguientes indicaciones:
LA RESPIRACIÓN Cambia el estilo del...

- ***Ritmo*** *"Equilibrado o Descontrolado" - "Lento o Suave"*
- ***Forma*** *"Abdominal o Pectoral"*
- ***Volumen*** *"Suficiente o Insuficiente"*

MOVIMIENTOS OCULARES utiliza tus ojos en diferentes direcciones...

- *Hacia arriba, en dirección a la izquierda.*
- *Hacia arriba, en dirección a la derecha.*
- *Lateralmente hacia la punta final del lado izquierdo del ojo.*

Escrito por el **Máster Coach YLICH TARAZONA**

- *Lateralmente hacia la punta final del lado derecho del ojo.*
- *Hacia abajo, en dirección a la derecha.*
- *Hacia abajo, en dirección a la derecha*

MICRO-EXPRESIONES FACIALES utilizando tu rostro trata de hacer gestos de…

- *"Ademanes" de Duda, Miedo, Temor, Ira, Inquietud, Tensión, Relajación, Emoción, Alegría, seguridad, Felicidad, Paz, Amor y Armonía.*

POSTURA CORPORAL, **POSICIÓN DE LA CABEZA** y **MOVIMIENTOS DE LAS MANOS**

- *"Movimientos de Afirmación" – "Movimientos de Negación"*
- *"Gestos y movimientos con las Manos y los Dedos"*
- *"Rígido" – "Relajado" – "Tranquilo o Imperativo"*

LA VOZ Utiliza tu estilo de voz en diferentes…

- ***Ritmo*** *"Pausado o Acelerado"*
- ***Timbre*** *"Agudo o Grave"*
- ***Tono*** *"Suave o Áspero"*
- ***Volumen*** *"Alto o Bajo"*

3. Construye Sugestiones sobre la base de un Estado Hipnótico que desees generar. Para la realización de este ejercicio, te puedes ayudar aplicando las dieciséis reglas de la sugestión con la que comencé este capítulo. Aprenda estas dieciséis reglas. Léete un texto de una de las sugestiones que ya hayas creado y pregúntate por qué ciertas frases no servirían para la sugestión.

Al hablar; analiza qué ocurre si dices las frases:
- *Muy rápido / muy despacio*
- *Con tono neutro / enfático*
- *Muy débil / muy fuerte*

4. Aprende los 5 Pasos de una Sesión de Hipnosis, estudia los Estados, Grados y los Niveles de la Hipnosis, las Técnicas, las Herramientas y las Familias de la Hipnosis. Estados de una Sesión de Hipnosis *(**Inducir, profundizar, fenómenos hipnóticos, sugestión posthipnótica** y **procedimiento del despertar**)*; Estados y Niveles de la Hipnosis *(**ESTADO DE VIGILA "Z0"**– Presente aquí y ahora, nivel neuronal BETA = Entre 14 a 28 Hz o (ciclos por segundo o cps) - **ESTADO HIPNOIDAL** o **Encantamiento Z0 y Z1**, nivel neuronal ALFA / ALPHA = Entre 8 a 13 Hz o (ciclos por segundo o cps) - **TRANCE HIPNÓTICO LEVE** o **Superficial Z1**, nivel neuronal ZETA / THETA = Entre 4 a 7 Hz o (ciclos por segundo o cps) - **TRANCE HIPNÓTICO MEDIO** o **Cataléptico Z1 y Z2**, nivel neuronal ZETA / THETA = Entre 4 a 7 Hz o (ciclos por segundo) - **TRANCE HIPNÓTICO UMBRAL SONAMBÚLICO** o **Sonambúlico Z2**, nivel neuronal DELTA = Entre 0,5 a 3 Hz o (ciclos por segundo o cps), perceptibles exteriormente)*; Técnica del Magnetismo *(**MOPPAO**)*; Herramientas del Hipnotizador *(**Fascinación y Sugestión**)*; Familia de la Hipnosis *(**Sensorial, fisiológica, Psicoimaginaria, Psicoconflictiva**)*; Finalidad, estrategia y fraseología de las familias de la hipnosis.

5. Aprende la Finalidad, Estrategia y Fraseología de las FAMILIAS Sensoriales, Fisiológicas, Psicoconflictiva Y Psicoimaginaria. Aprendiz, para este ejercicio tienes que ser capaz de **adaptar las 4 familias de la hipnosis** a todos los casos. *Debes saber para qué sirve cada una, comprender sus etapas y el orden correspondientes de cada finalidad, estrategia y fraseología.*

6. Inventa Nuevas Técnicas de Sugestiones. En este ejercicio el propósito es diseñar, crear e innovar nuevas sugestiones e inducciones hipnóticas a partir de **las 4 familias de la hipnosis** *(Sensorial, Fisiológica, Psicoconflictiva y Psicoimaginaria)* utilizando técnicas nuevas, o a las ya conocidas y estudiadas en este curso de hipnosis. Lo importante es hacerlo por escrito y partiendo de:
a) Finalidad.
b) Estrategia y
c) Fraseología

7. Dominar Varias Técnicas de Sugestión, y Elegir Adecuadamente qué Orientación es la más adecuada rara cada Inducción, según la situación, el contexto y las circunstancias que se presenten.
La mayoría de los hipnotizadores:
- *Empiezan con una **entrevista previa**, una **charla pre-hipnótica**, escriben su **informe médico**, leen y rellenan el **guion terapéutico** con el paciente o participante, llenan el **contrato o acuerdo PostHipnótico** para tener presente las metas que se quieren lograr con la sesión o el show, profundizar el motivo de la consulta o sesión, hacer preguntas al sujeto para localizar posibles problemas psicológicos y fisiológicos si los hubiera, detectar miedos, traumas, fobias, expectativas, deseos e intereses, etc.*
- *Utilizan la **prueba de sugestionabilidad** de la **caída hacia atrás (Familia Sensorial)** como prueba de métodos confiable para comprobar el grado de sugestionabilidad del sujeto. Para lograr mayores resultados se recomienda (Ir cambiando el tono, volumen, ritmo y compás de la voz para detectar cual funciona mejor en ese sujeto y adaptarla a cada situación o contexto en particular) – "Si el sujeto pusiera alguna resistencia, sutilmente se cambiara el estilo de la voz, se incorporaría las percepciones auditivas, visuales, kinestésica y sensoriales para estimular el estado hipnótico deseado en la persona, y finalmente al lograr el objetivo; se comienza con la profundización utilizando otras de las de técnica o de familia.)*

NOTA IMPORTANTE: Algunos de estos elementos, principios, estrategias, fraseología, familias sensoriales y herramientas del hipnotizador… La veremos y las estudiaremos más a fondo en el **SEGUNDO LIBRO DE ESTA SERIE**: Libro que se titula "CURSO DE HIPNOSIS PRÁCTICA - *Como HIPNOTIZAR, a Cualquier Persona, en Cualquier Momento y en Cualquier Lugar ©-®*".

*Así que campeones y campeonas, este libro solo es el inicio de lo que aprenderás en la **Serie Completa**, que prepare para ustedes, y que está compuesta en **3 Volúmenes**…*

Así QUE teniendo esto presente, continuemos…

Bueno **APRENDICES**, ¡Hemos **llegado al final de este CUARTO CAPÍTULO**! Espero que te haya gustado y sobre todo que hayas aprendido muchísimo sobre los **Principios Esenciales para Comenzar a Utilizar la Hipnosis**. Como siempre aprendiz, te deseo muchísima suerte con tu formación. El dominio de todos estos conceptos teóricos de la Hipnosis, es importante en tu aprendizaje, ya que son los pilares que te permitirán llevar tus capacidades hipnóticas al siguiente Nivel. *Recuerda que (Siempre puedes contar conmigo, para lo que necesites) Ten presente que "Si tienes alguna pregunta, puedes "Escribirme directamente a mi (E-mail)".*

Bueno, ¡espero leer tus mensajes desde la sección "Comentarios" de mi Website! ¡Ah! **APRENDIZ**, también me gustaría que me comentes las enseñanzas o las experiencias que hayas tenido con la lectura de este libro. Hasta la próxima mi apreciado lector - ¡Espero poder tener muy pronto noticia tuya!... ^_^

MásterCoach.YlichTarazona@gmail.com
http://www.reingenieriamentalconpnl.com

EL ÉXITO ES PARA AQUELLOS, QUE ESTAMOS DISPUESTOS A PAGAR EL PRECIO Y DISFRUTAR DEL CAMINO "El éxito es más que una condición, es un estado mental. El éxito es un camino; es el logro consecutivo de pequeñas metas, y es el resultado de llevar una vida con propósito. Y para que nuestros objetivos se lleven a cabo; debemos estar dispuestos a programar nuestra mente en dirección a nuestro destino, tomar acción, ejecutar el plan o proyecto de vida y hacer que las cosas sucedan.
-. YLICH TARAZONA. -

CAPÍTULO V: DIFERENCIAS Y FUNCIONES DE LA MENTE CONSCIENTE, EL FACTOR CRÍTICO, LA MENTE SUBCONSCIENTE Y el INCONSCIENTE

Bueno campeones y campeonas una vez estudiado y comprendido la historia de **la HIPNOSIS, la sugestiones junto a los patrones persuasivos** *y su evolución a través de la historia y sus múltiples funciones y aplicabilidad en diferentes* **contextos terapéuticos** *e* **hipnosis de espectáculos**. Ahora vamos a concentrarnos en un tema que es esencial y fundamental entender para comprender los **FENÓMENOS HIPNÓTICOS** de los que hemos venido hablando en capítulos anteriores. *Y estos conceptos son la* **MENTE CONSCIENTE** *y la* **MENTE SUBCONSCIENTE**; *términos de que ya nos hemos referidos anteriormente, y que utilizaremos como base de estudio para entender los* **PROCESOS HIPNÓTICOS** *descritos en todo el libro.*

Aunque son muchos los estudios realizados sobre el tema, hasta ahora nunca se ha podido identificar en el **CEREBRO**, *cual es el origen real donde reside la* **MENTE** *humana.* Aunque es cierto; que, en la mayoría de las ocasiones, se utiliza el término de **MENTE** como referencia a un **objeto**. **Lo más indicado, y apropiado para referirnos a la MENTE seria como una FUNCIÓN o PROCESO CEREBRAL.**

En cierto sentido; la expresión **MENTE**, se refiere a las acciones e interacciones entre las células, las neuronas, la sinapsis y los procesos electroquímicos que ocurren en nuestro cerebro. *En otro orden de ideas; la terminología* **MENTE**, *es utilizada para describir todas las actividades cognoscitivas del cerebro, los procesos del pensamiento, el procesamiento de información y los diversos* **estímulos multisensoriales** *provenientes del mundo exterior percibidos por nuestros 5 sentidos* **(V-A- K- "O y G")** *Visual, Auditivo, kinestésico o Sensorial.*

Es por esta razón, que, en la **HIPNOSIS, la SUGESTIÓN y LOS PATRONES PERSUASIVOS** el estudio de las **funciones del cerebro** y **los hemisferios cerebrales**, así como la **MENTE** y sus componentes **consciente**, **subconsciente**, **inconsciente** y **factor crítico**, son esenciales para entender el maravilloso mundo de la **Hipnosis** y la **Persuasión**.

Aunque son cuatro (4) los componentes de la **MENTE HUMANA** (**consciente**, **subconsciente**, **inconsciente** y **factor crítico**) *Entre los procesos más destacados en los cuales vamos a concentrar nuestra atención en esta parte del libro; son los procesos cerebrales que ocurren en el interior de nuestra "{(***MENTE CONSCIENTE***)}" y nuestra "{(***MENTE SUBCONSCIENTE***)}".*

La Mente Consciente:

Conocida también como **mente lógica**, **mente pensante** o **racional**. Es la que programa, analiza, codifica y simplifica la información que recibimos en el **ESTADO DE ALERTA** o **ESTADO DE VIGILA**. Por tal razón; la mente consciente juega el papel de juez junto al **FACTOR CRITICO** en los funcionamientos del cerebro. La **mente consciente** es la que nos permite evaluar la importancia de la información que llega a nosotros a través de los diferentes **estímulos sensoriales *(vista, oído, tacto, olfato y gusto)***. *Lo que nos permite bien sea, aceptar o rechazar las **inducciones hipnóticas**, así como los **patrones persuasivos** o **sugestiones** utilizadas apropiadamente en las **sesiones de hipnosis**.*

*Se calcula que la **MENTE CONSCIENTE**, alegóricamente hablando está representada, metafóricamente como la punta o parte superior de un gran **ICEBERG**, que solo constituye entre un **1%** a **10%** por ciento del total de nuestras capacidades cerebrales, es decir de nuestra **MENTE**.*

---

*Una de las actividades más importante de la **MENTE CONSCIENTE** es la de permitir a través de la **HIPNOSIS** o la **AUTOHIPNOSIS BioProgramar** nuestra **MENTE SUBCONSCIENTE**. Y esta **programación mental** ocurre; cuando centramos y **enfocamos nuestros pensamientos** en las **INDUCCIONES** o **SUGESTIONES**, y la aceptamos o interiorizamos consciente y voluntariamente como si fuera una verdad incuestionable, trayendo como consecuencia **crear una nueva realidad** y como resultado generar nuevas **conexiones neuronales** asociadas a **la programación recientemente incorporada a nuestro cerebro**.*

La Mente Subconsciente:

Conocida mayormente como **mente intuitiva** o **mente instintiva**. Utilizando la analogía de un computador la **mente subconsciente** vendría a ser el disco duro o centro de la memoria interna donde instalamos nuestras **programaciones y mapas mentales**, siendo por ende la parte **sugestionable** o **BioProgramable** de nuestro cerebro.

*Se calcula que la **MENTE SUBCONSCIENTE**, alegóricamente representada, es como masa interna o profunda o parte interior de un gran **ICEBERG**, que constituye el **90%** a **95%** por ciento del total de nuestras capacidades cerebrales, es decir de nuestra mente. Es allí donde toman residen nuestras creencias, valores y mapas mentales.*

Otras de las grandes tareas de nuestra **MENTE SUBCONSCIENTE** es la de **grabar, guardar, registrar, codificar** y **recordar** las informaciones que llegan a nuestro cerebro a través de nuestros sentidos. *Así como también, **aceptar las sugestiones, comandos** o **patrones hipnóticos** inducidos a través de la **HIPNOSIS**.*

Es por esa la razón, que en los ***ESTADOS DE TRANCES HIPNÓTICOS*** se estimula en el sujeto *(paciente o participante)* la "**hiper – sugestionabilidad**". Es decir, la habilidad de recibir y aceptar las **ordenes** o **sugestiones** que les sugerimos a través de las **inducciones**.

A través de la correcta **SUGESTIÓN HIPNÓTICA amplificamos las respuestas multi-sensoriales** del sujeto *(paciente o participante)* y **profundizamos las experiencias sugestivas**; ayudándole a desarrollar respuestas **ideo motoras**, **ideos sensoriales**, e **ideo-emocionales** que les permite experimentar a los individuos transformaciones personales de un modo mucho más eficaz, efectivo y de manera más permanente, que si realizara el mismo **procedimiento hipnótico** en el **ESTADO DE ALERTA** o **ESTADO DE VIGILIA**. Porque es desde la **MENTE SUBCONSCIENTE** donde se producen los diferentes **FENÓMENOS HIPNÓTICOS**.

La <u>**Mente Inconsciente**</u> por otra parte, es la encargada de *controlar una gran variedad de la mayoría de los procesos automáticos que rigen el funcionamiento de nuestro organismo*. Tales como los latidos del corazón, la circulación, nuestra respiración; así como también el correcto funcionamiento de los sistemas internos del cuerpo que son vitales para la vida humana.

*Por tal motivo, es de esperar que la **MENTE INCONSCIENTE** y la **mente subconsciente** trabajen juntas, y se mantenga siempre despierta, y permanezca alerta para controlar todos y cada uno de esos procesos automáticos del organismo. Funciones y procesos que siguen funcionando aun cuando dormimos o entramos en estados de relajación, meditación o **TRANCE HIPNÓTICO PROFUNDO**.*

La **MENTE INCONSCIENTE** de igual manera, se le asocia como el epicentro donde se regulan los niveles hormonales del cuerpo y se generan tus instintos de supervivencia y tu intuitivo sentido bien sea de lucha o huida frente a una situación de peligro. *Y todo esto sucede de manera **inconsciente** e **instintiva** sin que te pongas a pensar conscientemente en el acontecimiento inesperado que se presentó de manera improvista.* Todos estos cambios internos, ocurren de manera inmediata automáticamente, sin que ni siquiera nos demos de cuenta de ellos. *En este sentido, podríamos afirmar que este **proceso automático** que se **produce en nuestro interior**, es uno de los grandes poderes que rigen la **MENTE INCONSCIENTE**.*

Como recapitulación: Las funciones normales del inconsciente y la mente subconsciente, podríamos definirlas en estos 3 procesos...

El lado físico: Tiene que ver con los procesos regulares y esenciales, para la conservación de la vida y la restauración del bienestar que incluye un deseo instintivo de supervivencia general.

El lado mental, Es el almacén de la memoria; abriga los maravillosos mensajes del pensamiento, que trabajan libres del tiempo y el espacio; es la fuente de la iniciativa práctica y las fuerzas constructoras que forjan nuestros hábitos y crean nuestras programaciones mentales, mapas, creencia y valores.

El lado espiritual, Es la fuente de los ideales, de las aspiraciones, de los deseos, de la imaginación, y es el medio a través de la cual reconocemos nuestra conexión con la Fuente Divina que llamamos DIOS. Y en la proporción en que reconocemos este vínculo llegamos a un mayor entendimiento de nuestra naturaleza divina.

<u>El Factor Crítico</u> Entre **la mente consciente** y la **mente subconsciente**, hay proceso inconsciente llamado el "**factor crítico**". El (**FC**) no es una parte física o tangible del cerebro; sino más bien, es una función o concepto alegórico o metafórico de cómo funciona **LA MENTE**. El (**FC**) es la parte de la **MENTE** que decide que acepta o no acepta como verdad. *Note que no digo que "acepta la verdad", si no "como verdad" ya que cada MENTE HUMANA interpreta la verdad de forma subjetiva. Es decir, que cada verdad es diferente para cada persona y la interpretación de la misma es la que cree tal realidad. En otras palabras, EL FACTOR CRÍTICO es el "guardián" entre el consciente y el subconsciente que crea la realidad del individuo.*

<u>Bosquejo de la MENTE HUMANA</u>

- ✓ MENTE CONSCIENTE
- ✓ FACTOR CRÍTICO
- ✓ MENTE SUBCONSCIENTE
- ✓ PROCESO INCONSCIENTE

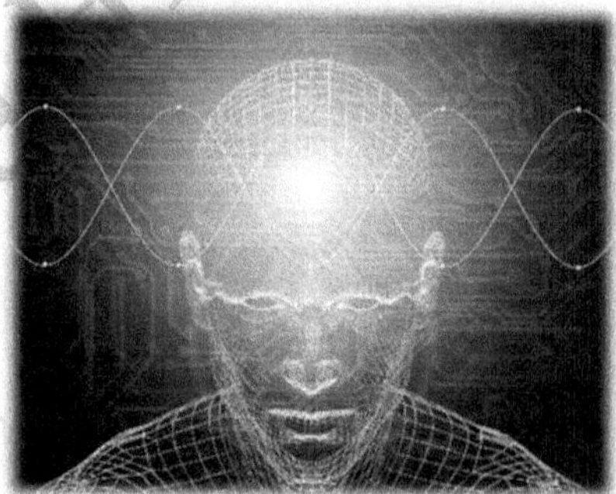

<u>PROCESOS Y FUNCIONES DE LA MENTE</u>

<u>EL INCONSCIENTE:</u>
El INCONSCIENTE es la Sabiduría del Cuerpo.

✓ Es la primera parte de la **MENTE** que se desarrolla en las primeras etapas de la gestación, cuando comienza la formación de la vida del bebe en el vientre materno de la madre.

✓ La **mente inconsciente** registra toda la información que recibimos en sus inicios; al principio a través de reacciones **electro-químicas**. *Es decir, que al momento de ser concebidos; la **mente inconsciente** registra todas las cargas de mensajes multisensoriales que recibimos. Primero de **[manera energética]** a través de los pensamientos, sentimientos y emociones que son manifestaciones de energías en el organismo, que se presentan en formas de reacciones eléctricas y químicas **(electroquímicas)** que se esparcen por todo el cuerpo, a través de un **[lenguaje intraorgánico]** y que el cerebro; en formación, la registra en su*

*MENTE INCONSCIENTE, sin tener la oportunidad de rechazarla o aceptarla. Como consecuencia de este acto; el **INCONSCIENTE** que comienza a formarse, empieza a percibir con claridad, pero sin comprensión lingüística las impresiones de lo que sucede dentro y fuera de su entorno. Y así se empieza a [originar] la **MENTE INCONSCIENTE**; ya que ésta, comienza a percibir ciertos sentimientos y emociones, que ahora aprende a reconocer de [manera psicológica] y que, en efecto, esto formará parte de su **registro inconsciente**. Siendo éstos los primeros [orígenes] de nuestras primeras **programaciones mentales**.*

✓ La **MENTE INCONSCIENTE** conoce intuitivamente todas las actividades del cuerpo humano; y el correcto funcionamiento de nuestros órganos y sistemas, tales como*: Los latidos del corazón, la circulación, la respiración, la sudoración, la expansión o contracción de los músculos el crecimiento de los (huesos, dientes, uñas, cabello); así como también controla y regula el funcionamiento de los procesos digestivos, renales, hepáticos entre otras funciones hormonales. La **MENTE INCONSCIENTE** también controla el sistema inmunológico o sistema de defensas del organismo; y por tal razón, es la encargada de la* **AutoRegeneración** *del cuerpo, siendo la encargada de sanar y curar nuestro organismo.*

✓ La **MENTE INCONSCIENTE** controla las secreciones de las distintas hormonas que se producen en el cuerpo humano; entre algunas de ellas son:

- **Adrenalina** *"Encargada de las Situaciones de Riesgo"*
- **Serotonina** *"La Encargada de Levantar el Ánimo"*
- **Insulina** *"Encargada de Regular la Glucosa.*
- **Dopamina** *"Hormona del Bienestar"*
- **Melatonina** *"Hormona de Sueño"*
- **Exotocina** *"Hormona del Amor"*
- **Cortisol** *"Hormona del Estrés"*

✓ La **MENTE INCONSCIENTE** es la responsable de la conducta automática o programada, como: La *Preservación de la especie y el apareamiento*

✓ La **MENTE INCONSCIENTE** controla los instintos básicos de supervivencia; tales como: *Comer, tragar, succionar, chupar, mamar, etc.*

✓ La **MENTE INCONSCIENTE** *Está diseñado para manejar la supervivencia desde un sistema binario:* **Huir** *o* **Pelear, Admitir** *o* **Repeler.**

✓ La **MENTE INCONSCIENTE** está **PROGRAMADA** subjetivamente para **RESPONDER** o **reaccionar** a las **SENSACIONES DE PLACER** o **DOLOR:** *Los seres humanos inevitablemente buscamos acercarnos e identificarnos más con aquellos* **estímulos sensoriales** *que nos producen* **PLACER**. *Por esta razón, es mucho más sencillo que las personas respondan más positivamente a* **sugestiones** *e* **inducciones** *asociadas al disfrute, a la aceptación y al placer, en vez de* **sensaciones multi-sensoriales** *que le provoquen situaciones de* **huida, miedo** *o* **dolor**. *En otras palabras, el ser humano está* **PROGRAMADO** *subjetivamente para* **RESPONDER** *o* **reaccionar** *prácticamente ante dos (2)* **estímulos** *o* **respuestas hipnóticas** *posibles, que son:*

1º Acercarnos y sugestionarnos hacia las recompensas que nos producen **PLACER**.

2º Alejarnos, para Evitar o eludir las consecuencias que nos provocan **DOLOR**.

✓ La **MENTE INCONSCIENTE** está relacionada con nuestros sentimientos; bien sean se alegría, tristeza, dolor, enojo, rabia, culpa, felicidad, depresión, entusiasmo. *Es decir, la **mente inconsciente** tiene la capacidad de experimentar las emociones y expresar los sentimientos a través de expresiones físicas y fisiológicas.*

✓ La **MENTE INCONSCIENTE** se le relaciona con las enfermedades **Autoinmunes** y los problemas **Psicosomáticos**. Síntomas que se somatizan a nivel físico; ocasionando un sin números de enfermedades. *Así como la activación de respuesta de expresiones **Psicosomáticas** en ocasiones producidas por problemas emocionales.*

✓ La **MENTE INCONSCIENTE** cumple una **FUNCIÓN PROTECTORA**. Que es la habilidad de protegernos contra infecciones, agentes externos, patógenos extraños bacterias y microorganismos. *Así como también es la encargada de nuestros **REFLEJOS** e Instintos de Supervivencia.*

✓ La **MENTE INCONSCIENTE** se le relaciona con el ***CEREBRO REPTILIANO*** *y el **TALLO CEREBRAL**, que son las primeras en formarse en la escala evolutiva.*

LA MENTE SUBCONSCIENTE:

La MENTE SUBCONSCIENTE es la Base de Datos o Disco Duro.

✓ La **MENTE SUBCONSCIENTE** es donde se registra toda la información multisensorial que entra en contacto con el ser humano a través de los 5 sentidos (Vista, Oído, Tacto, Olfato y Gusto).

✓ La **MENTE SUBCONSCIENTE** comienza vacía; y se va llenando de información en el transcurso de toda nuestra vida.

✓ En la **MENTE SUBCONSCIENTE** se registra de forma multisensorial todo lo que VEMOS, ESCUCHAMOS, SENTIMOS, OLEMOS y DEGUSTAMOS.

✓ La **MENTE SUBCONSCIENTE**

✓ La información de la **MENTE SUBCONSCIENTE** se graba y se registra en nuestras **NEURONAS**, creando así lo que llamamos **SURCO NEURONAL** o **CONEXIONES NEURONALES** siendo estas las causantes de nuestras **programaciones mentales**, **hábitos**, **conductas** y **comportamientos** antes ciertas manifestaciones, situaciones y acontecimientos de la vida.

✓ La **MENTE SUBCONSCIENTE** es la encargada de la **MEMORIA** permanente a corto, mediano o largo plazo.

✓ La **MENTE SUBCONSCIENTE** registra todo con lo que entramos en contacto, como si fuera una grabadora que graba, registra y funciona las 24 horas del día y de la noche. *Y tiene la capacidad de almacenar más de 2500 años de información, es decir más de diez trillones de bites de información. TE ¿IMAGINAS EL PODER DE LA MENTE HUMANA? hasta ahora nada ha podido superar, ni siquiera igualar los poderes que subyacen en nuestro cerebro y en lo más profundo de la **MENTE SUBCONSCIENTE**.*

✓ La **MENTE SUBCONSCIENTE** es la encargada de nuestro **APRENDIZAJE CONTINUO**. *Es decir, que la **mente subconsciente** sigue aprendiendo y registrando nueva información constantemente cada día, todos los días, hasta el final de nuestros días*

✓ La **MENTE SUBCONSCIENTE** es ANALÓGICA, codifica y procesa la información simultáneamente.

✓ La **MENTE SUBCONSCIENTE** es la Base de Datos o Disco Duro de la MENTE HUMANA y tiene la capacidad de registrar:

- *Experiencias*: *Personas, Situaciones y Acontecimientos.*
- *Pensamientos*: *Positivos + o Negativos -.*
- *Emociones*: *Miedo-Valor, Alegría-Tristeza, Depresión-Felicidad.*
- *Recuerdos*: *Reales, Creados, Inducidos, Modificados o Distorsionados.*

✓ La **MENTE SUBCONSCIENTE** es **ILIMITADA** e **INFINITA**. Y trabaja de forma conjunta, holística, integral y sinérgica con el **INCONSCIENTE**; y utiliza un 95 hasta un 98 % de nuestra capacidad cerebral.

✓ La **MENTE SUBCONSCIENTE** forma nuestra **PERSONALIDAD** y **CONDUCTA** a través de un conjunto de:

- *Emociones, experiencias, recuerdos, aprendizajes y paradigmas (mapas de la realidad) que refuerzan, crean y modifican nuestros **surcos neuronales** o **CONEXIONES NEURONALES** que se convierten finalmente en nuestras **programaciones mentales**, **hábitos** y **creencias** que se fijan y se instalan en nuestro cerebro.*

✓ La **MENTE SUBCONSCIENTE** puede ser bien sea, la encargada de la **INTUICIÓN** o **Necesidad de Cambio**; o la **RESISTENCIA** o Miedo a los Cambios.

✓ La **MENTE SUBCONSCIENTE** cumple la **FUNCIÓN PROTECTORA** de mantener toda la información registrada consciente y estable. *Evitando así cualquier cambio brusco en nuestra personalidad sin ningún motivo aparente.*

✓ La **MENTE SUBCONSCIENTE** estimula nuestras **EMOCIONES** para alcanzar necesidades. *Y es la encargada de **BioProgramar** o **ReProgramar** los cambios necesarios, así como la creación o modificación de las conexiones neuronales cuando la ocasión así lo requiere. Y puede ser **BioProgramadas** o **ReProgramadas** de manera consciente e inconsciente, inducida o autoinducidas.*

✓ La **MENTE SUBCONSCIENTE** se relaciona con el **SISTEMA LÍMBICO** o **CEREBRO MAMÍFERO**, que es el segundo en formarse en la etapa evolutiva, relacionada directamente con el **HIPOTÁLAMO**.

LA MENTE CONSCIENTE:

La MENTE CONSCIENTE es la que está PRESENTE AQUÍ y AHORA.

✓ La **MENTE CONSCIENTE** es la encargada de las funciones racionales, pensantes, lógicas y analíticas, relacionadas con los procesos intelectuales.

✓ La **MENTE CONSCIENTE** es la encargada de la **Fuerza de Voluntad**.

- *Es la fuerza o energía que nos motiva y nos impulsa a comenzar a realizar los cambios o mantenernos en el mismo estado.*

- *Es la fuerza o energía impulsada por nuestras emociones, pensamientos y acciones.*

- *Es la fuerza o energía que se incrementa o se disminuye según nuestros estados emocionales, mentales y anímicos por lo que tiende a ser muy fluctuante, indeterminada y vacilante en ocasiones.*

✓ La **MENTE CONSCIENTE** es la encargada de anticipar, planificar, actuar, ejecutar, desarrollar, controlar, determinar y tomar decisiones.

✓ La **MENTE CONSCIENTE** es **LIMITADA** representa solo el 2 a 5 % aproximadamente de nuestra capacidad cerebral *(Es solo la punta de Iceberg)*.

✓ La **MENTE CONSCIENTE** trabaja en conjunto con los hemisferios cerebrales *(hemisferio Izquierdo y hemisferio derecho de Cerebro)*

✓ La **MENTE CONSCIENTE** procesa un promedio de solo unos 7 a 9 bit de información, lo que la hace limitada en ciertas ocasiones y circunstancias.

✓ La **MENTE CONSCIENTE** está relacionada con la consciencia, el lenguaje y los procesos físicos conscientes y voluntarios.

✓ La **MENTE CONSCIENTE** cumple la **FUNCIÓN PROTECTORA** de protegernos de los **peligros inmediatos percibidos por los 5 sentidos**.

✓ La **MENTE CONSCIENTE** es la encargada de **CREAR nuestra REALIDAD** posible inmediata.

✓ La **MENTE CONSCIENTE** está relacionada con el **CEREBRO NEOCÓRTEX** o **Corteza Cerebral**, que es el último en aparecer y evolucionar en la escala evolutiva.

EL FACTOR CRÍTICO o Factor Crítico de la Mente

El FACTOR CRITICO es el GUARDIÁN DE LA MENTE.

✓ El **FACTOR CRITICO** es el mecanismo de comparación de la **MENTE**.

• *El **Factor Crítico** compara la nueva información de tu presente inmediato, con todo el registro de información almacenada en tu **MENTE SUBCONSCIENTE** y determina lo que debe o no debe entrar y ser programada o descodificada de tu **MENTE CONSCIENTE**.*

✓ El **FACTOR CRITICO** es el **guardián de la mente** y la función cerebral que determina lo que acepta o rechaza de la información que recibe de su entorno y medio ambiente a través de los 5 sentidos.

✓ El **FACTOR CRITICO** funciona como filtro que evalúa la nueva información registrada a través de los canales multisensoriales, con el propósito de permitir o rechazar el almacenamiento de la nueva información procesada en nuestra **MENTE SUBCONSCIENTE**.

✓ El **FACTOR CRITICO** compara y evalúa las nuevas informaciones entrantes y lo relaciona y analiza con la información que ya tiene registradas y almacenadas. Si le hace sentido lo acepta, o de lo contrario, sino le hace sentido lo rechaza como medio de prevención y supervivencia. Y esto lo hace a un nivel mental, psicológico, emocional y físico de forma inconsciente.

✓ El **FACTOR CRITICO** es un mecanismo de comparación y evaluación continua y permanente entre la información registrada en la **mente inconsciente** y la **mente subconsciente**, con la información recién registrada, almacenada e ingresada por la **mente consciente**.

✓ El **FACTOR CRITICO** tiene como **FUNCIÓN PROTECTORA** resguardar y proteger la información almacenada en lo más profundo de la **mente inconsciente** y la **mente subconsciente**.

CAPÍTULO VI: CÍRCULO DE POTENCIA, NIVEL DE FUERZA, NIVEL DE AUTORIDAD O NIVEL SUPERIOR (FP)

Hola que tal mis apreciados lectores, hemos llegado a uno de los capítulos más importantes para aprender a dominar la **HIPNOSIS** como un profesional. Y es el amentar tú **CÍRCULO DE POTENCIA** y tú **Nivel de Fuerza Mayor** o **Nivel de Autoridad** a un **NIVEL SUPERIOR** (FP). *Estas **técnicas** y **conocimientos** avanzados te permitirán desarrollar tus **habilidades hipnóticas** al siguiente nivel.*

*Esto quiere decir, que estos **conocimientos** y **técnicas avanzadas** te permitirán crear **órdenes directas** e **indirectas**, **inducciones subjetivas** y **sugestiones efectivas** de manera más óptima y eficaz en la **escala ascendente** de los **NIVELES DE LA HIPNOSIS**. Subiendo paulatinamente en los **GRADOS DE HIPNOSIS MAYORES**; logrando ascender desde un **CÍRCULO DE POTENCIA** o **Nivel de Fuerza Menor**, a un **Nivel de Autoridad Mayor** o **GRADO** y **NIVEL SUPERIOR** de **HIPNOSIS**. Lo que te permitirá literalmente ir ascendiendo gradualmente desde un **FP0**, **FP1**, **FP2**, hasta **FP5**, **FP6**, **FP7** y **superiores**. Lo que te facultará generar ciertos **FENÓMENOS HIPNÓTICOS** que de otra manera fuera imposible provocar, sin el conocimiento previo de estas técnicas avanzadas.*

Este principio es uno de los ELEMENTOS AVANZADOS MÁS IMPORTANTES a tener en cuenta a la hora de PROFUNDIZAR e INDUCIR ESTADOS HIPNÓTICOS EN LOS GRADOS o NIVELES MÁS ELEVADOS DE LA HIPNOSIS. Por tal razón, he escrito todo un capitulo completo sobre este punto en particular, así que sin más preámbulos comencemos.

En la **PRÁCTICA DE LA HIPNOSIS**, se ha comprobado que **CADA ORDEN** que se le da al sujeto *(paciente o participante)* tiene la **FUERZA ACUMULATIVA** de todas las **inducciones** y **sugestiones** anteriores, que se le han dado. Este proceso acumulativo de **sugestiones**, **inducciones**, **órdenes directas** e **indirectas**, **patrones hipnóticos** y **comandos encubiertos** aumentará tú **CÍRCULO DE POTENCIA** y tú **Nivel de Fuerza** a un **Nivel de Autoridad Mayor**; es decir, a un **NIVEL** o **GRADO SUPERIOR** de **HIPNOSIS** más avanzada que te permitirá desarrollar tus **habilidades hipnóticas** de manera más poderosa; bien sean en tus **sesiones de hipnosis terapéutica** o en tus **shows de hipnosis de espectáculos**.

Ahora para continuar y profundizar más en este tema; lo primero que voy a explicarte son los diferentes **GRADOS** o **NIVELES DE LA HIPNOSIS**. *Los **Grados** o **Niveles Hipnóticos** se les conocen como "FP". El dominio de los "FP" es lo que te permitirá ir ascendiendo en tu **CÍRCULO DE POTENCIA** o tú **Nivel de Fuerza** a un **Nivel de Autoridad Mayor**. Es decir, a un **NIVEL SUPERIOR** en los **GRADOS** o **NIVELES** de la **HIPNOSIS**.* En otras palabras, los "FP" son la **INFLUENCIA** que tienes y el **PODER PERSUASIVO** que ejerces en la práctica real, al momento de generar órdenes, sugestiones e inducciones hipnóticas.

LOS GRADOS o NIVELES DE LA HIPNOSIS

FP0.- Es el primer **GRADO** o **NIVEL de la HIPNOSIS**, es decir es el estado sugestionable en el que nos encontramos en todo momento. Se puede decir que es el estado de vigilia en la que estamos alerta de toda la información que llega a nosotros a través de los 5 sentidos, y estamos lo conscientemente atentos como para aceptar o no una idea, opinión o sugerencia que recibimos en nuestro entorno.

FP1.- El **GRADO** o **NIVEL FP1** es cuando comenzamos nuestro proceso comunicativo; es decir, cuando comenzamos sutilmente a transmitir en nuestras conversaciones nuestras ideas, opiniones o sugerencias, de tal manera que las personas con quienes entramos en contacto comienzan a aceptarlas de manera consciente. *Te daré DOS (2) EJEMPLOS: 1º Es el "FP" más común; es el "FP1" que utilizamos a diario en nuestras conversaciones, lo que nos permite comunicar nuestras ideas, pensamientos, sentimientos, opiniones o sugerencias a las personas o sujetos con quienes entramos en contacto y nos relacionamos a diario, bien sean estos amigos, conocidos, familiares y hasta extraños. Y esto sucede de forma y manera inconsciente muchas veces, cuando por ejemplo pedimos la hora a un completo extraño y esta nos responde amablemente, cuando sugerimos una película a un buen amigo y este accede a verla gustosamente, cuando le compartimos a una persona cercana un pensamiento o un sentimiento y somos escuchados, y finalmente cuando compartimos una idea en un grupo, en nuestro trabajo o centro de estudio y esta es recibida y aceptada por todos ¿COMPRENDES LA IDEA VERDAD? Es decir, que el "FP1" es el NIVEL o GRADO de HIPNOSIS en el que influimos; y por el cual, al mismo tiempo somos influenciados diariamente en nuestras interacciones y conversaciones con los demás. - En el 2º EJEMPLO, se aplica el "FP1" a la HIPNOSIS como tal. Por ejemplo, cuando comenzamos nuestro proceso hipnótico con un sujeto (paciente o participante) y empezamos a alcanzas un nivel de fuerza o influencia positiva en la persona; de tal manera que el sujeto con quien estamos interactuando comienza a acceder a nuestras sugerencias, lo que nos permite comenzar a darles órdenes básicas y este empieza a aceptar nuestras sugestiones y a dejarse llevar voluntaria y conscientemente por las inducciones que les damos. En este punto, le puedes ordenar al (paciente o participante) que cierre los ojos, y este lo hará. Le puedes sugerir que sus parpados comienzan a estar más y más cansados y pesados; y que a medida que se relaja profundamente, y se deja llevar por esta sensación de bienestar sus ojos comenzaran a parpadear más y más frecuentemente, hasta sentir el deseo y la necesidad de cerrarlos por completo. Y una vez cerrados sus ojos estarán tan relajados, que ya no podrá abrirlos. En este punto, si el sujeto siguió nuestras instrucciones correctamente, la persona puede intentar abrir los ojos, pero no podrá hacerlo, ya que ha aceptado la sugestión de que están tan relajados y pegados que se les hace normal no poder abrir los ojos, lo que le permite sumergirse más y más en el estado hipnótico deseado "FP1" y se abre a ser introducido a un Nivel de Fuerza a un Nivel de Autoridad Mayor. Es decir, a un NIVEL SUPERIOR de "FP2" ¿Ahora ya comprendes la idea verdad? Esto es lo que conocemos como CÍRCULO DE POTENCIA "FP". Es decir, este es el primer grado o nivel hipnótico, el "FP1".*

FP2.- El "**FP2**" es cuando alcanzas un **Nivel** o **Grado de Fuerza** a un **Nivel de Autoridad Mayor** en la **HIPNOSIS**. Es decir, que aumentas tu **CIRCULO DE POTENCIA** o **NIVEL SUPERIOR** de **INFLUENCIA** y **PERSUASIÓN** sobre el sujeto, de manera que puedes ordenarle a su **MENTE SUBCONSCIENTE** que comience a **MOVER UNO DE SUS DEDOS** o a **LEVITAR UNA DE SUS MANOS**. Y la persona en cuestión; puede empezar a sentir según sea el caso o la orden recibida, bien sea a comenzar a sentir el *temblor de unos de sus dedos*, o sentir literalmente como *empieza a flotar una de sus manos* de forma **INCONSCIENTE**, solo a través del poder de su **MENTE SUBCONSCIENTE** y su capacidad de **IMAGINAR** y **RECREAR** la situación que le hemos ordenado.

Por lo que a este **grado** o **nivel** de **INFLUENCIA** y **PERSUASIÓN** ejercida sobre el sujeto, puedes decirle u ordenarle algo cómo: *Quiero que comience a notar como uno de "**Tus dedos se empieza a mover**", o una de "**Tus manos comienza a levitar**", vas a notar como uno de "**Tus dedos comienza a temblar**" o una de "**Tus manos empieza a flotar**" y literalmente si la persona en cuestión ha seguido nuestras instrucciones previamente; y ha accedido a seguir nuestras ordenes con anterioridad, lo más seguro es que en **el dedo del sujeto se comenzara a producir una leve sensación de temblor** y sentirá como empieza a mover el dedo, o en el caso de la levitación del brazo, **comenzara a sentir como poco a poco el brazo le obedece, hasta el grado de levantarlo completamente** solo con el poder de su **MENTE SUBCONSCIENTE** y su capacidad de **IMAGINAR** y **RECREAR** la situación.*

A tal grado será su **nivel** de **hiper-sugestionabilidad, que esta le obedece y cumple la orden recibida y crea esa realidad subjetiva**; de tal manera, que, aunque el sujeto quisiera **no mover el dedo** o **bajar el brazo** ya no podrá hacerlo, porque ya ha **aceptado la orden subconscientemente** y su **MENTE** produjo el efecto esperado. *Lo cual es algo que impresiona muchísimo a los sujetos (**pacientes** o **participantes**), pues están experimentando un **FENÓMENO HIPNÓTICO REAL** que le permite tener mayor control sobre su **MENTE SUBCONSCIENTE**; es decir que les permite tomar mayor control sobre sí mismo, al grado de hacer realidad la orden establecida; y experimentar el **estado hipnótico deseado "FP2"**.* Lo que abre la puerta a un **Nivel de Fuerza** a un **Nivel de Autoridad Mayor**. Es decir, a un **NIVEL SUPERIOR** de **"FP3" ¿Viste que interesante y poderoso es comprender estos conceptos y aplicarlos correctamente?** Esto amigos míos, es lo que conocemos como **CÍRCULO DE POTENCIA "FP"**. Es decir, este es el segundo **grado** o **nivel hipnótico**, el **"FP2"**.

FP3.- Para seguir con la idea anterior, podemos afirmar contundentemente que el "**FP3**" es un **Nivel** o **Grado de Fuerza Superior** de un **Nivel de Autoridad Mayor** que la anterior "**FP2**". Es decir, que el "**FP3**" aumenta considerablemente el **CIRCULO DE POTENCIA** o **NIVEL SUPERIOR** de **INFLUENCIA** y **PERSUASIÓN** sobre el sujeto y así sucesivamente *¿**Ves lo que quiero decir**? Que a medida que vas subiendo en los **GRADOS** o **NIVEL** de "**FP**" tú poder de **INFLUENCIA** y **PERSUASIÓN** ejercida sobre el sujeto va aumentando también, ¿**Escuchaste bien lo que estoy diciendo**? Al incrementar tu "**FP**" aumentar también tu **PODER HIPNÓTICO**.*

FP3, **FP4**, **FP5**.- A partir de los **GRADOS** o **NIVELES de HIPNOSIS "FP3"**, **"FP4"** **"FP5"** se comienzan a producir los mayores **FENÓMENOS HIPNÓTICOS**. Es decir, en estos **GRADOS** o **NIVELES de HIPNOSIS "FP3"**, **"FP4"** **"FP5"** es donde se comienza a ejercer un mayor control sobre la **MENTE SUBCONSCIENTE** del sujeto, y se producen los fenómenos de **TRANCE HIPNÓTICO LEVE** o **SUPERFICIAL Z1**, el **TRANCE HIPNÓTICO MEDIO** o **CATALÉPTICO Z1-Z2** y **TRANCE HIPNÓTICO UMBRAL** o **SONAMBÚLICO Z2**. De tal manera, que la **MENTE SUBCONSCIENTE** del sujeto comienzan a seguir más fácilmente las **órdenes**, **instrucciones**, **sugestiones** e **inducciones** que le da el **HIPNOTIZADOR**.

Y es a partir de aquí, mis apreciados lectores, donde comienzan a producirse los verdaderos ***recursos persuasivo*** *en la* ***comunicación hipnótica****. Ya que estos* **GRADOS** o **NIVELES de HIPNOSIS "FP3"**, **"FP4"** **"FP5"** *son quien nos permiten* ***asociar subconscientemente*** *un* ***estado mental deseado*** *o* ***estado de consciencia alterado*** *a un hecho cotidiano, que permite al sujeto (****paciente*** *o* ***participante****) estimular potencialmente su* ***REALIDAD ALTERNA SUBJETIVA*** *ayudándole de esta manera, a conseguir estimular y desarrollar respuestas* ***ideo motoras****,* ***ideo sensoriales****, e* ***ideo-emocionales*** *a un* ***nivel inconsciente superior*** *y provocar activar su* ***REALIDAD ALTERNA SUBJETIVA****; y de esa forma, es mucho más receptivo el poder del sujeto (****paciente*** *o* ***participante****) para recibir la [****guía, instrucción, sugerencias, sugestiones hipnóticas, inducciones*** *y* ***órdenes directas*** *o* ***indirectas****] que le estamos estableciendo.*

Estos **GRADOS** o **NIVELES de HIPNOSIS "FP3"**, **"FP4"** **"FP5"** son **procesos hipnóticos**, que están estrechamente relacionados a ciertas **técnicas avanzadas de inducciones** y **sugestiones verbales usadas estratégicamente** por los especialistas, sean estos **hipnólogos clínicos (hipnoterapeutas)** o **hipnotistas de show de teatro (hipnotizadores callejeros)**, para causar ciertos **fenómenos hipnóticos** de mayor nivel en el individuo. *Como la atención del sujeto (****paciente*** *o* ***participante****) se enfoca en el* ***poder de la palabra hablada*** *del* **HIPNOTIZADOR***; este eventualmente a través de las* ***sugestiones verbales*** *y las* ***inducciones hipnóticas*** *se sobreimpone a la* ***voz interior*** *del sujeto en cuestión, ayudándole a desarrollar respuestas de* *"hiper-sugestionabilidad", "hiper-creatividad", "hiper-imaginación" "hiper concentración" e "hiper-relajación".* Convirtiéndose todos estos elementos en una herramienta efectiva para conseguir el **ESTADO HIPNÓTICO DESEADO**, en la que el individuo entra en un **estado amplificador de respuesta** o **profundizador de las experiencias sugestivas** que le permite al sujeto (**paciente** o **participante**) experimentar transformaciones personales de un modo mucho más eficaz, efectivo y de manera más sencilla, que si realizara el mismo procedimiento hipnótico en el **ESTADO de ALERTA** o **ESTADO de VIGILIA**.

FP5, **FP6**, **FP7**.- (También llamados "**ESTADOS HIPNÓTICOS MAYORES**") ya que se les consideran en la **HIPNOSIS** como uno de los **GRADOS** o **NIVELES** más **ALTO** o **SUPERIORES** de los que se puede alcanzar. En estos **GRADOS** o **NIVELES** de "**FP**" se ha logrado alcanzar un dominio sobre el cuerpo y la mente del sujeto. Y es aquí, mis apreciados lectores donde tenemos la faculta de poder ordenar al sujeto a cacaraquear cómo una gallina si así lo quisieras; y la persona cumpliría la orden sin objeción **¿Qué interesante cierto?** - *Aunque como es lógico; claro está, estos niveles o grados tienen también muchos otros usos más prácticos e interesantes. **COMO, POR EJEMPLO**: Los monjes tibetanos y budistas; usan este poder, **GRADOS o NIVELES de HIPNOSIS** "FP5", "FP6" y "FP7" para darse la orden de ir caminando de una ciudad a otra sin cansarse. Y así, sus cuerpos van en "automático" caminando, mientras sus mentes pueden estar soñando, meditando, o pensando en cualquier otra cosa. Y así, sus cuerpos llegan en perfecto estado hasta su lugar de destino, mucho más rápido que como lo harían normalmente; y además lo hacen sin cansancio o fatiga física, puesto que en estos estados el cuerpo se mantiene en un total **predominio parasimpático**. Es decir, en un "**estado de hiper concentración**" (ONDAS ALFA / ALPHA = Entre 8 a 13 Hz, ciclos por segundo o cps) y un "**estado de descanso**" de y de "**hiper-relajación**" (ONDAS ZETA / THETA = Entre 4 a 7 Hz, ciclos por segundo o cps). ¿Comprendes ahora el poder que tienes en tus manos, al aprender a dominar estos **GRADOS o NIVELES de HIPNOSIS** "FP5", "FP6" y "FP7"?*

Estos **GRADOS o NIVELES de HIPNOSIS "FP5", "FP6" y "FP7"** son ideales también para activar los **Sueños Lucidos**, realizar **Viajes Astrales** o intentar **Experiencias Extracorporales**; puesto que en estos **ESTADOS HIPNÓTICOS** o **ESTADOS ALTERADOS DE CONSCIENCIA**, la mente tiene un mayor control sobre el cuerpo físico y etéreo; de una manera, mucho más transcendental, que como lo haría conscientemente en el **ESTADO ALERTA** o **ESTADO DE VIGILIA**.

FP8, **FP9**, **FP10**.- (También llamados "ESTADOS HIPNÓTICOS DE ALTO NIVEL"). Los siguientes **GRADOS o NIVELES de HIPNOSIS "FP8", "FP9" "FP10"** son lo **ESTADOS ALTERADOS DE CONSCIENCIA** que en los **Colegios de Hipnosis** se considera "Imposible". *Las teorías de los **GRADOS** o **NIVELES de HIPNOSIS** "FP8", "FP9" "FP10" considera y afirma que el **estado hipnótico** es un **estado real, único, separado** y **distinto** del estado normal de vigila. Por tal razón, estos **estados hipnóticos, grados** o **niveles de hipnosis "FP8", "FP9" "FP10"** puede ser **creado** y **producido artificialmente** mediante el proceso correcto de **inducción hipnótica**, que altera la **experiencia subjetiva** y **fenomenológica** de la persona en cuestión.*

Esta teoría afirma que al amentar el **CÍRCULO DE POTENCIA** y los **Niveles de Fuerza Mayor** a un **Nivel de Autoridad** o **NIVEL SUPERIOR (FP)** permitirá al especialista *(hipnotista callejero, hipnotizador de espectáculo, hipnólogo clínico o hipnoterapeuta)* a desarrollar sus **habilidades hipnóticas** al siguiente nivel; limitando así, el **factor crítico de la mente** del sujeto *(paciente o participante)* y alterando la **atención consciente** del individuo a través de las **sugestiones** e **inducciones** que se les ofrecen ascendente y progresivamente.

Esta teoría de los *niveles de hipnosis "FP8", "FP9" "FP10"* también afirma que hay múltiples **sistemas cognitivos** que normalmente trabajan de forma sinérgica y holística bajo un control primario. *Y que, durante la **HIPNOSIS**, los **subsistemas** normalmente integrados entre sí, se **disocian** unos de otros a diversas escalas y son capaces de dar respuestas simultáneas e independientes a múltiples grados de consciencia alterada, ante las **órdenes, sugestiones** e **inducciones** declaradas por el **hipnotizador**.*

<u>GRADOS y NIVELES DE LA HIPNOSIS "continuación"</u>

Bueno mis apreciados lectores como, hemos aprendido en los apartados anteriores, a medida que como especialista *(hipnotista callejero, hipnotizador de espectáculo, hipnólogo clínico o hipnoterapeuta)* aumentamos nuestro **CÍRCULO DE POTENCIA** o **Nivel de Fuerza** a un **Nivel de Autoridad Mayor** o **NIVEL SUPERIOR** de **HIPNOSIS.** Nos facultamos a nosotros mismo literalmente; a ir escalando o ascendiendo gradualmente desde los niveles **FP0, FP1, FP2,** hasta los grados **FP5, FP6, FP7** y **superiores.** Lo que nos permitirá generar ciertos **FENÓMENOS HIPNÓTICOS** que de otra manera son imposible provocar, sin el conocimiento previo de estas técnicas avanzadas.

Es decir; campeones y campeonas, siguiendo con la idea de los apartados anteriores. *Uno por más especialista que sea en algunas de las especialidades o disciplinas de la hipnosis, bien sea (**hipnotista callejero, hipnotizador de espectáculo, hipnólogo clínico** o **hipnoterapeuta**), no podríamos coger a una persona en medio de la calle al azar, y luego ordenarle directamente que se ponga a **cacarear como una gallina** o mandarle a que se **relaje profundamente** y que se **DUERMA**... ¡Porque esta persona probablemente, No lo hará! ¿**Cierto**?...*

*Sin embargo, si el sujeto, bien sea un (**participante** o **paciente**) está dispuesto a colaborar voluntariamente con nosotros en un **show de hipnosis de espectáculo** o en una **sesión de hipnosis clínica**; y tú como **HIPNOTIZADOR**, has seguido previamente todos los pasos anteriores que te he enseñado, y has aumentado progresivamente tu **CÍRCULO DE POTENCIA** o **Nivel de Fuerza** a un **Nivel de Autoridad Mayor** en los **NIVELES SUPERIORES** de la **HIPNOSIS.** Es más probable en aquel momento, que el sujeto en cuestión (**participante** o **paciente**), si ha demostrado su disposición a seguir tu [**guía, instrucción, órdenes y sugerencias**] y le has llevado correctamente por el **proceso pre-hipnótico adecuado**; entonces, es ahí, en ese preciso momento amigo mío, que si le mandas a realizar algo sencillo, como por ejemplo **CERRAR SUS OJOS, RESPIRAR** (inhalar o exhalar profundamente) y luego lo invitas a **RELAJARSE** y a profundizar en esa experiencia, te aseguro que lo hará. Una vez que hayamos logrado ese primer paso, ganándonos su confianza, y le hallemos dado otras pequeñas [**sugestiones hipnóticas e inducciones indirectas**] muy sutiles que haya aceptado poco a poco. La **MENTE SUBCONSCIENTE** del sujeto (**participante** o **paciente**) entonces comenzara a estar más predispuesta a recibir nuestras órdenes cada vez más. Y si en ese preciso momento le ordenamos de un modo muy sutil pero directo que **cacaraquee como una gallina** esa persona **SI que lo hará** ¿**verdad**? Por supuesto que sí lo hará; y las razones por la cual lo hará, son porque al recibir orden más pequeña, y después de haber aceptado las sugestiones anteriores, se predispuso inconscientemente a aceptar órdenes de mayor intensidad. Y esto mis queridos lectores es **HIPNOSIS EN POTENCIA.***

Y si luego, para seguir con la idea anterior. Le siguieres otra inducción sencilla, y luego otra, y luego otra también pequeña y sencilla. Cuando ya has realizado varias de estas inducciones; y hayas alcanzado un buen **Nivel de Fuerza**, y un buen **Nivel de Autoridad Mayor** favorablemente. Puedes ordenarle que comience a sentir como su brazo comienza a levitar, y a sentir poco a poco como cada vez más su brazo se comienza a levantar, flotar y levitar suavemente; solo hasta entonces, su brazo se comenzara a levantarse, flotar y levitar. Porque ya se ha predispuesto a seguir tus indicaciones, lo que le permite entrar en un estado de **hiper-sugestionabilidad** que le faculta experimentar los **fenómenos hipnóticos** que les estas induciendo. Y si luego sigues dándole órdenes directas, sugestiones subjetivas e inducciones más o menos de ese mismo nivel, se irán cumpliendo cada una de ellas cómo parte de un todo. Y si, entonces, ya el sujeto *(paciente o participante)* está completamente abierto a tus inducciones y sugestiones, y le dices que se **RELAJE PROFUNDAMENTE** y luego le das la orden de que se **DUERMA** y les dices con una voz sutil, pero con autoridad **DUÉRMETE** ¡Entonces esa persona, si está en el **estado hipnótico deseado**, la orden es aceptada por su **MENTE SUBCONSCIENTE**, así que lo hará! Y cumplirá tu orden ¿**Comprendes**?

Ahí tienes **TODO** el "**SECRETO**" de la **HIPNOSIS**. - **PRIMERO** haces que la persona se relaje, se concentre en su respiración *(inhalación y exhalación)* y entre en el **ESTADO ALFA.** Luego comienzas a darle órdenes sencillas. Al principio a través de inducciones pequeñas, pero luego vas haciendo que esas sugestiones sean cada vez más grandes. *Finalmente, cuando el sujeto (**paciente** o **participante**) se adentra en la experiencia hipnótica que está viviendo, le comienzas a dar órdenes, inducciones y sugestiones de un **Nivel de Fuerza** y un **Nivel de Autoridad Mayor**; ya que, su **MENTE SUBCONSCIENTE** está preparada y abierta a obedecerte, así que lo hará. ¿Te das cuenta?*

Lo bueno, campeones y campeonas es que esas **órdenes** o **inducciones** NO necesariamente tienes que ser **sugestiones** "**Directas**". Ya que las **órdenes**, las **inducciones** y las **sugestiones** "**pequeñas**" pueden ser cosas tan sencillas y fáciles de realizar o seguir como decirle al sujeto que *"Al escuchar mi voz, una parte de tu cuerpo se comenzará a relajar ahora mismo, entre más y más te concentras en mi voz, más y más comenzaras a sentir como disfrutas de este estado de relajación profunda, y más y más placentero y relajado te sentirás, y más y más disfrutarás de la experiencia, tanto así que esa relajación te hará sentir muy agradable y entraras en un estado de hipnosis cada vez más y más profundo ahora"* ¿**Te has fijado**?

UNA DE LAS CLAVES QUE TIENES QUE TENER SIEMPRE PRESENTE ES QUE: Cuando una persona entra en los estados de *(**ONDAS ALFA / ESTADO ALPHA = Entre 8 a 13 Hz, ciclos por segundo o cps**)* su cuerpo comienza a relajarse por sí solo. Con lo que teniendo este principio en cuenta; podrás decirle al sujeto en cuestión con toda seguridad que: *"A medida que escucha tu voz, una parte de su cuerpo se comenzará a relajar ahora mismo"* y de SEGURO que hay alguna parte de su cuerpo que ya se ha comenzado a relajar o que ya se está relajando. *Así que su **subconsciente** de manera intuitiva encuentra esa parte de su cuerpo que esta relajada o que se está relajando; y como **el SUBCONSCIENTE es Muy Literal (CREE que se está relajando por la "ORDEN del HIPNOTIZADOR")**. Y pufs el **fenómeno hipnótico** comienza a ocurrir.* Luego cuando le sugieres la siguiente orden *"Yo te ordeno que esa relajación sea cada vez más y más agradable y placentera"*, entonces el **subconsciente** *(Escucha tu orden, observa que se está produciendo tu predicción y siente como cada vez se siente más y más relajado; y que esa relajación es cada vez más y más placentera y agradable)* y ¡**Claro que es Placentera**! ¡**Toda Relajación es Agradable**! Pero el **subconsciente** no lo sabe, y lo más importante NUNCA "cuestiona la orden" cuando es transmitida correctamente. Por lo que piensa jamás cuestiona si *(esa sensación de bienestar lo hace el consciente mismo de la persona que acepta la sugestión)*, sino que simplemente el **subconsciente** sigue la orden y la obedece. Y cómo **VE**, **SIENTE** y **PERCIBE MULTI-SENSORIALMENTE** que eso es verdad, que la relajación se está produciendo en ese mismo instante, y que está siendo cada vez más y más agradable y placentera; entonces nuevamente vuelve a *(CREER que tú lo ordenaste, y hace que se incremente ese estado de relajación en la persona)* **¿Vas comprendiendo lo sencillo que es, si haces todo correctamente?**

Luego para **continuar con la inducción** y **PROFUNDIZAR** el **estado hipnótico deseado** puedes continuar diciendo algo como *"Al mismo tiempo que te relajas, yo te ordeno que tu respiración se valla haciendo cada vez más y más calmada, más y más serena cada vez". - "Cada vez que inhales, respirarás de forma más y más tranquila, y así con cada respiración que hagas, hará que tu trance hipnótico sea cada vez más y más profundo y placentero para ti".* **¿Qué crees que ocurre cuando se da esa orden?** Bueno, que el cuerpo como ya está en los estados de *(**ONDAS ALFA / ESTADO ALPHA = Entre 8 a 13 Hz, ciclos por segundo o cps**)* significa que ya está relajado automáticamente. Y cuando el cuerpo se relaja, la respiración por si misma SIEMPRE es más tranquila, relajada, profunda y serena. *Pero como el **subconsciente** está escuchando lo que tú dices, él piensa que es a través de las órdenes que lo que tú le estas dando, lo que hace "cumplir la orden" y por tanto el **subconsciente** nuevamente asocia tus ordenes con los resultados; y pufs el **fenómeno hipnótico** comienza a ocurrir de nuevo, y el **subconsciente** (CREE que "tú estás al mando" que "tú estás dando las órdenes" con lo que SE CUMPLE el segundo mandato de que "Cada vez que respiras, te sientes cada vez más y más relajado y que entre más y más relajado te sientes, más y más hipnotizado estas, y entre más y más hipnotizado estas, más y más entran en un estado hipnótico profundo, tan profundo, placentero y agradable como el sueño mismo". Lo que te hace sentir un SUEÑO profundo; y ese SUEÑO profundo te induce a DORMIRTE AHORA MISMO, así que DUERME) ¿Comprendes el poder de la sugestión? ¿Ahora ya entiendes el poder de aumentar e incrementar tu **CÍRCULO DE POTENCIA** o **Nivel de Fuerza** a un **Nivel de Autoridad Mayor** en los **NIVELES SUPERIORES** de la **HIPNOSIS**?*

Como hemos podido aprender hasta el momento. El **proceso hipnótico**; así como los **fenómenos hipnóticos** y la **capacidad hiper-sugestionable del subconsciente** de aceptar órdenes; es tan simple, como el hecho de implementar las órdenes correctamente en el ***CÍRCULO DE POTENCIA*** o ***Nivel de Fuerza*** adecuado. *Es decir, efectuar las órdenes acertadamente en los **Niveles de Autoridad Mayor**; o sea, en los **NIVELES SUPERIORES** de la **HIPNOSIS** en los momentos oportunos y en las circunstancias adecuadas y más favorables para el momento **¿Estás de acuerdo verdad?***

Cómo hemos podido comprobar hasta ahora, mis queridos y apreciados lectores, es muy sencillo aumentar progresivamente nuestro **CÍRCULO DE POTENCIA** o **Nivel de Fuerza** a un **Nivel de Autoridad Mayor** en los **NIVELES SUPERIORES** de la **HIPNOSIS**. *Así que mi invitación es que te pongas manos a la obra, comiences a tomar acción y hacer que las cosas sucedan. Y te aseguro que pronto te convertirás en el mejor **HIPNOTIZADOR** que puedes llegar a **SER**. Así que sin más preámbulos continuemos con el siguiente capítulo.*

CAPÍTULO VII TÉCNICAS BÁSICAS DE PROGRAMACIÓN NEUROLINGÜÍSTICA APLICADA A LA HIPNOSIS PSICOLINGÜÍSTICA O HIPNOSIS CON PNL

<u>CALIBRACIÓN</u>: La **CALIBRACIÓN** en la **HIPNOSIS** es la capacidad de observar y reconocer en forma precisa y gradual el **ESTADO MENTAL** y **EMOCIONAL** de una persona. Y conocer cuando esa misma persona está pasando de un estado a otro. *En otras palabras, **CALIBRAR** en la **HIPNOSIS** es detectar los distintos **ESTADOS MENTALES** y **EMOCIONALES INTERNOS**. Así como las microexpresiones faciales y corporales que las personas reflejan en un momento determinado.* La **CALIBRACIÓN** se produce partir del reconocimiento de los distintos indicadores externo con que las personas expresan su mundo interno a través de los cambios producidos en su fisiología comprendiendo así, su mapa mental en un estado hipnótico específico.

Es importante destacar en este punto que todo comportamiento o conducta humana; supone una actividad neurológica que está determinada por los SENTIMIENTOS, EXPERIENCIAS, SENSACIONES INTERNAS, PENSAMIENTOS, MAPAS o MODELOS DEL MUNDO. *Y que, por tal razón, puede ser detectada y (reconocidas).* Siendo la **CALIBRACIÓN** una de las técnicas más efectivas de la **PNL** aplicada a la **HIPNOSIS**, creada y desarrollada para tal fin.

El **CALIBRADO** adecuado en la práctica de la **HIPNOSIS** con **PNL**, permite intuir acertadamente, lo que está teniendo lugar en el interior de la persona *(Pensamientos y Emociones)* y desde allí, poder acompañarlo en el **proceso hipnótico**. Esta etapa representa una gran oportunidad para llevar a cabo una *Sugestión Positiva*, o aplicar los *Patrones Hipnóticos Persuasivos* cuando la ocasión así lo requiera.

> Las personas que deseen utilizar correctamente la técnica de la **CALIBRACIÓN** en la **HIPNOSIS** deben primeramente aprender a *"Identificar las diversas expresiones del lenguaje tanto (Verbal como el no Verbal)"*. Igualmente debe aprender a *"Reconocer los diferentes estados mentales y emocionales y la discrepancia entre pensamientos y emociones, bien sean negativas y positivas"*. *Para ello es de vital importancia reconocer los **cambios neurofisiológicos** que se producen en el interior de la persona en estados de trance, y que se reflejan exteriormente a través de pequeñas y sutiles microexpresiones faciales y corporales tanto consciente como inconscientemente.*

Para desarrollar nuestra capacidad de **CALIBRACIÓN** a un nivel superior hay que aprender a identificar de manera integrada las diversas señales que se van presentando sutilmente en la persona tales como son: *El lenguaje corporal y micro-facial, el ritmo de la respiración "si es profunda o artificial, pectoral o abdominal"* entre otros. Para dominar el arte de la **CALIBRACIÓN** en la **HIPNOSIS**, se necesita ir desarrollando gradualmente la experiencia en *el reconocimiento de los movimientos oculares, la dilatación de la pupila, así como aprender a detectar los diferentes tonos de voz, el ritmo cardiaco, las contracciones inconscientes de la piel y los poros* entre otros factores.

Por consiguiente; para lograr ese objetivo en las **sesiones de hipnosis**, se debe primeramente propiciar un ambiente adecuado de armonía, paz, tranquilidad y confianza, que nos permita observar el lenguaje verbal y no verbal de la persona. Para que, por este medio, podamos detectar y reconocer los *"Niveles o Grados de HIPNOSIS"* por lo que está pasando el sujeto en cuestión. Fijándonos tanto en sus gestos, como en las posturas; esto puede ayudarnos a **CALIBRAR** su estado interno al descubrir el comportamiento y la conducta asociada a dicho estado mental y emocional. *Y de esta manera, entrar en sintonía y rapport más efectivamente con él.*

Guía para Identificar los Cambios y los Estados Emocionales dentro de los ESTADOS HIPNÓTICOS

LA RESPIRACIÓN
- ***Ritmo*** *"Equilibrado o Descontrolado" - "Lento o Suave"*
- ***Forma*** *"Abdominal o Pectoral"*
- ***Volumen*** *"Suficiente o Insuficiente"*

MOVIMIENTOS OCULARES
- ***Vr****: Hacia arriba, en dirección a la izquierda.*
- ***Vc****: Hacia arriba, en dirección a la derecha.*
- ***Ar****: Lateralmente hacia la punta final del lado izquierdo del ojo.*
- ***Ac****: Lateralmente hacia la punta final del lado derecho del ojo.*
- ***K****: Hacia abajo, en dirección a la derecha.*
- ***DI****: Hacia abajo, en dirección a la derecha*

DILATACIÓN
- *De la **"Pupila"**, – del **"Labio Inferior"***

MICRO-EXPRESIONES FACIALES
- *"**Ademanes o Gestos**" de Duda, Miedo, Temor, Ira, Inquietud, Tensión, Relajación, Emoción, Alegría, seguridad, Felicidad, Paz, Amor y Armonía.*

POSTURA CORPORAL
- *"**Simetría**" – "**Orientación**" – "**Inclinación o Ladeo**"*

POSICIÓN DE LA CABEZA, MOVIMIENTOS DE LAS MANOS
- *"**Movimientos de Afirmación**" – "**Movimientos de Negación**"*
- *"**Gestos con las Manos** y los **Dedos**"*

TONO MUSCULAR
- *"**Tensionado o Relajado**" – "**Gestual** y **Expresivo**"*

TEMPERATURA, HUMEDAD DE LA PIEL y COLORACIÓN
- ***Transpiración*** *– "Sudoración – Dilatación y Coloración de los Poros"*

LA VOZ
- ***Ritmo*** *"Pausado o Acelerado"*
- ***Timbre*** *"Agudo o Grave"*
- ***Tono*** *"Suave o Áspero"*
- ***Volumen*** *"Alto o Bajo"*

SUBMODALIDADES o PREDICADOS VERBALES
- ***Visual*** *"Percibe su MAPA a través de lo que **VE** y puede Observar"*
- ***Auditivo*** *"Percibe su MAPA a través de lo que **OYE** y puede Escuchar"*
- ***Kinestésico*** *"Percibe su MAPA a través de lo que **TOCA** o puede Sentir"*

Escrito por el **Máster Coach YLICH TARAZONA**

<u>REENCUADRE</u>: Esta estrategia utilizada en la **HIPNOSIS** con **PNL** consiste en modificar el **MARCO DE REFERENCIA**, mediante el cual una persona percibe los hechos, situaciones o contextos. El **REENCUADRE** entonces, nos permite cambiar de esta manera el significado original de una **experiencia hipnótica** que se haya tenido o se esté experimentando; permitiendo así, crear una nueva realidad.

En otras palabras, el **REENCUADRE** en la **HIPNOSIS** es la capacidad de aprender a ubicar el posible *marco de referencia* de una persona a través del recuerdo, así como también de la imaginación, con la intención de cambiar el significado de un determinado **MARCO DE REFERENCIA**, bien sea de un acontecimiento vivido, experimentado o creado a través de la **HIPNOSIS**. *Cambiando así; el tamaño, olor, color, sabor, forma, dimensión, clima, entre otras percepciones sensoriales.* Permitiendo de esta manera, cambiar el estado emocional, las respuestas, las conductas y el comportamiento de un determinado individuo, llevando así a la persona a establecer una nueva comprensión, significado o realidad de la situación experimentada dentro del **trance hipnótico**, *generando como respuesta una* ***NUEVA*** *y* ***MEJOR EXPERIENCIA HIPNÓTICA POSITIVA*** *en relación al mismo suceso.*

En otro orden de idea; la técnica de **REENCUADRE** aplicada a la **HIPNOSIS** permite **reinducir** y **redirigir** de manera **subjetiva** las conductas y comportamientos no deseados de las personas, con la intención de captar los **estados anímicos** y **emocionales** del sujeto. *Y luego conducir a esa misma persona a un "**ESTADO ALTERADO DE CONCIENCIA MÁS ELEVADO**" y así mejorar su **MARCO DE REFERENCIA** de manera más asertiva y positiva en el **ESTADO DE TRANCE HIPNÓTICO DESEADO**.*

De esta forma, logramos llegar más fácilmente al **subconsciente** de la persona, ayudándole a cambiar de manera más óptima, positiva y efectiva una determinada forma de **pensar**, **sentir** o **actuar**, *bien sea de un acontecimiento, comportamiento o situación, y permitirle darle una nueva y mejor orientación de sentido a la situación.*

Voy a compartir con ustedes un **EJEMPLO** para ilustrar la idea anterior. *Si conoces un poco de arte; te podrás haber dado cuenta que el artista, al crear su obra maestra, no solamente juega con la creatividad de su pintura, sino que al momento de exhibirla sabe que el **MARCO** tendrá mucha influencia en el resto del cuadro.*

Es decir; que, si él quiere resaltar una parte específica de su obra, solo tendrá que **ENMARCAR** su pintura con un **MARCO** que permita **subjetivamente** a las personas centrar su mirada en un punto determinado. <u>**POR EJEMPLO**</u>, *si el **MARCO** del cuadro es **Rojo**, resaltará en la pintura todo lo que sea de **tonalidad rojiza**.*

*De igual manera, sucede con la técnica de **REENCUADRE**. Utilizada correctamente en la **HIPNOSIS**, puede cambiar el **MARCO DE REFERENCIA** de la experiencia de una persona, provocándole un cambio de perspectiva radicalmente diferente de la misma situación, creando así un nuevo **MAPA MENTAL** o una **NUEVA REALIDAD** ante la misma escena.*

La técnica de **REENCUADRE** tiene muchas aplicaciones. **POR EJEMPLO**: Dentro del proceso de **TRANCE HIPNÓTICO** se puede aplicar la técnica del **REENCUADRE**; concientizando a la persona, haciéndole ver que cuenta con todos los recursos que necesita para cambiar de actitud en una determinada actividad, en la cual presente dificultades. *Se puede lograr, resaltando la parte positiva de esa actividad y el provecho que tiene, a fin de que el individuo cambie deliberadamente el modo de realizar la actividad, y así cambiará el significado que tenía de ésta por un significado más positivo. Permitiéndole tomar acción con una mejor actitud.*

En condición de **HIPNOTISTA** o **HIPNOTIZADOR**; a través de mis años de experiencias en las *secciones de hipnosis terapéuticas* o en mis *shows de hipnosis de espectáculo* con mis coachees o participantes, he aprendido que el estar en el mejor estado deseado posible (**Juego Interno**), me permite lograr mucho mejores resultados. *Y conseguir de esta manera, que la persona logre entrar en un **estado de trance hipnótico** más óptimo, positivo y dispuesto en las **sesiones** o **shows** en sí, haciendo posible que la técnica del REENCUADRE tenga mejores resultados en mis participantes.*

Como **hipnotista** e **hipnotizador** he aprendido que uno debe ser un constante observador de la personalidad de los coachees o participantes a quienes asistimos, con la intención de captar los estados anímicos que éstos presentan, en cuanto a las actividades que realizan en nuestras **secciones de hipnosis** o **shows de hipnosis callejera** o de **espectáculos**. Cuando percibo que uno de mis coachees o participantes, no presentan el grado de motivación requerido en un punto específico. Le enseño a **REENCUADRAR**, hasta lograr cambiar el significado de la asignación. *Y que esto permita, que ellos la perciban de una manera más efectiva.*

La agudeza sensorial nos permitirá reconocer los estados de excelencia de las demás personas; y nos ayudará a reforzarlos, permitiéndonos tener el potencial para dejar a cualquier persona, en mejor estado, que cuando iniciamos el contacto inicial.

<u>Para mejorar los resultados al aplicar cualquier técnica de la PNL en la HIPNOSIS, es necesario tener en cuentas estos principios fundamentales:</u>

<u>OBJETIVO</u>: Saber qué quiero lograr y como lo quiero alcanzar, centrándonos en la meta y en el propósito u objetivo que se pretende conseguir.

<u>AGUDEZA SENSORIAL</u>: Estar alerta y mantener los sentidos atentos; de forma que, nos demos cuenta de lo que está ocurriendo adentro y fuera de nuestros coachees. Y de esta manera, determinar los resultados que se están obteniendo. Detectando apropiadamente, si lo que hago me acerca o me aleja de mí objetivo.

<u>FLEXIBILIDAD</u>: Posibilidad de ir cambiando la forma de actuar, o aplicar las técnicas de **HIPNOSIS**, hasta que se obtenga los resultados requeridos. *Cambiando oportunamente aquello que nos impide lograr lo que realmente queremos lograr.*

<u>ANCLAJE</u>: El **ANCLAJE** en la **HIPNOSIS** es el proceso mediante el cual, un **ESTÍMULO** externo, se asocia con una **conducta** o **RESPUESTA** que se desea generar. ***POR EJEMPLO****: Tocar (**contacto kinestésico**) alguna parte del cuerpo específica (**brazo/mano**) del sujeto "**paciente o participante**" cada vez que deseemos estimularlo a sentirse (**RELAJADO**); hacerle un gesto (**movimiento**) concreto para aprobar o desaprobar una acción determinada; declararle o decretarle alguna palabra clave específica (**DUERME**) para generarle un estado determinado (**SUEÑO**), visualizar algún suceso (**IMAGINAR UNA SITUACIÓN**), escuchar una melodía o un tono de voz especifica (**OÍR UN DETERMINADO SONIDO**) o la combinación de varios elementos hipnóticos a la vez.* **Al aplicar la técnica correctamente, se unen las dos cosas y luego el cerebro hace todo el trabajo.**

También es posible ***establecer un estímulo externo (ANCLAJE) y vincularlo intencionalmente con una experiencia hipnótica***, con el propósito de **ATRAERLA** o **REVIVIRLA** en el momento que uno quiera. Éste es propiamente el proceso del **ANCLAJE** en su ilustración más práctica. *Es algo similar a lo que en algunas ramas de la **Psicología Conductista** se le conoce como **Reflejo Condicionado** o **CONDICIONAMIENTO DE LOS REFLEJOS** por medio de un **ESTÍMULO SENSORIAL**.*

Este sistema de ***Reflejo Condicionado*** fue estudiado por el ***investigador ruso*** **Ivan Pávlov**. *A través del cual, demostró que dicho procedimiento de **ANCLAJE ESTIMULO - RESPUESTA** permite movilizar experiencias válidas a través de **sugestiones conscientes** o **subconscientes** que podían ser utilizados posteriormente con éxito en situaciones requeridas, previamente preparada y establecidas para tal fin.* **(En nuestro caso aplicar el ANCLAJE "ESTIMULO – RESPUESTA" a un FENÓMENO HIPNÓTICO).**

*A fines del **Siglo XIX**, el **psicólogo ruso** de nombre **Ivan Pávlov** (1849-1936), premio Nobel (1904), demostró por primera vez lo que actualmente conocemos como **LA LEY DEL REFLEJO CONDICIONAL**, que por un error en la traducción de su obra al idioma inglés fue llamada «Reflejo Condicionado» y que se popularizo en diferentes campos de la **psicología conductista** como "**Condicionamiento de los Reflejos**", **condicionamiento clásico** o **aprendizaje por asociaciones**. Y que hoy día utilizamos esos mismos procedimientos en la práctica de la **HIPNOSIS**.*

*El **condicionamiento clásico** aplicado a la **HIPNOSIS**, es un tipo de aprendizaje y comportamiento que consiste en conectar un estímulo natural con su respuesta natural, y **ANCLARLO** posteriormente con un segundo estímulo provocado para generar una **respuesta hipnótica** que no se da naturalmente.* De otra manera, el **condicionamiento clásico** aplicado a la **HIPNOSIS** es el mecanismo más simple por medio del cual generamos **fenómenos hipnóticos** relacionados a un **Estímulos - Respuestas**. *Este **condicionamiento de los reflejos** permite a los seres humanos inducir ciertos **estímulos** y **respuestas** bien sean **fisiológicas**, **automáticas, emocionales** o **psicológicas** involuntarias que luego pueden ser **ANCLADAS** a una situación previamente establecida.*

El ejemplo clásico más conocidos por todos, es el de los famosos perros de Pávlov. *Que consistía simplemente en tocar una campana antes de alimentar a los perros. Producía el **ESTIMULO** varias veces, alimento - campana, campana - alimento... Y al repetir el mismo estimulo una y otra vez hasta crear una **RESPUESTA**.* Lo que hacía luego era quitar uno de los estímulos (El Alimento), y observó que después de transcurrido un período de tiempo, cuando solamente sonaba la campana, el organismo del animal reaccionaba como si existiera el alimento. *Es decir, producía "**secretaba**" una gran cantidad de saliva y de alguna forma respondía positivamente a la campana, aunque esta vez no se le estaba presentando el alimento.* **Ivan Pávlov** a través de este **experimento del condicionamiento clásico** comprobó que es posible inducir en animales y en humanos para que reaccionen de manera involuntaria a un **estímulo – respuesta** que antes no tenía ningún efecto, y que ahora a través del **aprendizaje por asociaciones** el estímulo logre llegar a producir o generar una **respuesta condicionada** en forma automática.

En la práctica de la **HIPNOSIS PSICOLINGÜÍSTICA o HIPNOSIS CON PNL**; la utilidad de éste procedimiento conocido como **condicionamiento de los reflejos** o (**Teoría de Pávlov**) es utilizada para la modificación del comportamiento a través de la técnica llamada "**ANCLAJE**" que consiste en provocar un **ESTÍMULO** sensorial específico para despertar instantáneamente una determinada **RESPUESTA** la cual hace posible "{(**MOVILIZAR**)}" o "{(**INDUCIR**)}" experiencias hipnóticas válidas y plenas de estados de recursos que permitirán al sujeto (*paciente* o *participante*) afrontar una situación específica con mayores garantías de éxito. *Entendiéndose en un contexto **hipnoterapéutico** el "**ÉXITO**" como la capacidad de alcanzar **fenómenos hipnóticos** previamente establecidos.*

Por lo aprendido anteriormente, podemos decir que un **ANCLAJE** aplicado a la **HIPNOSIS** es una asociación o *(Vinculación Intencional)* de algo que se crea entre determinados pensamientos, ideas, sensaciones, sentimientos y estados alterados de conciencia (**Respuestas**) y una "{(**SEÑAL**)}" sensorial determinada (**Estímulo**), bien sea de carácter *Auditivo*, *Visual* o *Kinestésico*. *Por tal razón; al utilizar en la **HIPNOSIS** la **Técnica de PNL** denominada **ANCLAJE** podemos aprender a asociar y conectar **FENÓMENOS HIPNÓTICOS** por medio de (Señales Sensoriales) a través de los **SENTIDOS**. Las cuales pueden ser bien sean palabras, gestos, sonidos, toques, ademanes, señales, recuerdos, visualizaciones, imágenes, melodías, ritmos, etc.*

En otro orden de ideas; el **ANCLAJE** es un simple, pero EFECTIVO proceso sensorial hipnótico que te permite transformar emociones negativas en sensaciones positivas a través de la adecuada utilización de la técnica del **Reflejo Condicionado**. *Cuando creas un **ANCLAJE** programas una **RESPUESTA** para responder positivamente a un determinado **ESTÍMULO** cuando lo necesites.*

La técnica del **ANCLAJE** aplicada a la **HIPNOSIS**, suele introducirse en conexión con un tema conocido como "**Momento Cumbre**", es decir alguna situación vital del individuo que sea especialmente intensa emocionalmente, para él. Como, **POR EJEMPLO, podría ser**: *Sentirse feliz, alegre, contento, sentir placer absoluto, estar completamente relajado o concentrado en algo o en alguien.* Lo que quiero dar a entender; es que, cualquier impresión sensorial concreta es capaz de servir como **ANCLA** o "**ESTÍMULO**" para {(**recordar**)}, {(**atraer**)}, {(**movilizar**)} o {(**inducir**)} una vivencia "**RESPUESTA**". *Como puede ser el caso de una determinada acción, tono de voz, sensación, inducción, o un toque en particular, entre otras.* Estos **estímulos anclajes** se encuentran asociados a dichos estados emocionales o mentales. Y pueden **activarse consciente** o **inconscientemente** ya que la mente enlaza esas experiencias de **respuesta** (**fenómenos hipnóticos**) de modo natural, ya que es la manera en cómo el sujeto *(paciente o participante)* da significado a las **órdenes, inducciones, sugestiones, instrucción** y **sugerencias**, que le damos.

5 pasos para Crear un ANCLAJE Hipnótico Efectivo

1) Identificar el **estado hipnótico** que deseamos generar: Que puede ser **paz interior, relajación**, etc. Este paso es crucial, ya que necesitas definir claramente la sensación que deseas hacer sentir (**relajación**), y el estímulo que quieres inducir (**paz interior**). *Debes hacerlo siempre en tiempo presente y en positivo.* **POR EJEMPLO**: "**Estas completamente relajado**". Ten siempre presente, que primero debes seleccionar previamente la sensación (**relajación**) **estímulo** que desees **ANCLAR** y luego generar la **respuesta** (**paz interior**). *Y hacerlo siempre de manera determinante y positiva.*

2) Provoca la sensación en particular (**relajación**) **estímulo** y genera la **respuesta** que deseas inducir (**paz interior**): *Para lograr producir el **ANCLAJE** es muy importante que revivas su pasado, y estimules en su mente los recuerdos o recursos en los que haya experimentado el **estado hipnótico deseado** que necesita. (**Paz interior** y **relajación**).*

3) Crea el **ESTADO HIPNÓTICO DESEADO**: Utilizando bien sea la **visualización**, la **imaginación**, los **recuerdos** o la **sugestión**. Para ello, debes estimular en el sujeto la sensación (**relajación**) que has elegido **ANCLAR** como si estuviera ocurriendo **EN EL AQUÍ** y **EN EL AHORA**. *Concentrándolo en la sensación que deseas inducir (**paz interior**) a través de sus estímulos **sensoriales (Visual, Auditivo, kinestésico)**. Es decir, activar todas las sensaciones y estímulos multisensoriales de respuesta que deseas provocar.*

4) Establecer el **ANCLAJE**: Fíjate en el **estado emocional deseado** del sujeto cuando llegue al "**Momento Cumbre**" activa el **anclaje**. *Repite este proceso 5 veces, y en cada "**Momento Cumbre**" en que el **estado deseado** de las emociones del sujeto este en su punto máximo, crea el **ANCLAJE**. Que puede ser a través de una **señal kinestésica** que realizas con el toque de tus manos, mientras que al mismo tiempo pronuncias una palabra clave que induzca el **estímulo deseado auditivo (relájate profundamente**), y finalmente activa su **canal visual** por medio de una imagen o un recuerdo que represente el **estado visual** que desear inducir (**paz interior**).* Todos estos 3 elementos **ANCLAJES** deben estar interconectados uno con el otro. *Lo más importante de este ejercicio, es que estimules en la mente y el cuerpo el sujeto la experiencia hipnótica que quieres inducir.*

5) Repite el punto 4, cinco 5 veces para **consolidar el ANCLAJE creado**: Esta repetición es esencial e importante. Por tal razón, debes hacerlo repetidamente varias veces durante toda la **sesión** o el **show hipnótico**. *Y por lo menos provocarla entre una 7 a 21 veces consecutivos, hasta que hayas afianzado el **ANCLAJE** positivamente a él.*

<u>RAPPORT</u>: El termino **RAPPORT** proviene del francés *"rapporter"* que significa llevar a cabo algo. El *Rapport* en la **HIPNOSIS** nos permite *acompasar* y crear una *ilusión* de *espejeo* con la finalidad de establecer una *empatía* con las personas con quienes estamos trabajando, facilitando así el **proceso hipnótico** entre ambas partes. *El RAPPORT aplicado correctamente en la HIPNOSIS junto con la técnica del LEADING nos permite **guiar** el contexto adecuado para establecer una óptima comunicación altamente afectiva en el momento en que se establece una conexión o interacción al momento de estimular o crear los **fenómenos hipnóticos**.*

Para la **HIPNOSIS**, el **RAPPORT** o "ACOMPASAMIENTO", es la habilidad de adaptar o acomodar una situación, contexto o circunstancia para establecer simpatía, sintonía, afinidad y concordancia tanto en el lenguaje verbal, como el no verbal con respecto a la relación interpersonal que existe entre el sujeto *(paciente o participante)* y el **Hipnotista**, **Hipnotizador**, **Hipnólogo** o **Hipnoterapeuta**. A fin de crear una **conexión EMOCIONAL** con el estado mental de la otra persona. *Si existe **Rapport**, la **comunicación entre ambas partes tiene mayor fluidez**, produciendo así, una **mayor armonía** y **acompasamiento** tanto entre sus cuerpos y mentes, así como en sus palabras, acciones, gestos, pensamientos y fisiologías.*

En otro orden de idea, podríamos definir **RAPPORT** "Como el proceso a través del cual se puede establecer empatía y contacto con otras personas, en un **nivel consciente** e **inconsciente** al mismo tiempo". *También podríamos afirmar que el **RAPPORT** es la ciencia que nos permite sentirnos confortables con los demás, y al mismo tiempo, hacer que los demás se puedan sentir confortables con nosotros.*

El **RAPPORT** es una técnica muy interesante en la **HIPNOSIS**. Está técnica en particular, nos da la posibilidad de crear un contexto favorable para que la comunicación sea más efectiva con las personas con quienes estamos trabajamos; bien sean en nuestras **sesiones de hipnosis terapéuticas**, o en nuestros **shows de hipnosis de espectáculos**. *En fin; para reforzar la idea, podríamos definir **rapport** como la capacidad y la destreza que tiene el ser humano para colocarse en el lugar de la otra persona y comprenderlo. **Al mismo tiempo que permita que la otra persona también sienta la misma empatía y afinidad hacia nosotros.** Permitiendo así, que este más abierto a una comunicación efectiva más amena, sincera, abierta y agradable para ambos, teniendo como resultado una relación **ganar - ganar** en la comunicación y en nuestras interacciones diarias.*

LEADING y **CALIBRAR** como herramientas para facilitar el **RAPPORT** en la **HIPNOSIS** *¿Cómo sabemos si estamos en armonía en una **sesión** o **show hipnótico**? ¿Cómo sabemos que estamos en sintonía con la otra persona?* **LEADING**: Significa "Guiar" a una persona y **CALIBRAR** a una persona significa conocer, a través de su lenguaje verbal y no verbal su estado interno. A saber, su estado de ánimo o estado mental y tenerlo presente en todo el proceso de la **sesión** o el **show hipnótico**. *El **Leading** entonces nos permite **guiar** la **interacción hipnótica** mientras que el **Calibraje** nos permite confirmar si estamos realizando correctamente el **Rapport**.*

¿Cómo realizar la técnica de RAPPORT apropiadamente para generar un ESTADO DE TRANCE HIPNÓTICO deseado?

El método es muy sencillo, solo debemos conseguir que nuestro *(paciente o participante)* se sienta cómodo seguro y confiado a nuestro lado; es decir, familiarizado con el proceso y guiado por nosotros. *¿Y cómo logramos hacer eso? De la forma más simple, conseguir que sujeto (paciente o participante) con quien estamos interactuando, vea ante él a un Hipnotista, Hipnotizador, Hipnólogo o Hipnoterapeuta que le resulte profesional, experto y competente con proceso hipnótico que estamos dirigiendo.* **¿Y cómo es esto posible, llevar a efecto este resultado a los niveles más óptimos?** *A través de la técnica del ESPEJEO. Que es una manera muy sutil de copiar y duplicar de forma parecida todos los gestos, ademanes, posturas, emociones, ritmo, tono de voz y fenómenos hipnóticos que queremos generar en nuestro interlocutor (paciente o participante).*

---

*El **RAPPORT** en la **HIPNOSIS** es una **técnica de sincronía**, que tienen como fin, crear una conexión más profunda con el **estado de trance hipnótico** del sujeto (paciente o participante).* **Imaginemos** la siguiente situación, **POR EJEMPLO: IMAGÍNATE** *Ver a una pareja de artistas ejecutando un baile de tango en completa armonía y sincronización en cada paso, al ritmo y compás de la música. Es como si los dos bailarines se fusionaran de tal manera, que cada uno **guiara** o **acompasara** al otro de manera sinérgica, holística, complementaria e integral simultáneamente.*

El **RAPPORT** por si solo; muchas veces, se da en forma espontánea entre las parejas, amigos y conocidos. *El **RAPPORT** también se genera en distintos **contextos**, **situaciones** o **circunstancias**, bien sea en nuestras relaciones interpersonales o en nuestra relación (**paciente / doctor**) o (**participante e hipnotizador**).* Por tal razón, podríamos decir con certeza que el **Rapport** en la **HIPNOSIS** sirve para crear buenas impresiones en nuestras **sesiones de hipnosis clínica terapéutica** o en nuestros **shows de hipnosis callejera** o de **espectáculo**. *Por lo que utilizando la técnica de **Rapport** en nuestros **procedimientos** de **HIPNÓTICOS** de manera inteligente y correctamente, nos permitiría influir más positivamente en nuestras relaciones con nuestros (**pacientes o participantes**).*

Pero ¡**ATENCIÓN**! *El **rapport** en la **HIPNOSIS** exige delicadeza, intuición, sutileza y sobre todas las cosas respeto.* Es imprescindible, para establecer **rapport** correctamente, ser sutil y utilizar sobre todo el sentido común para ***acoplarnos y acompasar modestamente los movimientos del sujeto (pacientes o participantes) de forma parecida.*** *Pero sin intentar remedar burlonamente a nuestro interlocutor, ni mucho menos parodiar exactamente a la persona con quien estamos trabajando. Ya que este tipo de acciones inconscientes, podría crear una reacción contraproducente y adversa a la que esperamos.*

En resumen, a modo de EJEMPLO ALEGÓRICO podemos agregar que:

Científicamente comprobado, nuestro sistema nervioso central, es como si fuera **UNA RED** o **UN CABLEADO** de **FIBRA ÓPTICA**. Una vez que conseguimos entender cómo funciona la **RED** o **EL SISTEMA ÓPTICO DE CABLEADO DE UNA PERSONA**; comprenderemos mucho mejor cómo acceder a su **RED NEURONAL** o **SISTEMA DE CABLEADO SENSORIAL SUBCONSCIENTE**; y enviarle la información *(instrucciones, ordenes, sugestiones, guía o inducciones)* que queremos que llegue con éxito a su **SUBCONSCIENTE** a través del **Sistema Representacional** que el sujeto *(pacientes o participantes)* mejor domine. Y de esta manera **lograr una mejor conexión** en el **PROCESO HIPNÓTICO** que estamos dirigiendo.

Para eso es preciso aprender a **CALIBRAR** correctamente y reconocer las diferentes **SUBMODALIDADES** *(visual, auditiva y kinestésica)* y los **ACCESOS OCULARES** para que de esta manera tengamos mayor entrada a su red neuronal o sistema de cableado óptico sensorial y de esta forma generar un mejor **RAPPORT** en nuestras interacciones.

Una de las técnicas más rápidas y efectivas de establecer **RAPPORT** en la **HIPNOSIS** es fijarse en los *"{ACCESOS OCULARES}"* o ***movimientos de los ojos*** y establecer nuestro diálogo a través de la *"{SUBMODALIDAD}"* o ***sistemas representacionales*** que esté utilizando el sujeto *(pacientes o participantes)* en ese momento.

POR EJEMPLO: *Si mira hacia arriba al hablar significa que es una persona **VISUAL** y podríamos hablarle utilizando imágenes visuales, si mira con sus ojos puestos horizontalmente, a los lados significa que es una persona **AUDITIVA** y le hablaremos usando palabras, que representen sonidos, y si, al contrario, mira con sus ojos mirando hacia abajo significa que seguramente es una persona **KINESTÉSICA** o **SENSORIAL** y en esos casos le hablaríamos empleando palabras, que representen emociones y sensaciones.*

CLAVES DE ACCESO OCULAR utilizados en la HIPNOSIS

Las **CLAVES DE ACCESO OCULAR**: Son los **MOVIMIENTOS** *(laterales, verticales y horizontales)* que se realizan a través de nuestros **OJOS**; mientras producimos o generamos *"{sensaciones, emociones, pensamientos o recuerdos}"* activando de manera natural los **SISTEMAS DE REPRESENTACIONES SENSORIALES** o **SUBMODALIDADES "VISUAL, AUDITIVA y KINESTÉSICA".** *(**Visual** lo que **vemos**, **Auditivo** lo que **oímos**, **Kinestésico** o **Sensorial** lo que tocamos, sentimos, olemos y probamos")* Proceso que hacemos todas las personas la mayor la parte del tiempo, de manera **inconsciente** o **involuntaria**.

Es de vital importancia destacar en este punto; que los **Movimientos Oculares**, habrán de considerarse desde el punto de vista del observador *(Hipnotista, Hipnotizador, Hipnólogo o Hipnoterapeuta)*. A saber, cómo si se estuvieran mirando de frente, cara a cara al sujeto *(pacientes o participantes)*. Y estos **accesos oculares** son aplicables a la gran mayoría de los individuos. *Si bien habrá que invertirlos en los pocos casos de excepción que existen en algunas **PERSONAS ZURDAS**, incluso en el de **ALGUNOS DIESTROS** en los que algunos esquemas, pueden estar invertidos en su opuesto, pero estas últimas son solo excepciones.*

La observación de los **movimientos oculares** ofrece uno de los medios más rápidos y efectivos que conocemos en la **HIPNOSIS** para determinar en cada momento; cómo la persona *(pacientes o participantes)* construye su **experiencia interna** o **estado alterado de consciencia**. *Aplicada la técnica correctamente en la **HIPNOSIS** nos permiten reconocer acertadamente el **determinado canal** o **submodalidad representacional** que está usando el sujeto (**pacientes o participantes**) al producir los **fenómenos hipnóticos** que está experimentando en ese determinado momento.*

Al utilizar esta información adecuadamente a nuestro favor, nos faculta a identificar mejor la construcción de los **procesos mentales** y **psicológicos** por los que está pasando el sujeto (**pacientes o participantes**) *a través de la observación de las distintas posiciones o **movimientos de los ojos** que la persona en cuestión está provocando **inconscientemente** en los **diferentes grados** o **niveles** de los **fenómenos hipnóticos**.*

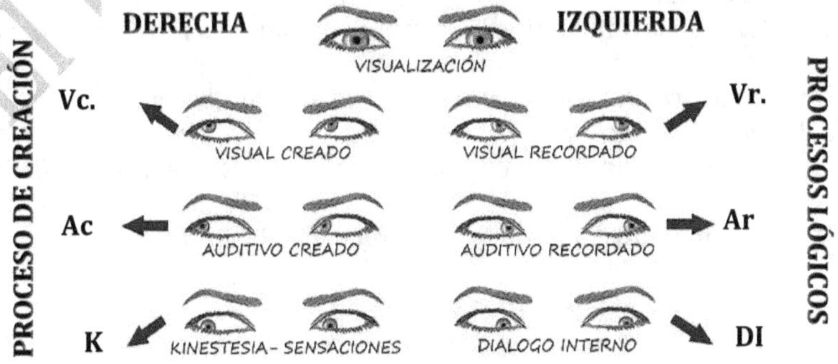

¿Cómo funcionan las CLAVES DE ACCESO OCULARES en la HIPNOSIS? *Las* ***Claves de Acceso Ocular*** *son ciertos tipos de* ***MICROEXPRESIONES inconscientes*** *asociadas a nuestro comportamiento, que activan nuestra neurología ejecutando ciertas funciones corporales, en este caso* ***MOVIMIENTOS OCULARES*** *de nuestros ojos en distintas direcciones que representan un* ***"SISTEMAS DE REPRESENTACIÓN SENSORIAL*** *o* ***SUBMODALIDADES"*** *bien sea* ***"Visual, Auditiva, Kinestésica".***

Los **MOVIMIENTOS OCULARES** a manera de **EJEMPLO ALEGÓRICO**: Funcionan como una palanca de cambio de marcha en un automóvil de caja sincrónica; ejemplo un *(Ferrari para que te imagines un modelo de carro)* para asociarlo a esta alegoría. Que dependiendo en dónde coloques la **PALANCA DE CAMBIO** *(Posiciones de la mirada de tus Ojos)* tendremos acceso a las diferentes **VELOCIDADES** *(Submodalidades del Sistema Representacional)* bien sean estas **"visuales, auditivas o kinestésicas Sensoriales"**

La información que nos brinda esta herramienta aplicada en la **HIPNOSIS** correctamente nos permite saber el **Mapa de Representación del Mundo** que está siendo utilizada por el sujeto *(pacientes o participantes)* en un **estado hipnótico determinado**. *Ya que el* ***MOVIMIENTO OCULAR*** *nos permite orientarnos en el* ***canal predominante*** *o* ***SISTEMA REPRESENTACIONAL*** *que está siendo utilizado por la persona en cuestión; y aprovechar esta información a nuestro favor, para generar las* ***órdenes, instrucciones, inducciones*** *y* ***sugestiones*** *acopladas a ese* ***proceso inconsciente*** *que está experimentando la persona en ese preciso momento.*

Aquí te comparto unas pautas de orientación, que puedes utilizar en conjunto con la imagen de la página anterior para ayudarte a guiarte.

Pautas para Identificar correctamente las CLAVES DE ACCESO OCULARES en la HIPNOSIS

Vr: Visual Recordado: *Colocamos los ojos mirando HACIA ARRIBA, en dirección a la Izquierda.*

Vc: Visual Creado o Imaginado: *Colocamos los ojos mirando HACIA ARRIBA, en dirección a la Derecha.*

Ar: Auditivo Recordado: *Miramos lateralmente hacia la PUNTA FINAL del lado Izquierdo del Ojo.*

Ac: Auditivo Creado o Recordado: *Miramos lateralmente hacia la PUNTA FINAL del lado Derecho del Ojo.*

K: Kinestésico – Sensorial: *Colocamos la mirada HACIA ABAJO, en dirección a la Derecha.*

DI: Dialogo Interno: *Colocamos la mirada HACIA ABAJO, en dirección a la Izquierda.*

<u>SUBMODALIDADES</u>: Las *Submodalidades* de los *sistemas representativos* aplicada a la **HIPNOSIS**, son las distintas variables que pertenecen a un mismo **acceso de percepción** que utilizamos *"Externamente para percibir el mundo - e-Internamente para representarlos en forma de experiencia"* y que definen la diferencia en cómo **procesamos, almacenamos** y **codificamos** los diferentes **fenómenos** y **procesos hipnóticos** que estamos **experimentando** a través de los *"diferentes canales sensoriales" (V-A-K- "O y G")*. **Visual** lo que vemos, **Auditivo** lo que oímos, **kinestésico** o **Sensorial** lo que tocamos y sentimos, "**Olfativo** lo que olemos y **Gustativo** lo que gustamos o probamos".

Es imposible **PENSAR** en una situación en particular de nuestra vida o **RECORDAR** una experiencia vivencial sin que esta tenga una **ESTRUCTURA** en **SUBMODALIDADES**, es decir sin que entren en juego los procesos de **PERCEPCIONES SENSORIALES** tales como la *(Vista, Oído, Tacto, Gusto y Olfato).*

<u>**Permíteme darte un EJEMPLO ALEGÓRICO para reforzar la idea anterior**</u>.

*IMAGÍNATE a un director de cine, que para **dar mayor impacto a sus películas** al momento del rodaje **cambia la iluminación** y el **ángulo de sus cámaras de una escena crucial a otra** para producirnos un **ESTÍMULO**.* O nos hace **escuchar una determinada música**, ruido o sonido de fondo **dependiendo de los sentimientos y emociones que quiera despertar** en nosotros, todo esto en conjunto con las **representaciones de los actores y actrices que en puesta en escena nos comunican un mensaje a través de sus expresiones corporales** y su comunicación tanto verbal como no verbal; que nos transmiten bien sea, **miedo, terror, suspenso, drama, dolor, tristeza, alegría, felicidad, amor, pasión, excitación, sensualidad, o deseo**. En fin, una gran cantidad de situaciones que nos producen una **RESPUESTA** en nuestro organismo. *Y esto que sucede dentro de nosotros, que desempeña un papel fundamental en nuestra **MENTE Subconsciente** por medio de **representaciones sensoriales (Visual, Auditiva o kinestésico)** es a lo que en **HIPNOSIS** llamamos **SUBMODALIDADES**.*

Como aprendimos en el ejemplo anterior las **submodalidades** en la **HIPNOSIS** están siempre presente en los procesamos de **PENSAMIENTOS** y **EMOCIONES** que se activan **INCONSCIENTEMENTE** a través de las **Representaciones Sensoriales** al momento de recibir una **ORDEN** bien sea *(ver, escuchar, sentir, oler y degustar)* alguna situación en particular. *Produciendo en el sujeto (**pacientes** o **participantes**) una **RESPUESTA** en el organismo (**fenómeno hipnótico**) que queramos inducir.*

Es importante destacar en este punto que: El ser humano utiliza **FILTROS** para crear el **mapa del territorio de su realidad**, con el fin de comprender al mundo y delimitarlo. *Hasta ahora he enunciado los 5 filtros primarios que son el (**Visual, Auditivo, kinestésico o Sensorial, Olfativo y Gustativo**),* pero dentro de cada una de estas categorías generales a su vez, existen gamas más sutiles en la **MENTE** humana. *Lo que en **HIPNOSIS** denominamos **SUBMODALIDADES** del pensamiento.*

Para fines prácticos la **HIPNOSIS** trabaja con las **3 SUBMODALIDADES** principales a saber **Visual, Auditiva, Kinestésica** o **Sensorial**. A pesar que hay personas que desarrollan las otras dos submodalidades. *Olfativas y Gustativas con una intensidad mucho mayor a lo normal.* Pero estas dos (2) últimas **submodalidades** entran en la categoría de **Kinestésica** o **SENSORIAL**.

A partir de ahora, nos referiremos sola a éstas **3 SUBMODALIDADES** primarias *(Visual, Auditiva y Kinestésica Sensorial). Aquí les presentare una lista de las Submodalidades Visuales, Auditivas y kinestésicas, así como una relación general de preguntas para detectar las distintas submodalidades en cada individuo, así que campeones y campeonas; esto se pone de bueno a mejor, así que continuemos...*

<u>**CARACTERÍSTICAS DE LOS SISTEMAS DE REPRESENTACIÓN SENSORIAL "VISUAL, AUDITIVA, KINESTÉSICA" aplicada a la HIPNOSIS**</u>

<u>**LOS VISUALES**</u>: Son todas aquellas personas y sujetos *(pacientes o participantes)* que en las **sesiones** o **show de hipnosis** prefieren los **Estímulos Visuales.** Ya que se identifican más claramente con **"LO QUE VEN Y DISTINGUEN A TRAVÉS DEL SENTIDO DE LA VISTA"**. Son las personas y sujetos *(pacientes o participantes)* que les gusta observar mientras les hablan, detallar lo que sucede a su alrededor, les agrada ser mirados a los ojos mientras se les dan las **órdenes, sugestiones** e **inducciones**. *Es decir, se sienten más cómodos cuando ven que les estamos prestando la debida atención que merecen; al momento de ser **redirigidos** o **reinducidos** a producir un **FENÓMENO HIPNÓTICO** específico.*

<u>**LOS AUDITIVOS**</u>: Son todas aquellas personas y sujetos *(pacientes o participantes)* que en las **sesiones** o **show de hipnosis** prefieren los **Estímulos Audibles.** Ya que se identifican más con las **palabras**, los **sonidos** y las **descripciones habladas.** Es decir, se sienten más identificado con **"LO QUE ESCUCHAN Y PUEDEN OÍR MELODIOSAMENTE"**. Al momento de recibir **órdenes, sugestiones** e **inducciones** se identifican más cuando regularmente oyen las **instrucciones auditivas** en un tono, ritmo y volumen de voz adecuado que les permita recrear los **fenómenos hipnóticos** que les estamos sugiriendo.

<u>**LOS KINESTÉSICOS**</u>: Son todas aquellas personas y sujetos *(pacientes o participantes)* que en las **sesiones** o **show de hipnosis** prefieren los **Estímulos Sensoriales.** Ya que se identifican más con el **Contacto Corporal** y se interesan de alguna manera en sus sensaciones y en las aproximaciones cercanas que realiza el *(Hipnotista, Hipnotizador, Hipnólogo o Hipnoterapeuta).* Puedes notarlos mucho más cómodos con **"LO QUE SIENTEN Y PERCIBEN A TRAVÉS DE LAS EMOCIONES MULTISENSORIALES"** en su comunicación con frecuencia son lo que tienen movimientos más lentos, se siente cómodos al expresar sus sentimientos de manera abierta, les gusta el tacto y son muy afectuosos cuando perciben que les corresponde adecuadamente en el transcurso de las **sesiones** o **show de hipnosis**.

CAPÍTULO VIII: PRUEBAS DE SUGESTIONABILIDAD, PRUEBAS ENCUBIERTAS, INDUCCIONES, CONVENCEDORES Y PROFUNDIZADORES DE ESTADOS HIPNÓTICOS

Bueno campeones y campeonas ya hemos llegado al **octavo** y **último CAPÍTULO** de este **libro**. A partir de ahora; en esta sección del libro, les compartiré algunas de las ***pruebas de sugestionabilidad, pruebas encubiertas, inducciones, convencedores*** y ***profundizadores de estados hipnóticos*** más conocidas y eficaces al momento de crear y producir **FENÓMENOS HIPNÓTICOS** de alto nivel.

<u>**NOTA IMPORTANTE**</u>: Recuerda que éste **PRIMER** libro, tuvo como propósito enseñarte a dominar y comprender los principios iniciales para que pudieras comenzar a "**Conocer, Practicar, Ejercer** y **Realizar HIPNOSIS**" ... *Si deseas profundizar más en estas **técnicas** y **metodología** de una manera profunda, puedes hacerlo a través de la **segunda** y **tercera** parte de esta **SERIE**, que la dividí en 3 **Volúmenes**... Y esta obra; solo es la primera de los **3 LIBROS**... que escribí para ustedes, con el objetivo al final, de que al leer la **TRIOLOGIA COMPLETAS** te puedas realmente convertir en el **HIPNOTIZADOR** que quieres y puedes llegar a **SER**...*

Así que sin más preámbulos comencemos. *Para comenzar esta lección inicial; primero veremos unas cuantas cosas que son de vital importancia conocer antes de entrar en lo mejor de este último capítulo, que es la **comprensión** de las **técnicas** básicas y avanzadas de la **hipnosis**, antes, durante y después de la sesión o show.*

Primera Parte: <u>SESIÓN DE HIPNOSIS según el Punto de Vista del ESPECTADOR</u>

Para iniciar, comenzaré describiendo cómo es el desarrollo de una **sesión de hipnosis**, desde el punto de vista del sujeto *(espectador)* paciente o participante:

Al comenzar la **sesión de hipnosis**, lo más probable es que el sujeto *(espectador)* paciente o participante al principio puede ser que este un poco distraído o enfocado, en las muchas expectativas que tiene acerca de lo que va o puede acontecer. ***Este proceso mayormente puede comenzar sentado, acostado o de pie, según sea el caso.***

Lo más probable es que *si la persona tiene algún grado de experiencia en una **sesión de hipnosis anterior**, probablemente estará relajado y pensando con* normalidad en lo que deberá hacer en breve. *Si al contrario es su primera vez, puede ser que al principio sienta algún grado de ansiedad, curiosidad y tengas algunas preguntas en relación a lo que crea o pienses que es o no es la hipnosis.* Todas estas reacciones o comportamientos son normales, y tenemos que tenerlas presente en todo momento, para poder llevar la sesión de hipnosis al próximo nivel.

*En este inicio de la **sesión de hipnosis** el sujeto (**espectador**) paciente o participante, se encuentra en el **ESTADO NORMAL DE ALERTA** o **ESTADO DE VIGILIA (Z0)**. Este estado consciente se caracteriza por un alto nivel de frecuencia u ondas cerebrales en la actividad neuronal **BETA que oscila entre los 14 a 28** Hz (ciclos por segundo o cps)*

Una vez haya iniciado la **sesión de hipnosis**, el sujeto (**espectador**) paciente o participante, se encontrará en el proceso de transición entre el estado normal de vigilia (**Z0**) al **ESTADO HIPNOIDAL** o **Encantamiento (Z0 y Z1)**. Estado semi-consciente, que se caracteriza por la disminución de los niveles de frecuencia u ondas cerebrales en la actividad neuronal **ALFA / ALPHA** *que oscila entre los* **8 a 13 Hz (ciclos por segundo o cps)**

*Una vez que el sujeto (**espectador**) paciente o participante haya terminado de oír la charla pre-hipnótica, haya respondido el guion terapéutico, haya realizado las primeras pruebas de sugestionabilidad, haya ejecutado algunas sugestiones básicas, haya cumplido con algunas órdenes de un **CÍRCULO DE POTENCIA** o **Nivel de Fuerza FP1** y haya completado algunas órdenes de **Nivel de Autoridad** o **NIVEL SUPERIOR FP2**. Entonces el sujeto (**espectador**) paciente o participante, ya estaremos listo para pasar a su siguiente nivel.*

Para subir al sujeto (**espectador**) paciente o participante al siguiente nivel, y lograr nuestro objetivo podremos hacerlo utilizando uno de los **métodos de inducción** más popular y efectivo, **POR EJEMPLO: El modelo de inducción Dave Elman**. Una vez logrado nuestro propósito, el sujeto (**espectador**) paciente o participante entra en el siguiente estado de **TRANCE HIPNÓTICO LEVE** o **Superficial Z1**. Este estado semi-inconsciente, se caracteriza por una mayor disminución de los niveles de frecuencia u ondas cerebrales en la actividad neuronal **ZETA / THETA** *que oscila entre los* **6 a 7 Hz (ciclos por segundo o cps)**.

En este estado **Z1** el sujeto (**espectador**) paciente o participante sabe que todavía está semi consciente. Por lo que, en ocasiones, duda de que se encuentre en **estado de hipnosis**, ya que escucha al hipnotizador y percibe todo lo que sucede en su entorno y medio ambiente que le rodea. *Como este estado es muy inestable, y el individuo siempre tiende a regresar a su estado normal de vigilia. Por esta razón, es aconsejable que, durante este periodo, el* **Hipnotista, Hipnotizador, Hipnólogo** *o* **Hipnoterapeuta** *deberá tener en cuenta el alternar y profundizar con técnicas sonoras, táctiles y visuales, para llevar a la persona al siguiente nivel de* **TRANCE HIPNÓTICO MEDIO** *o* **Cataléptico Z1** *y* **Z2**. Este estado de mayor semi-inconsciencia, se caracteriza por una mayor disminución de los niveles de frecuencia u ondas cerebrales en la actividad neuronal **ZETA / THETA** *que oscila entre los* **4 a 5 Hz (ciclos por segundo o cps)** perceptibles exteriormente.

Ahora a partir de aquí, sucede un hecho muy interesante. Al aumentar el **CÍRCULO DE POTENCIA** *o* **Nivel de Fuerza (FP3 y FP4)**, *y haya completado algunas órdenes* *de **Nivel de Autoridad** o **NIVEL SUPERIOR FP5** y superiores. Entonces el sujeto (**espectador**) paciente o participante, ya estaremos listo para pasar a su siguiente nivel de grado superior avanzado.*

*Al entrar el sujeto (**espectador**) paciente o participante en este estado de trance hipnótico más profundo, conocido como estado de **TRANCE HIPNÓTICO UMBRAL SONAMBÚLICO Z2**.* Este estado es el de mayor trance hipnótico alcanzado, y se caracteriza por un mayor grado en la disminución de los niveles de frecuencia u ondas cerebrales en la actividad neuronal **DELTA que oscila entre los 0,5 a 3 *Hz* o (ciclos por segundo o cps)**, que es perceptibles exteriormente con una mayor claridad comparado con los anteriores.

*Es importante destacar en este punto, que (Mediante la realización de **pruebas encubiertas**, **convencedores** y **técnicas de profundización** de estados hipnóticos) el sujeto (**espectador**) paciente o participante, comenzara a tener momentos de desorientación, lo que le producirá un **borre temporal** de los acontecimientos percibidos a través de su mente consciente. Lo que hará que el sujeto (**espectador**) paciente o participante **olvide temporal** o esporádicamente las pruebas encubiertas, los convencedores y las técnicas de profundización de estados hipnóticos que le indujeron y lo llevaron a entrar en ese estado de trance hipnótico profundo.*

*Al decir que se le **borra** o se le **olvida temporal** o esporádicamente ciertos acontecimientos, me refiero a que cuando despierte el sujeto y regrese a su estado de lucidez, (estado de alerta o vigilia), si le preguntamos que nos cuente todo lo que recuerda desde el inicio de la sesión de hipnosis, solo recordará hasta el momento antes, de lo que le hizo entrar en el estado de trance hipnótico profundo.*

***POR EJEMPLO**: **IMAGINEMOS** que comenzamos dándole **sugestiones** e **inducciones directas** de que su brazo izquierdo se hará muy pero muy ligero, y cuando ya esté muy ligero, este comienza a levitar, flotar, subir y levantarse inconscientemente a través del poder de su mente. Luego, le hacemos una **prueba encubierta** acompañado con un **profundizador** que le dé la **orden directa** al brazo izquierdo de que se doble y se acerca a su cara poco a poco, hasta que la toque. Entonces seguimos con las **sugestiones** de un **CÍRCULO DE POTENCIA** o **Nivel de Fuerza (FP3 y FP4)**. Y cuando hayamos **profundizado la experiencia** y el sujeto (**espectador**) paciente o participante haya completado las **órdenes** de un **Nivel de Autoridad Mayor** o un **NIVEL SUPERIOR FP5** y le **ordenamos** que se quedará dormido. Entonces en este momento, aceptara la orden y se **DORMIRÁ** (Es decir que entrara en el estado de trance hipnótico profundo)*

Luego cuando lo despertemos y lo regresemos a su estado de lucidez, (estado de alerta o vigilia) y le preguntemos que nos cuente lo que recuerda. Este solo recordará que su mano subía. (Olvidará y se le borrara temporal o esporádicamente la acción específica que le hizo entrar en el estado de trance hipnótico profundo. Es decir, olvidará que su mano izquierda le toca la cara y se quedaba dormido) Eso sí, el sujeto sabe que hay algo más, pero no lo puede recordar, entonces cuando le preguntamos "¿A qué te recuerda la palabra 'cara'?" Eso que olvidó le vendrá a la memoria y lo recordará perfectamente...

> **IMPORTANTE**: *Mientras el sujeto (**espectador**) paciente o participante se encuentre en el **ESTADO DE TRANCE HIPNÓTICO UMBRAL SONAMBÚLICO Z2 (Profundo)**, todo lo que suceda no se recordará, a menos que se le indiquemos que lo recuerde.*

Es posible en contadas oportunidades, y en muy pocas ocasiones que, durante la **sesión de hipnosis**, el sujeto (**espectador**) paciente o participante si esta nuevo en esto de los procedimientos hipnóticos, es inexperto o está muy pero muy cansado, agotado, alterado y estresado por alguna razón; que claro que puede suceder. Estas razones antes mencionadas, puede hacerlo entrar en el **ESTADO Z3 (Estado Muy profundo de Ensueño)**; si esto fenómeno sucediera, lo notaremos muy fácilmente, al ver que el sujeto que no reacciona a nuestras sugestiones y verlo incluso dormirse de verdad *(literal o fisiológicamente)* hablando. *En este **ESTADO Z3 (Estado Muy profundo de Ensueño)**, el sujeto incluso una vez despierto, no podrá recordar nada de lo que ha sucedido en esta fase. (Aunque se lo recordemos nosotros) y la razón es simple y sencilla "**Fue porque se durmió, y dormido como es lógico, no solo no recibe ninguna orden, sino que no recordará nada de lo que se le diga, incluso si hizo alguna acción involuntaria durante el sueño**"* ...

Esto es lógico, y está muy claro. Es como tratar de hacer recordar a un **SONÁMBULO** *(persona que habla y camina mientras está dormido)* que recuerde lo que hizo o dijo estando dormido. ¿Es imposible cierto? bueno lo mismo sucede en este **ESTADO Z3 (Estado Muy profundo de Ensueño)**.

<u>Segunda Parte: SESIÓN DE HIPNOSIS según el Punto de Vista del HIPNOTIZADOR</u>

Ahora para continuar, describiré una sesión de hipnosis desde el punto de vista del especialista *(hipnotizador)* hipnólogo o hipnotista:

Podemos dividirlo en 5 etapas:
1. **Inducir**;
2. **Profundizar**;
3. **Fenómenos o Trance Hipnóticos**;
4. **Sugestión Posthipnótica o Intervención**;
5. **Procedimiento del Despertar**;

<u>**1.**</u> *Inducir: Significa situar al sujeto en el estado* **Z1**.
<u>**2.**</u> *Profundizar: Equivale a hacerle pasar al estado* **Z2**.
<u>**3.**</u> *Fenómenos o Trance Hipnóticos: Es el nivel donde se alcanzan el objetivo fijado (sanar una dolencia, aprender o enseñar alguna habilidad, vencer un hábito o desarrollar uno más empoderado, crear anestesia, analgesia, catalepsia, etc.) gracias al haber logrado aumentar el **CÍRCULO DE POTENCIA** o **Nivel de Fuerza (FP3 y FP4)**, hasta un **Nivel de Autoridad Mayor** o **NIVEL SUPÉRIOR FP5 y Superiores***
<u>**4.**</u> *La Sugestión Posthipnótica o Intervención: Es el elemento esencial de toda hipnosis. Es Cuando el sujeto (**espectador**) paciente o participante se encuentra en*

la transición entre los **ESTADOS Z1** a **Z2**, y podemos darle **ÓRDENES POSTHIPNÓTICA** que se prolonguen y se ejecuten una vez que haya despertado. Y se mantengan vigentes las ordenes una vez haya terminado la sesión, incluso en días o fechas posteriores.

Esto es muy interesante, **te compartiré UN EJEMPLO**: "A partir de ahora, siempre que te toque la frente **(crear un anclaje kinestésico – toque con las manos)** y te diga que duermas **(crear un anclaje auditivo – con la palabra DUERME)**, entrarás en un estado de trance hipnótico aún más profundo, del que te encuentras ahora **(crear un anclaje sensorial – sentirse completamente relajado)**. Ahora, para probar que has comprendido, aceptado y asimilado todo lo que te he dicho, voy a contar hasta tres (3) y despertarás. Y verás que te encontrarás muy bien y te sentirás lleno de energía y vitalidad; pero siempre que te toque la frente y te diga que duermas, cerrarás los ojos y entrarás en un estado de hipnosis todavía más y más profundo. Cuento: **1** vas recobrando tus energías y vitalidad; **2** te encuentras muy bien y te sientes sensacional, y vas despertándote cada vez más; **3** puedes despertar activo y listo para continuar, DESPIERTA AHORA." ...

UNA VEZ CREADA LA ORDEN; y el sujeto **(espectador)** paciente o participante se despierte, probaremos la **Sugestión Posthipnótica** le **pasaremos la mano leve y suavemente por la cara** (activando el anclaje kinestésico) y le diremos **DUERME** (activando el anclaje auditivo y sensorial) y si la persona comprendió, acepto y asimilo toda la orden que se le fue implantada con anterioridad, volverá a entrar en el estado de trance hipnótico profundo acordado. Y LISTO habremos logrado el objetivo ¿entiendes la idea? ¿Comprendes el potencial que tienen las **Sugestiones PostHipnóticas?**...

---

5. *Procedimiento del Despertar*. El **procedimiento del despertar**, es el más importante al final de nuestra sesión hipnótica, ya que es la acción que nos permite anular todo lo que se le ha practicado o decretado en la sesión de hipnosis. *Pero manteniendo solo las* **Sugestiones PostHipnóticas** *si las hubiera*. Por tal razón, debido a su importancia, este debe de realizarse o hacerse lentamente, y nunca despertar al sujeto **(espectador)** paciente o participante de una forma rápida o brusca. Lo más ideal sería hacerlo de la siguiente forma: *"Cuando cuente hasta tres (3) despertarás del estado en el cual te encuentras ahora, y te despertaras alerta, listo, atento y con las energías y el bienestar al 100% de tu rendimiento óptimo, ¡estás LISTO!"* Cuento: **1** vas recobrando tus energías y vitalidad; **2** te encuentras muy bien y te sientes sensacional, y vas despertándote y activando tus 5 sentidos cada vez más; **3** ya puedes despertar activo y listo para continuar, **DESPIERTA AHORA."** ...

NOTA: *Al comenzar el Proceso de DESPERTAR, es recomendable al mismo tiempo que vamos contando, (1, 2, 3...) ir aumentando gradualmente el tono y el volumen de nuestra voz, y acoplar nuestro ritmo y compás de lo que estamos diciendo en coherencia con la sensación, emoción, y experiencia que estamos induciendo en la persona. De esta manera el sujeto* **(espectador)** *paciente o participante vera en nuestras palabras, acciones y expresiones las experiencias que queremos trasmitir.*

SÍNTESIS "Antes, Durante y Después de una Sesión de HIPNOSIS"

1. ANTES DE LA HIPNOSIS: Hacer una entrevista previa, tener una charla pre-hipnótica, escribir el informe médico, leer y rellenar el guion terapéutico con el paciente o participante, llenar el contrato o acuerdo PostHipnótico para tener presente las metas que se quieren lograr con la sesión, profundizar el motivo de la consulta o sesión, hacer preguntas al sujeto para localizar posibles problemas psicológicos y fisiológicos si los hubiera, detectar miedos, traumas, fobias, expectativas, deseos e intereses, etc. ¿**Entiendes lo que te digo**? *Al hacer todo esto, no solo podrás prevenir con tiempo algún inconveniente, sino que sobre todo te podrás adelantarte y cubrir cualquier expectativa, posicionándote como un experto en la materia y consolidar tu IMAGEN como* ***Hipnotista, Hipnotizador, Hipnólogo o Hipnoterapeuta.*** Está claro, que al tener un perfil de la personal en cuestión con quien vas a trabajar, vas a tener más ventajas, que si no cumplieras con todos estos procedimientos iniciales ¿**me doy a entender**? *Estás de acuerdo, que, al tener mayor información, mayores probabilidades de éxitos tendrás en* ***realizar tus sesiones de hipnosis clínica terapéuticas*** *y más probabilidades de éxitos tendrás al* ***realizar tus shows de hipnosis callejeras o de espectáculo.*** ¿**Estás claro en esto verdad**? Al tener esto presente, podrás evitar hacer el método de la barca a alguien que tiene fobia al agua. XD – mucho cuidado con eso.

2. Durante la hipnosis: Inducir, profundizar, crear fenómenos hipnóticos, realizar sugestión posthipnótica, finalizar correctamente los procedimientos del despertar, aumentar tu **CÍRCULO DE POTENCIA** o **Nivel de Fuerza de un (FP1, FP2 y FP3)** a un **Nivel de Autoridad Mayor** o **NIVEL SUPERIOR FP5** y **superiores**, realizar **pruebas de sugestionabilidad, pruebas encubiertas, inducciones, convencedores** y **profundizadores de estados hipnóticos**, elegir los estado de trance hipnóticos que deseamos alcanzar en función a nuestros objetivos *(**ESTADO HIPNOIDAL** o **Encantamiento Z0** y **Z1**, **TRANCE HIPNÓTICO LEVE** o **Superficial Z1**, **TRANCE HIPNÓTICO MEDIO** o **Cataléptico Z1** y **Z2** o **TRANCE HIPNÓTICO UMBRAL SONAMBÚLICO Z2** según sea el caso.*

3. Después de la hipnosis: Tener una breve conversación con el sujeto (**espectador**) paciente o participante, en la que se le pide a la persona que cuente cronológicamente todo lo que recuerde que haya sucedido, ya que esto nos permite detectar los estados **Z2**, por medio de las **amnesias posthipnótica retroactivas** y **espontáneas.** *(Así se llama el olvido temporal que comentaba antes, de que al entrar en* ***Z2**, se **olvidaba** o se **borra** la técnica que le hacía caer en estado profundo (**Z2**)),* terminar con una breve entrevista y verificar el contrato o acuerdo PostHipnótico para comprobar que se cumplieron los objetivos, agendar la próxima cita, planear la próxima sesión de hipnosis clínica o terapéutica, planificar el próximo show de hipnosis callejera o show de hipnosis de espectáculo, recomendar, ofrecer y vender algunos de tus materiales didácticos y de apoyo (Audios, Videos, Libros, o PDF), entregar los Audios de AutoHipnosis para acostumbrar a la persona siempre llevarse algo en cada sesión o evento, tomar notas de los testimonios, pedir referidos, y llamar a tu próximo futuro prospecto, cliente o interesado.

Ahora pasemos a conocer las pruebas encubiertas, las pruebas de sugestionabilidad, los convencedores y los profundizadora de estados...

Estas **técnicas** en sus muchas variantes, de una u otra manera pertenecen a una de las distintas **Categorías** de las **Familias de la Hipnosis** que según *"{[Eric Barone y Jacques Mandorla en su obra ABC de la Hipnosis (Desarrolle su Potencial Mental) de Ediciones Tikal, describen 8]}".* Nosotros estudiaremos solo **4** de ellas que son consideradas como las más prácticas, efectivas y poderosas. Entre ellas tenemos: (**Sensorial, Fisiológica, Psicoimaginaria** y **Psicoconflictiva**).

Estas **técnicas** en cualquiera de sus diferentes familias; se van realizando y combinando sutilmente en todo el transcurso de nuestras **sesiones de hipnosis** o en nuestros **shows de espectáculo**, a través de ciertas **metodologías** encubiertas que utilizamos como **hipnotizadores** sabiamente, para hacer más fácil nuestro **proceso** en la **práctica de la hipnosis**.

De esta manera, por medio de estas **familias de la hipnosis "Sensorial, Fisiológica, Psicoimaginaria** y **Psicoconflictiva"**, preparamos a la persona, **pre-sugestionando al sujeto** en su creencia en que **la sesión terapéutica** o el **show de espectáculo** se realizará satisfactoriamente. *Es decir, que, a través de estas técnicas o pruebas encubiertas, pruebas de sugestionabilidad, convencedores y profundizadora de estados* hacemos *"(creer, sentir y experimentar)"* a la persona *en cuestión que lo que está viviendo es real.* En otras palabras, estas **técnicas de sugestión** e **inducción**, nos sirven para comprobar el **estado de hiper-sugestionabilidad del sujeto**, y poder usarlas a nuestro favor, a fin de producir el (estado de trance deseado) y generar así, los **fenómenos hipnóticos**.

RESUMAMOS: *Una de las cosas esenciales que hay que conseguir aquí **(durante las pruebas, los convencedores y los profundizadores de estados)** Es activar en la persona su **HIPER-SUGESTIONABILIDAD, (capacidad de recibir órdenes, sugestiones e inducciones)** que le permita finalmente al sujeto creer, sentir y experimentar que la **HIPNOSIS ES REAL**, y que es posible ser hipnotizado...*

Lo que sigue a continuación; son una serie de **técnicas** y **metodologías** para producir y generar reacciones tanto **FÍSICAS** *(ideomotoras, ideosensoriales o ideoemocionales)*, **FISIOLÓGICAS** *(función orgánica o respuesta natural del cuerpo)* y **PSICOLÓGICAS** *(sugestionabilidad o respuesta inductiva creada por nuestra mente y pensamientos).* Que utilizaremos como **ejercicios de inducción mental**, para lograr nuestro objetivo (**hipnotizar**). Estas 4 familias de la hipnosis (**Sensorial, Fisiológica, Psicoimaginaria** y **Psicoconflictiva**) son el primer peldaño de la escalera hipnótica y deben ser aprendidas y entendidas bien para poder realizar las diferentes *pruebas encubiertas, pruebas de sugestionabilidad, convencedores y profundizadora de estados* que estudiaremos a continuación.

<u>PRUEBAS ENCUBIERTAS, PRUEBAS DE SUGESTIONABILIDAD, CONVENCEDORES Y PROFUNDIZADORA DE ESTADOS HIPNÓTICOS.</u>

La primera **técnica** que vamos a conocer, es la de los **DEDOS MAGNÉTICOS** de la **FAMILIA SENSORIAL**. Como me réferi anteriormente, este tipo de **herramienta** nos permiten poder evaluar sutilmente, el grado de **hiper-sugestionabilidad** de la persona… *Esta técnica de **DEDOS MAGNÉTICOS o Dedos Pagados** tiene dos componentes uno **FISIOLÓGICO,** y otro componente **SENSORIAL**…*

*La **técnica** de los **DEDOS MAGNÉTICOS**, esta fundamentadas en (2) metodologías.*
*"1° Fisiológica" **Función Orgánica** o **Respuesta Natural** del Cuerpo*
*"2° Sensorial" **Sugestionabilidad** o **Respuesta Inductiva** Psicológica*
- ✓ ***Crear una situación*** *de la cual conocemos las consecuencias psicológicas.*
- ✓ *Nos permite **sincronizar por medio de la sugestión.***
- ✓ *Nos permite **desviar la sugestión hacia un objetivo** determinado.*

<u>La Familia SENSORIAL</u>

Esta familia ***agrupa todas las técnicas que utilizan procedimientos sensoriales,*** tales como *(técnica de **fijación de los ojos** propuestas principalmente por **James Braid**).*

*Esta técnica de la **FAMILIA SENSORIAL**, se deberán tener en cuenta las* **percepciones visuales** *"Fijación de la Mirada"* **(discos hipnóticos, péndulos, luces o lámparas estroboscópicas, franjas de color).** *Las **percepciones auditivas** "Tono de Voz" (ritmo, estilo y compás); también deben usarse todas las* **percepciones táctiles** *"Contacto Físico Kinestésico"* **(postura corporal, mirada, gestos, ademanes, micro-expresiones faciales, lenguaje verbal y no verbal)** *entre otros. Porque todos estos procedimientos, que a nuestros ojos parecen técnicas diferentes, obedecen en realidad a la siguiente estrategia de la **FAMILIA SENSORIAL**:*

*(**Veamos cómo funcionan estos métodos de forma sinérgica, holísticas y global**) … <u>**Tomemos un ejemplo de esta ESTRATEGIA SENSORIAL:**</u>*

<u>**CREAR UNA SITUACIÓN DE LA CUAL SE CONOCEN LAS CONSECUENCIAS PSICOLÓGICAS**</u>. Cuando colocamos las manos entrelazadas, con los dedos índices levantados en forma de "**V**", sabemos que aparecerá cierta atracción entre ellos. *La **función sensorial y fisiológica** que entre en juego en los **DEDOS MAGNÉTICOS** es simple, como los tendones de los demás dedos están apretados, hace que los tendones en los dedos índices se muevan y se junten, atrayéndose automáticamente entre si… Y eso produce el efecto hipnótico que deseamos **¿Ya comprendes la Idea?***

<u>**TRUCO**</u>: Como ves, intentamos crear una situación de la cual conocemos sus consecuencias, para luego atribuir estas consecuencias a que tiene ganas de dormir. *(En realidad no hay relación, pero hay que hacerle creer que sí la hay)*

<u>**POR EJEMPLO**</u>: En la prueba de los **DEDOS MAGNÉTICOS**, sabemos que cuando alguien está con las manos entrelazadas, ajustadas y los dedos índices levantados, en forma de "**V**" a unos 2 a 3 centímetros... Tarde o temprano va a atraerse entre sí. Si le decimos que primero van a atraerse sus dedos, y se atraen; cuando le decimos que va a comenzar a pegarse, ¡se pegaran! **¿Ves que fácil es**?...

<u>SINCRONIZAR POR MEDIO DE LA SUGESTIÓN</u>.

La **SUGESTIÓN** del **Hipnotizador** puede hacer creer al individuo que él (**hipnotista**) mismo ha producido el efecto de los **DEDOS MAGNÉTICOS**.

Se trata, por tanto, de reclamar ese **fenómeno hipnótico** de la **atracción de los dedos** a nuestro favor; que, de todos modos, se habría producido naturalmente. La **SUGESTIÓN** del **Hipnotizador** es la que persuadirá al sujeto a creer que el **fenómeno hipnótico DEDOS PEGADOS** se debe a él (**hipnotista**). En ese momento, el **inconsciente** del sujeto otorgará al **HIPNOTIZADOR** un poder que no posee realmente; solo pareció que así fuera.

<u>DESVIAR LA SUGESTIÓN</u>.

Si se ha logrado que el individuo acepte un hecho que, de todos modos, se habría producido de forma espontánea o natural *LA UNIÓN DE LOS DEDOS MAGNÉTICOS (que los dedos se peguen)*. Entonces; si en ese momento sincronizamos por medio de la **sugestión**, ese individuo estará preparado para aceptar una leve desviación, gracias a ese poder que nos ha otorgado inconscientemente. Si, al sentir pegar sus dedos, usted ha aceptado cerrar los ojos, convencido de que soy el autor de la atracción, con mucha más razón aceptará, relajarse y dormir profundamente.

<u>EN RESUMEN</u>:
Creamos una situación de la cual conocemos las consecuencias psicológicas.
Sincronizamos por medio de la sugestión.
Y Desviamos la sugestión hacia un objetivo determinado.

<u>1°. - DEDOS MAGNÉTICOS</u> - <u>DEDOS PEGADOS (**FAMILIA SENSORIAL**)</u>

*Esta **1ra técnica de sugestión** e **inducción de** <u>Dedos Magnéticos o Dedos Pegados</u>, son una "Prueba de Sugestionabilidad" y un "Convencedor" que tiene un fuerte componente FISIOLÓGICO, (Función Orgánica o Respuesta Natural del Cuerpo) y SENSORIAL" Sugestionabilidad o Respuesta Inductiva Psicológica que nos permite **crear una situación, sincronizarla por medio de la sugestión** y luego **desviarla hacia un objetivo** determinado.*

*Cosas que nos ayudaran en nuestro proceso de "**Pre-Elección / PreHipnótica**" para preparar y seleccionar al sujeto (**paciente** o **participante**) con quien vamos a trabajar en nuestras **sesiones** o **shows de hipnosis**.* Si esta **técnica de sugestión** e **inducción de dedos magnéticos** o **dedos pegados** es realizada correctamente, nos permitirá lograr tres grandes cosas:

***1°** Preseleccionar correctamente el candidato más sugestionable con quien vamos a comenzar a trabajar en nuestras sesiones de hipnosis clínica terapéuticas o en nuestros shows de hipnosis callejera o de espectáculo.*

***2°** Librarnos sutilmente de las personas que no están interesadas en realidad de participar en nuestras sesiones clínicas o show de hipnosis; o prevenir y detectar aquellas personas que tratan de retarnos, o simplemente que no están preparados aún para ser hipnotizadas, pero quizás más adelante se motiven a participar.*

***3°** Preparar mentalmente al sujeto con quien vamos a trabajar, ganarnos su confianza, entrar en rapport con él, generar empatía y estimularlo a participar activa y voluntariamente de buena gana, con una intención de propósito positiva, que nos permita tener una excelente sesión de hipnosis terapéutica o realizar un buen show de espectáculo.*

SIEMPRE TENGAMOS PRESENTE ANTES DE COMENZAR REALIZAR UN YES-SET

> **Yes Set***: Técnica utilizada para conseguir poner al sujeto de nuestra parte, y que esté de acuerdo con nosotros en al menos **3 "SI" seguidos** ("**ordenes encubiertas**").*
>
> ***POR EJEMPLO***: *Puedes sentarte/pararte "**Si**", Puedes juntar las piernas/los pies "**Si**", puedes tomar una respiración profunda "**Si**". A partir de ese momento, será mucho más sencillo que su **mente subconsciente ACCEDA** a nuestras **sugestiones** e **inducciones** más libremente, así que ya está preparado para comenzar el proceso hipnótico.*

Dedos Magnéticos "o" Dedos Pegados, Explicación de la Técnica

Esta prueba se puede realizar a nivel individual o en grupo y se puede hacer de pies o sentado, indiferentemente como lo prefieras. En este ejercicio; lo que vamos a hacer es, que los **dedos índices** del sujeto **se junten "se peguen"** como si fueran dos **imanes que se atraen entre sí**.

RECOMENDACIONES: Lo primero que debemos hacer antes de realizar cualquier *prueba encubierta, prueba de sugestionabilidad, convencedores o profundizadora de estados* es explicarle detalladamente a la persona que es lo que va a suceder. Es decir; mostrarle al sujeto antes de comenzar el ejercicio, lo que debería de hacer, y enseñarle como debe hacerlo… <u>Ya que esto nos da dos ventajas</u>: ***1ra** sugestionamos al sujeto y lo preparamos sutilmente a pensar en lo que va a pasar. **2do** prevenimos que el sujeto reaccione o responda de la manera opuesta a lo que queremos generar.*

Una forma de hacerlo sería algo así: OK, vamos a intentar algo interesante. Un ejercicio muy sencillo para estimular y potencializar tu poder de concentración. Me gustaría que coloques tus manos frente a ti de esta manera. *(La colocamos nosotros, como referencia de lo que el sujeto deberá de hacer a su tiempo)*

Continuamos con nuestra explicación diciéndole: Ahora puedes entrelazar las manos; con las palmas juntas, y los dedos entrelazados entre sí, y los pulgares cruzados, y bien ajustaditos así. *(Nuevamente colocamos nuestras manos entrelazadas, como referencia de lo que el sujeto deberá de hacer después)*

Continuamos con la inducción diciéndole: Ahora doble los codos como si estuvieras haciendo una oración. *(Doblamos nuestros codos, como referencia)*. Yo en este punto; siempre hago una pequeña broma, y le digo a la persona en tono de juego que *"puedes hacer una oración mientras estás allí si quiere" =)*. Solo es un comentario gracioso, que, utilizado apropiadamente, nos permite eliminar la tensión o distracción en la persona, y generar rapport con el sujeto.

Luego seguimos con la explicación del ejercicio, diciéndole lo siguiente: Ahora pondrás tus dedos índices de esta manera, en posición hacia arriba, como si sostuvieras una pistola. Y Luego lo separaras como unos 2 o 3 cm de distancia, quedando en forma de "V". *(Colocaremos nosotros los dedos en la posición correcta, como referencia de lo que el sujeto deberá de hacer más adelante)*

Una vez llegado hasta este punto; continuamos explicándole, diciéndole: Bien ahora te concentraras, y miraras enfocado el espacio entre los dedos índices, mira tus dedos y concéntrate en ellos, porque en un momento veras y sentirás como tus dedos van a juntarse, pegándose y entrar en contacto entre sí, al igual que sucedería con dos pares de imanes muy potentes, que se atraen poderosamente entre sí. *(Hacemos el gesto de pegar y unir los dedos, para sugestionar a la persona a hacerlo cuando le toque realizarlo a él). Una vez realizada la explicación, le preguntamos al sujeto que, si entendió, y que si está de acuerdo en comenzar a realizar el ejercicio ahora contigo. Si responde que sí, Comenzamos el ejercicio y listo.*

<u>Dedos Magnéticos "o" Dedos Pegados, Ejecución de la Técnica</u>

*Los pasos a seguir después de explicarle detalladamente los procedimientos que debe seguir el sujeto para realizar el ejercicio, como lo explicamos en el apartado anterior... Una vez; hecho esto pasamos a la parte de **Yes Set** y continuamos así:*

*1.- Lo que está en cursiva es el guion de las inducciones y sugestiones que debemos decir al SUJETO... **(2.- Lo que está entre paréntesis () y en negrita cursiva son las instrucciones para el HIPNOTIZADOR)** ... "3.- Las palabras que continúan en formato normal entre comillas, "" son algunas instrucciones adicionales" ...*

Yes Set: *Puedes sentarte/pararte "Si", Puedes juntar las piernas/los pies "Si", AHORA concéntrate en el ejercicio y sigue todas mis instrucciones estás de acuerdo "Si".*

Paso 1: *Ok, comencemos, primeramente, quiero que te relajes y respires profundamente, Inhala y Exhala, Inhala – Exhala, Inhala – Exhala. Así es; correcto, lo estás haciendo muy bien.* **(Aquí comprobamos que este siguiendo nuestras instrucciones).** *Ahora quiero que coloques tus manos frente a ti de esta manera.* **(La colocamos nosotros, como referencia de lo que el sujeto debe hacer; y le movemos las dos manos al sujeto, como si estuviéramos colocándoles sus manos en alguna posición correcta** "Esto es solo para hacerle pensar que la posición de las manos tiene alguna influencia en el ejercicio… Aunque en realidad es un efecto placebo psicológico para sugestionarlo a pensar que así es"**).** *Perfecto; así es, muy bien.*

Paso 2: Continuamos con nuestra explicación diciéndole: *Ahora puedes entrelazar las manos; con las palmas juntas, y los dedos entrelazados entre sí, y los pulgares cruzados, y bien ajustaditos así.* **(Nuevamente colocamos nuestras manos entrelazadas, como referencia de lo que el sujeto deberá de hacer)**

Paso 3: Continuamos con la inducción diciéndole: *Ahora doble los codos como si estuvieras haciendo una oración.* **(Doblamos nuestros codos, como referencia).** En este punto; podemos hacer la pequeña broma, y decirle a la persona en tono de juego que "puede hacer una oración mientras está allí si quiere" **=)**. "Esto es solo una afirmación divertida, que nos permite eliminar la tensión o distracción en la persona, y generar rapport con el sujeto". "Una vez que la persona se pone en la posesión de plegaria, con las manos bien entrelazadas, comprobamos con un suave tirón hacia los lados, para asegurarnos que las tiene apretadas, esto permitirá insinuarle al sujeto que debe mantener esa presión en el transcurso del ejercicio…

Paso 4: Luego seguimos con la explicación del ejercicio, diciéndole lo siguiente: *Ahora pondrás tus dedos índices de esta manera, en posición hacia arriba, como si sostuvieras una pistola. Y Luego lo separaras como unos 2 o 3 cm de distancia, quedando en forma de "V".* **(Colocaremos nosotros los dedos en la posición correcta, como referencia de lo que el sujeto deberá ir haciendo con nosotros)**

Paso 5: Una vez llegado hasta este punto; continuamos explicándole, diciéndole: *Bien ahora te concentraras, y miraras enfocado el espacio entre los dedos índices, mira tus dedos y concéntrate en ellos, porque en un momento veras y sentirás como tus dedos van a juntarse, pegándose y entrar en contacto entre sí, al igual que sucedería con dos pares de imanes muy potentes, que se atraen poderosamente entre sí.* **(Hacemos el gesto de pegar y unir los dedos, para sugestionar a la persona e indicarle que eso es lo que iba a suceder).** "Es importante decirle al sujeto que enfoque su mirada a la distancia que hay entre sus dedos, que se deje absorber por esa distancia, y que imagine que tuviera un fuerte imán en cada uno de sus dedos"

"Este paso es el más importante, ya que aquí es donde declaramos al sujeto la orden de que sus dedos se irán acercando, y que finalmente estos terminaran tan pegados que les será imposible despegarlos... Si logramos esto... El objetivo fue cumplido. Y podemos dar por terminado el ejercicio, como una *prueba de sugestionabilidad* de la **Familia Fisiológica**", "Si deseamos llevar el ejercicio de los *Dedos Magnéticos "o" Dedos Pegados* al siguiente nivel podemos pasar al *profundizador de estados y continuar el ejercicio para pasar al sujeto del estado Z1 al estado Z2*" ... *Esto lo explicare más adelante en los* **pasos 7 y 8**

Paso 5: En este punto, ya la persona está en la posición de plegaria, con los codos doblados, las manos bien ajustadas y los dedos índice separados en forma de "**V**" a unos 2 o 3 cm de distancia... Aquí mantenemos la sugestión de la siguiente manera: *Ok, eso es, muy bien, lo estás haciendo correctamente, ahora quiero que sienta como esos imanes cada vez más se van atrayendo uno del otro, quiero que te permitas sentir como esos dos imanes van cogiendo más y más fuerza atrayéndose entre sí, de tal manera que ya se te hace imposible resistirte a esa atracción... Esa atracción es tan real, que ve ahora como la distancia entre tus dedos cada vez es y más angosta, eso es muy bien... Siente y observa como la distancia entre los dos dedos o imanes cada vez es menos, de tal manera que puedes percibir que ya pronto se pegaran...* Cuando se junten los dedos, ahora empezamos a pegárselos, sugestionándolo de la siguiente manera: *Correcto muy bien, vez lo hemos logrados, tus dedos se han atraído entre sí, y ahora puedes ver y sentir que están pegados. Ahora quiero que te imagines como tus dedos comienzan a fundirse, unirse, pegarse fuertemente entre sí, uno del otro, Siente como esos imanes se pegan, como si tus dedos fuera una única pieza de metal imposible de separar, cuanta más fuerza hagas por separar los dedos más pegados estarán, cuanto más trates de separarlos más y más pegados estarán, a tal grado que por unos momentos se quedaran fundidos, pegados, unidos inseparablemente uno del otro.*

Paso 6: "En este punto empezaremos a observar como la punta de los dedos del sujeto se empieza a mantener unidas, atraídas y pegadas; y la sugestión se hace cada vez más evidente y hacerse cada vez más clara, y podemos percibir la presión que la persona está ejerciendo en ese momento le decimos que intente separarlo y va a comprobar que es totalmente imposible" *Una vez logrado el ejercicio correctamente, le decimos a la persona que vamos a contar del **1** hasta **3**, y cuando lleguemos al número **3** podrás despegar los dedos nuevamente, sintiéndolos completamente liberados... Ahora abre los ojos. Brillante eso me demuestra que puedes concentrarte.* "Si el sujeto siguió tus instrucciones al pie de la letra, será imposible que separe los dedos, quedando alucinado de tus **Poderes Hipnóticos**".

FIN DEL EJERCICIO

Punto Importante: Esta *técnica de sugestión* e *inducción* es una *prueba de sugestionabilidad*, así como un *profundizador de estados hipnóticos* y un *convencedor* según con el propósito que se realice.

En el primer caso, <u>**POR EJEMPLO**</u>: Si la utilizas como un *Convencedor* o *Prueba de sugestionabilidad* entonces, puedes aplicar este ejercicio al principio de la sesión de hipnosis; o del show, para evaluar y detectar el grado de sugestionabilidad del sujeto (paciente o participante). Y determinar correctamente el grado de compromiso que esta la persona… Si al terminar el ejercicio; la persona respondió bien a las sugestiones y pego sus dedos y no los pudo abrir en la medida que lo íbamos sugestionando, paso por paso, entonces significa que lo más probable es que el sujeto (paciente o participante) se encuentre listo para entrar en el *estado Z1*, los que nos permitiría profundizar el ejercicio e introducirlo en el *estado Z1*… *¿Viste que importante son las Pruebes de sugestionabilidad y para Qué se Utilizan?*

En el segundo caso, <u>**POR EJEMPLO**</u>: Si utilizas el ejercicio de los *Dedos Magnéticos "o" Dedos Pegados* como un *Profundizador de Estados Hipnóticos*; entonces, al comprobar que la persona respondió bien al ejercicio, que tiene sus dedos completamente pegados, y que está profundamente preparado para entrar en el *estado Z1*, entonces podríamos continuar con dos pasos más… En este caso sería el <u>**Paso 7**</u> y el <u>**Paso 8**</u>; y continuaríamos de la siguiente manera, para **profundizar el estado hipnótico** e introducirlo más completamente en el *estado Z2*.

<u>**Paso 7**</u>: En este punto empezaremos a observar como la punta de los dedos del sujeto se empieza a mantener unidas, atraídas y pegadas; y la sugestión se hace cada vez más evidente y hacerse cada vez más clara, y podemos percibir la presión que la persona está ejerciendo en ese momento le decimos que intente separarlo y va a comprobar que es totalmente imposible" Una vez logrado el ejercicio correctamente, pasamos a **profundizar el estado** le decimos a la persona que: **Eso es, así es, muy bien, correcto. Nota como están empezando a atraerse tus dos dedos como un par de imanes muy potentes, cada vez se acercan y se pegan y funcionan más y más… y tan pronto como tú estés seguro que los dedos están completamente pegados y atraídos entre sí, puedes permitirte cerrar tus ojos y relajarte.** Ahora quiero que imagines que todos los músculos alrededor de tus ojos se relajan completamente, quiero que te permitas sentir tus parpados relajados, permítete sentir los músculos arriba de tus ojos relajados, los músculos de debajo aún más relajados, los músculos de los lados completamente relajados **(Mientras decimos estas inducciones, tocamos suave y sutilmente cada parte del ojo que deseamos que la persona relaje. (Esto permite que el sujeto se mantenga concentrada y enfocada en el ejerció; al mismo, tiempo que anclamos en ellos a través del tacto "kinestésico" la sensación de relajación que queremos generar))**, Para seguir con la sugestión le continuamos diciendo: *Quiero que imagines ahora, como sería tener los músculos de tus ojos tan, pero tan relajados, que simplemente tus ojos se cierra, y sientes que tus parpados están completamente cerrados, profundamente cerrados, totalmente cerrados, solo por un breve periodo de tiempo. Eso es, lo estás haciendo muy bien.*

__Paso 8__: Ahora quiero que relajes completamente aún más, estos músculos de tus ojos, siéntelos completamente relajados, totalmente relajados, profundamente relajados. **(Mientras le decimos estas inducciones, tocamos suave y sutilmente cada parte del ojo que deseamos que la persona relaje).** Para seguir con la sugestión continuamos dándole órdenes encubiertas, y medida que vas haciendo la inducción, vas a ir aumentando el volumen de tu voz, vas a ir aumentando cada vez más el volumen de voz cada vez más y más ascendente Y CONTINÚAS DICIÉNDOLE A LA PERSONA QUE: *Permítete sentir como a partir de ahora comenzaras a tener una gran pesadez en tus parpados, que se va a ir apoderando de tus ojos... Tus párpados se harán cada vez más y más pesados, muy pesados... Ahora, los sientes tan pesados que te parece que tus párpados se cierran por si solo y ya no lo puedes abrir... Tus ojos están completamente cerrados y cada vez sellan más y más... Pronto ya no vas a poder abrir tus ojos... Tus ojos estarán totalmente pegados... Cada vez se pegaran y se funcionan más y más... Abrir los ojos te resultará muy difícil... Tendrás gran dificultad para hacerlo... Tus ojos están completamente sellados, tus parpados están totalmente pegados... Tus párpados ya no se pueden levantar, tus ojos ya no se pueden abrir y, en algunos momentos, a pesar de todos tus esfuerzos, te será imposible abrir levantar tus parpados y será imposible para ti abrir los ojos... Permítete sentir como los músculos de tus ojos se contraen... Cuanto más tiempo pasa más sólidamente se pegan tus párpados... A PARTIR DE AHORA, Cuando yo diga "tres" tus párpados y tus ojos estarán completamente cerrados... Por más que te esfuerces en levantarlos, no lo lograrás... En cuanto yo diga "TRES" te resultará imposible abrir los ojos...* **Uno 1...** *Tus ojos están sólidamente cerrados...* **Dos 2...** *Tus párpados están cada vez más y más apretados...* **¡TRES!** *Tus párpados se mantienen pegados, tus ojos están completa y totalmente sellados y fusionados... Así es correcto, vez como tus ojos están completamente cerrados, tus parpados totalmente pesados y tu estas profundamente relajado* **(Aquí te acercas a la persona, y comienzas a mecerla, moverla ligeramente de un lado a al otro, o de atrás hacia adelante, para estimularle la sensación de relajación profunda y generar el "Estado de Trance Hipnótico Deseado)** *y le ordenas diciendo: Y ahora, entras en un sueño profundo, duerme cada vez más y más profundamente, te deslizas más y más profundamente en un sueño hipnótico profundo... AHORA cuando cuente hasta tres te relajaras aún más, y te dormirás todavía más y más profundamente.* **1** *relájate* **2** *déjate llevar,* **3** *sientes sueño,* **AHORA ¡DUERME!**

__Recomendaciones y palabras finales__: Para lograr mayores resultados, lo más recomendable es ir probando todas las voces que hemos venido aprendiendo; hasta que comencemos a notar resultados favorables y positivos, y el tono o volumen de voz que más favorezca, son la que debiéramos usar para estimular los estados de trance hipnóticos deseados) ***************************************

"Yo nunca he dicho que sea fácil, pero les prometo que tampoco será imposible... Solo tienen que estar dispuesto a pagar el precio del éxito y luego disfrutar de los resultados el resto de toda su vida" -. **YLICH TARAZONA**. -

OBSERVACIÓN DE INTERÉS: UN **90%** de las personas harán este ejercicio con éxito. Por tal razón; debes apurarte a poner sus dedos juntos rápidamente, tan rápido como 2 segundos y no más de 20 segundos. Si no pueden hacerlo en este tiempo, haz algo más. La razón de que esta **prueba de sugestionabilidad** sea tan sencilla de hacer y tiene tanto éxito en las personas. *Es que el efecto de los dedos en movimiento, van a estar atrayéndose sin esfuerzo consciente, ya que es una reacción* **fisiología natural de las manos** *del sujeto. La* **función fisiológica** *que entre en juego aquí es simple, como los tendones de los demás dedos están apretados, hace que los tendones en los dedos índices se muevan y se junten, atrayéndose automáticamente entre si... Y eso produce el efecto hipnótico que deseamos.*

Aunque este ejercicio es simple y fácil de reconocer como un truco mental, si es verdad, puede ser. Pero también te sorprenderá de lo mucho que algunos sujetos responden positivamente a esta prueba. Con los ojos abiertos, muestran expresiones y exclamaciones de sorpresa, de que lo que estás diciendo, está realmente sucediendo.

IMPORTANTE: Cuando se utilizan este tipo de técnica de la **Familia Sensorial** o cualquier otro **ejercicio de inducción** de este conjunto, incluso si sabes que las probabilidades de éxito están en tu favor. Tu **mentalidad** como **HIPNOTIZADOR** debe ser, que tú estás haciendo que este **fenómeno hipnótico** suceda. Entonces debes ser congruente, coherente y convincente en tu aproximación. Recuerda tus palabras, acciones y pensamientos van a crear el efecto deseado.

Otra variación de esta técnica de la **FAMILIA SENSORIAL** es la prueba de sugestionabilidad de las **MANOS MAGNÉTICAS**. En esta variación del ejercicio vamos a juntar las manos de tu sujeto y a atraerlas como si fueran un par de imanes.

1°. - MANOS MAGNÉTICAS - MANOS PEGADAS (**FAMILIA SENSORIAL**)

Esta **2da técnica de sugestión** *e inducción de* <u>*Manos Magnéticas o Manos Pegadas,*</u> *es una* **"Prueba de Sugestionabilidad o Convencedor"** *que también tiene un fuerte componente* **FISIOLÓGICO,** *(**Función Orgánica** o **Respuesta Natural** del Cuerpo) y* **SENSORIAL"** *Sugestionabilidad o* **Respuesta Inductiva** *Psicológica que nos permite* **crear una situación, sincronizarla por medio de la sugestión** *y luego* **desviarla hacia un objetivo** *determinado como lo hicimos en el ejercicio anterior. Si esta* **técnica de sugestión** *e* **inducción de manos magnéticas** *o* **manos pegadas** *es realizada correctamente, nos permitirá también lograr tres grandes cosas:*

1° Preseleccionar correctamente el candidato más sugestionable con quien vamos a comenzar a trabajar en nuestras sesiones de hipnosis clínica terapéuticas o en nuestros shows de hipnosis callejera o de espectáculo.

2° Librarnos sutilmente de las personas que no están interesadas en realidad de participar en nuestras sesiones clínicas o show de hipnosis; o prevenir y detectar aquellas personas que tratan de retarnos, o simplemente que no están preparados aún para ser hipnotizadas, pero quizás más adelante se motiven a participar.

3° Preparar mentalmente al sujeto con quien vamos a trabajar, ganarnos su confianza, entrar en rapport con él, generar empatía y estimularlo a participar activa y voluntariamente de buena gana, con una intención de propósito positiva, que nos permita tener una excelente sesión de hipnosis terapéutica o realizar un buen show de espectáculo.

SIEMPRE TENGAMOS PRESENTE ANTES DE COMENZAR REALIZAR UN YES-SET

Yes Set*: Técnica utilizada para conseguir poner al sujeto de nuestra parte, y que esté de acuerdo con nosotros en al menos 3 "SI" seguidos ("**ordenes encubiertas**").*

POR EJEMPLO*: Puedes sentarte/pararte "Si", Puedes juntar las piernas/los pies "Si", puedes tomar una respiración profunda "Si". A partir de ese momento, será mucho más sencillo que su* **mente subconsciente ACCEDA** *a nuestras* **sugestiones** *e* **inducciones** *más libremente, así que ya está preparado para comenzar el proceso hipnótico.*

Manos Magnéticos "o" Manos Pegados, Ejecución de la Técnica

Esta prueba se puede realizar a nivel individual o en grupo y se puede hacer de pies o sentado, indiferentemente como lo prefieras. En este ejercicio; lo que vamos a hacer es, que las manos del sujeto "**se junten**" "**se peguen**" y "**se atraigan**" como si fueran dos **imanes que se atraen, mutuamente entre sí**.

1 PARTE*: Ahora, en un momento te pediré que te concentres, y pongas toda tu atención en lo que te digo, al igual que lo hiciste con tus dedos. Sólo que esta vez; quiero que uses todo el poder de tu imaginación, porque en unos segundos te pediré que cierres completamente los ojos. Pero antes de cerrar los ojos, voy a pedirte que coloques tus manos en frente de ti de esta manera* **(La colocamos nosotros, como referencia de lo que el sujeto debe hacer; y le movemos las dos manos al sujeto, como si estuviéramos colocándoles sus manos en alguna posición correcta** *"Esto es solo para hacerle pensar que la posición de las manos tiene alguna influencia en el ejercicio... Aunque en realidad es un efecto placebo psicológico para sugestionarlo a pensar que así es"****). Perfecto; eso es, aquí está muy bien.*

2 PARTE*: Ahora cierra los ojos completamente, e imagina que tienes dos potentes imanes atados a las palmas de las manos, y estos poderosos imanes comienzan a juntarse y atraerse fuertemente entre sí. Ahora, puedes darle una* **orden incrustada***, y decirle que: Cuando se toquen tus dos manos entre sí, tanto tu cabeza como tus dos manos pueden relajarse y dejar caer adelante hacia adelante, tus manos y cabeza, al mismo tiempo que te relajas profundamente.*

3 PARTE*: OK, ahora que tienes tus dos manos frente de ti, quiero que actives el poder de tu imaginación, y te concentres en el espacio entre que hay entre tus dos las manos. Quiero que te des la oportunidad de imaginar y tener una idea clara de tus manos atrayéndose una de otra y te imagines y sientas tus manos pegadas ahí.*

4 PARTE: *Ahora cierra los ojos e imagina que esos dos potentes imanes que tienes atados a las palmas de tus manos se están atrayendo magnéticamente y están tratando de juntarse, juntarse y pegarse una de la otra. Eso es, muy bien.*

5 PARTE: *Ve, sientes, ya están empezando a juntarse, ahora date la oportunidad de imaginar con todo el poder de tu imaginación que la fuerza magnética entre tus dos manos es cada vez más y más fuerte, cuanto más y más se acercan, más y más fuertes se vuelve la atracción de esos poderosos imanes entre sí. Imagina que cuando niño jugabas con imanes y sentías esa atracción magnética, que los unía, los pegaba, jalando tus manitos hasta juntarlas completamente. Sé que no puedo decirte exactamente cuándo van a tocarse, pero te puedo asegurar que se van a tocar, se van a unir y se van a atraer la una a otra, hasta tocarse entre sí.*

5 PARTE: *Ahora cuando tus dos manos se hayan tocado, quiero que dejes que tus manos caigan, así como tu cabeza caigan hacia adelante sobre tu pecho y relájate profundamente, completamente, totalmente.*

Aquí podemos dar por terminado el ejercicio que utilizamos como prueba de sugestionabilidad diciéndole: *Excelente. Ahora, ya puedes abrir tus ojos*. También puedes reforzar el ejercicio con una afirmación: *Tienes una poderosa imaginación.*

FIN DEL EJERCICIO

En este ejercicio de **MANOS MAGNÉTICAS**; al igual que el anterior, sugiero que El **HIPNOTIZADOR** demuestre exactamente lo que el sujeto tiene que hacer y lo que va a pasar antes de pedirle al sujeto que lo haga. <u>Ya que esto nos dará dos grandes ventajas</u>: ***1ra*** sugestionamos al sujeto y lo preparamos sutilmente a pensar en lo que va a pasar. ***2do*** prevenimos que el sujeto reaccione o responda de la manera opuesta a lo que queremos generar. Porque recuerda que una vez que hayamos explicado lo que va a suceder, y demostrarle como tiene que hacerlo, es muy probable que el sujeto tenga éxito en este ejercicio. Incluso más aún cuando hayan pasado por los ejercicios de los dedos magnéticos.

<u>**BREVE EXPLICACIÓN**</u>: Las **MANOS MAGNÉTICAS** lógicamente son como los **dedos magnéticos** como ves; de nuevo se trata de componentes fisiológicos que entran en juego, produciendo esas fuerzas "Magnéticas" haciendo que partes del cuerpo *(Las Manos)* se junten o atraigan automáticamente, sin esfuerzo consciente.

*Esta técnica de **MANOS MAGNÉTICAS o Manos Pagadas** tiene dos componentes uno **FISIOLÓGICO,** y otro componente **SENSORIAL**…*
   *"1° **Fisiológica**" **Función Orgánica** o **Respuesta Natural** del Cuerpo*
   *"2° **Sensorial**" **Sugestionabilidad** o **Respuesta Inductiva** Psicológica*
- ✓ ***Crear una situación*** *de la cual conocemos las consecuencias psicológicas.*
- ✓ *Nos permite **sincronizar por medio de la sugestión.***
- ✓ *Nos permite **desviar la sugestión hacia un objetivo** determinado.*

PUNTO DE INTERÉS: Esta demostración tiene como finalidad poner a los sujetos a imaginar teniendo éxito con el ejercicio, visualizándose con dos fuertes imanes que atraen sus manos entre sí, al pedirles que se concentren y utilicen su imaginación para recrear esa situación en su mente. El ejercicio de **MANOS MAGNÉTICAS** se puede realizar con los ojos abiertos. Sin embargo, es mejor si se hace con los ojos cerrados. Por tal razón; podemos comenzar diciendo: *Esta vez quiero que utilices realmente el poder de tu imaginación y de tu concentración, porque en un momento te pediré que cierres completamente los ojos.* Al decirle esto, le estas dando al sujeto una razón para cerrar sus ojos. Y esto nos da la oportunidad de observar cómo responde la persona en cuestión, a nuestras sugestiones con los ojos cerrados. Ya que esto permite que más fácil para ellos usar su imaginación y concentrarse mejor en el ejercicio. Mientas que a nosotros nos permite enfocarnos y observar de cerca, los ojos del sujeto para detectar cualquier **signo de hipnosis**, especialmente en REM, lo que luego aprovecharemos a nuestro favor.

El Ensayo o Ejercicio de Simulación "Prueba Encubierta" Breve Reseña Histórica y Explicación

Esta **inducción** de **Ensayo** o **Ejercicio de Simulación** se ha utilizado durante muchos años en la **práctica de la hipnosis**, principalmente en la **hipnosis clínica terapéutica**; pero también en ocasiones es practicada como **pre-ensayo** en los **shows de hipnosis callejera** y de **espectáculos** como **Ejercicio de Simulación** antes de comenzar el evento. *Esta **prueba encubierta** fue una de las primeras **inducciones simuladas** que aprendí en mis inicios... Fue un aprendizaje rápido y me funcionó en la práctica magníficamente. Por tal razón; la recomiendo, porque es ideal para el **hipnotizador principiante**. Ya que le permite **practicar, ensayar y simular** con el sujeto antes de hacer la "INDUCCIÓN REAL". Lo que nos da una gran ventaja.*

> *En lo personal, nunca me ha fallado al **hipnotizar** con esta **inducción simulada** o **prueba encubierta**. Y siempre la utilizo cuando creo, siento y veo que es apropiado.*

BREVE EXPLICACIÓN ANTES DE APLICAR LA INDUCCIÓN DE ENSAYO O EJERCICIO DE SIMULACIÓN

Para comenzar este ejercicio, lo primero que debemos hacer es explícale a la persona paso a paso, detallada y exactamente lo que estamos diciendo y haciendo. Pero, sobre todo; debemos explicarle al sujeto, qué efecto tendrá sobre ellos. Presenta siempre esta **prueba encubierta** de <u>Inducción de Ensayo o Ejercicio de Simulación</u> en un tono de enseñanza, como si estuvieras tratando de enseñarles algo. *Ya que, de esta manera, predisponemos la **mente consciente** del sujeto a prestarnos atención, y preparamos la **mente inconsciente** de la persona para que reciba las **ordenes encubiertas**, y entre el **estado de trance hipnótico deseado**.*

De esta **INDUCCIÓN DE ENSAYO o EJERCICIO DE SIMULACIÓN**, existen deferentes variaciones que se han desarrollado a través de los años. Para esta versión que aprenderemos aquí en mi libro, utilizaremos la **TÉCNICA** para crear una *Inducción de Ensayo o Ejercicio de Simulación* conocido como *Catalepsia de Brazo*. Entonces literalmente, para lograr nuestro propósito, **ensayaremos** y **simularemos** la acción deseada con la persona tantas veces como sea necesario, hasta provocar el **fenómeno hipnótico deseado**, o que sea hora de **realizar la VERDADERA INDUCCIÓN**, **sugestión**, **convencedores**, **prueba encubierta** o **prueba de sugestionabilidad**, **profundizador de estados**, entre otros.

> *Lo interesante de esta poderosa **TÉCNICA** de **prueba encubierta o ejercicio** de **Inducción de Ensayo** o **Ejercicio de Simulación** es que realizada correctamente producirá los efectos esperados en el sujeto, antes de que la persona involucrada se dé cuenta de que la estamos induciendo en un estado hipnótico deseado. Es decir, que con esta **técnica** posiblemente nunca llegaremos a realizar la **INDUCCIÓN REAL**. Ya que el sujeto se habrá hipnotizado durante uno de los ensayos, de ahí el nombre.*

Ejercicio de Ensayo o Ejercicio de Simulación

Esta prueba a diferencia de las anteriores, se recomienda que se realiza de forma individual y preferiblemente hacerla sentado *(Aunque en grupo y de pies también funciona muy bien, siempre y cuando la domines muy bien, y sobretodo conozcas la técnica y el objetivo que quieres lograr al final)*. En este ejercicio o **prueba encubierta**; lo que vamos a hacer es, que las manos del sujeto "**se relajen**" "**entren en estado cataléptico**" y "**respondan antes nuestras sugestiones**" como si **obedecieran** las **instrucciones** e **inducciones** que les damos.

*Para comenzar, después de haber explicado la intención del ejercicio, y el propósito que se quiere lograr con el **ensayo** o **simulación**. Iniciamos con la técnica.*

1 PARTE: *¿Me prestas tu brazo Izquierdo?... Lo que voy a hacer a continuación, es que voy a tomar tu mano izquierda a la altura de tu hombro, y la voy a levantarla de esta manera **(Al decir esto; cogemos la mano del sujeto por la muñeca sutil y suavemente, mientras la movemos hacia al frente y la levantamos hacia arriba, de modo que su mano izquierda quede suspendida en el aire al frente de él y su codo ligeramente doblado a aproximadamente a unos 90 grados a la altura de su hombro, en la forma, posición en la que queremos que responda la persona a la sugestión)**... Luego continuamos: No quiero que vayas a entrar en hipnosis todavía, porque primero quiero explicar esto...* **¿Estás de acuerdo?**

Ok, listo, ya que hacer esto, es de vital importancia porque, esta acción que estoy realizando de mover mu mano izquierda hacia arriba es algo que te ayudará más adelante a conseguir entrar en el estado de hipnosis deseado... Y luego para salir del estado de trance hipnótico, solo tenemos que mover la mano hacia abajo de esta manera. *(Al decir esto movemos su mano hacia abajo en la posición inicial).*

2 PARTE: Vuelves a **repetir el ensayo** o **simulación**, recordándole a la persona lo que va a suceder en breve; y decirle que: *Todo lo que se va a notar el sujeto, es que tú vas coger su muñeca y levantarla y bajarla de esta manera. (Repetimos igualmente la 1 PARTE del ejercicio, tal cual lo hicimos al inicio).* Para este 2 intento, levántale la muñeca y luego bájasela, hablando en voz más baja, pero todavía manteniendo una conversación a un ritmo normal.

3 PARTE: Continuamos diciendo: *Ahora voy a hablar contigo de cierta manera, (Modulas el ritmo, compás y volumen de tu voz) y mientras que la mano llega a un cierto punto, verás que hay una serie de cosas que estarán sucediendo dentro de ti; que te permitirán saber que **vas a entrar en hipnosis...** y (Repetimos igualmente la 1 PARTE del ejercicio, tal cual lo hicimos al inicio).* Para este 3 intento, levántale la muñeca y pídele que cierre sus ojos. Y continuamos con la inducción diciéndole: *Ahora veras y sentirás como poco a poco tus parpados comenzaran a pesarte y esa sensación harán que comiences a pestañar más y más de lo normal, tu mirada comenzara a sentir y verse cada vez más y más borrosa, hasta el momento en que tus ojos comenzaran a cerrarse suavemente, tu respiración cambiará, tu respiración se hará cada vez, más y más pausada, tu ritmo cardiaco disminuirá un poco, y todas esas sensaciones juntas, te van a estimular a ir aún estado de relajación todavía más y más profundo, y esa sensación te dará paz y sentirás un bienestar y tranquilidad por todo tu cuerpo.... Siente como descansas, sientes como te duermes, sientes como estás tan relajado... relajado (Aquí te acercas a la persona, y comienzas a mecerla, moverla ligeramente de un lado a al otro, o de atrás hacia adelante, para estimularle la sensación de relajación profunda y generar el "Estado de Trance Hipnótico Deseado) Ok lo estás haciendo muy bien, eso es... Ahora cuando baje tu brazo izquierdo nuevamente, vas a volver de regreso de ese estado de hipnosis profunda, y estarás aquí conmigo completamente despierto... Si entendiste asiente con la cabeza, SI ok, listo entonces vamos a mover la mano hacia abajo de esta manera y comenzaras a despertar. Ok DESPIERTA*

4 PARTE: Continuamos con la inducción diciendo: *Ahora escucha mi voz, voy a hablarte y decirte lo que debes hacer, como lo hemos realizado anteriormente, estás de acuerdo (Modulas el ritmo, compás y volumen de tu voz) aquí nuevamente (Repetimos la 1 PARTE del ejercicio, tal cual ya lo hemos realizado anteriormente).* Para este 4 intento, levantamos su mano izquierda tomada por la muñeca y le pedimos que a medida que su mano suba, y se levante cierre sus ojos. A continuación seguimos con inducción diciéndole: *Ahora quiero que te des la oportunidad de experimentar nuevamente la sensación de paz, bienestar, tranquilidad... Siente como tus parpados comienzan a pesarte y esa sensación harán que comiences a pestañar más y más de lo normal, tu mirada comenzara a sentir y verse cada vez más y más borrosa, hasta sentir el deseo de cerrar tus ojos suavemente, tu respiración cambiará más y más relajada, tu respiración se hará cada vez, más y más pausada, tu ritmo cardiaco disminuirá un poco más y más, y todas esas sensaciones juntas, te van a estimular a ir aún estado de relajación todavía aún más y más profundo, y esa sensación te dará paz y sentirás un bienestar y tranquilidad por todo tu cuerpo.... Quiero que te permitas sentir como descansas, sientes como te* *duermes, sientes como estás tan relajado... relajado **(Aquí te acercas a la persona, y comienzas a mecerla, moverla ligeramente de un lado a al otro, o de atrás hacia adelante, para estimularle la sensación de relajación profunda y generar el "Estado de Trance Hipnótico Deseado)** Eso es, lo estás haciendo muy bien, correcto... Muy bien, eso es lo hiciste muy bien... Ahora cuando baje tu brazo izquierdo nuevamente, vas a volver de regreso de ese estado de hipnosis profunda, y estarás aquí conmigo completamente despierto... Si entendiste asiente con la cabeza, SI ok, listo entonces vamos a mover la mano hacia abajo de esta manera y comenzaras a despertar. Ok* **DESPIERTA**

5 PARTE: Ahora quiero que recuerdes la sensación de paz, tranquilidad y bienestar que hemos experimentado hasta aquí... Concentras en esa sensación disfrútala, vívela, relájate, muy bien, perfecto... Ahora es el momento de hacerlo por ti mismo(a), todo lo que quiero que hagas es que cuando te diga que subas tu mano izquierda, te permitas subirla a medida que entras en un estado de trance hipnótico muy profundo, más del que hemos estado hasta ahora, y cuando te diga que bajes el brazo izquierdo, te permitas ahora comenzar a bajarla, a medida que comienzas a despertarte lentamente poco a poco y te repongas tu estado original... Estás de acuerdo, Si, Ok comencemos... Quiero que cuando estés listo, y preparado para entrar en hipnosis, levantes tu mano suavemente para que vuelvas a entrar en ese estado de paz, tranquilidad y bienestar que hemos experimentado antes, pero esta vez, permítete entrar aún más y más profundo, **LEVANTA TU MANO AHORA**... Eso es, muy bien, lo estas consiguiendo, siente como a medida que tu brazo izquierdo se eleva te relajas, siente como a medida que tu brazo sube entras en un estado de paz y bienestar y entras más y más a un estado profundo de trance hipnótico, Probablemente notarás que tus parpados pesan más y más, sentirás como tus ojos se encuentran completamente cerrados, eso va a ser determinado por ti mismo. Yo solo voy a ayudarte a relajaste más y más ***(Aquí te acercas a la persona, y comienzas a mecerla, moverla ligeramente de un lado a al otro, o de atrás hacia adelante, para estimularle la sensación de relajación profunda y generar el "Estado de Trance Hipnótico Deseado)*** *Ok lo estás haciendo muy bien, eso es... Ahora cuando te diga que bajes tu brazo izquierdo, lo bajaras y nuevamente vas a volver de regreso de ese estado de hipnosis profunda, y estarás aquí conmigo completamente despierto... Si entendiste asiente con la cabeza, SI ok, listo entonces mueve tu mano izquierda y bájala hacia y comenzaras a despertar. Ok* **DESPIERTA**

*Como ya te pudiste haber dado cuenta, en cada parte voy añadiendo unos cuantos pasos más, que son pequeños detalles que voy incorporando en la **inducción**. **Acompasando** y llevando de la mano su experiencia a través del **rapport**, la **calibración**, el **reencuadre** y los **anclajes**. En otras palabras señalo lo que está sucediendo (**calibración**) mientras que ambiguamente sugiero lo que va a pasar (**reencuadre**) y está pasando todo el tiempo, mientras buscos cualquier signo de hipnosis (**calibración**) que se vaya desarrollando, y así poder ir construyendo un patrón de acción (**acompasamiento**) mientras mantengo la conversación fluida y dinámica con la persona (**rapport**) y a través del contacto físico kinestésico voy generando estímulos y respuestas (**anclajes**)... que finalmente me permitan llevar a la persona al **Estado De Trance Hipnótico Deseado**.*

6 PARTE: Ahora bien; para continuar, si es necesario, podemos repetir el ejercicio nuevamente. De ser necesario la repetición del ejercicio, lo único que tendremos que hacer es repetir el paso anterior, es decir *(Repetimos la 5 PARTE del ejercicio, tal cual ya lo hicimos en el paso anteriormente)* y listo...

Es probable que la persona, si hemos realizado correctamente el **Ejercicio de Ensayo** o **Ejercicio de Simulación** en la cuarta o quinta vez que hayamos realizado la **prueba encubierta**, seguramente el sujeto comenzara a levantar y bajar su brazo izquierdo **inconscientemente**. En otras palabras, la persona comenzara a levantar y bajar el brazo izquierdo por sí solo, incluso antes de tocarlo. *Lo que ocurre en estos casos; es que cuando **ensayas** o **simulas** un **fenómeno hipnótico**, entrenas la **mente subconsciente** de la persona para que su brazo responda automáticamente, al escuchar la inducción. Y esto es lo que quieres, esto es lo que esperamos cuando realizamos los **ejercicios de ensayos** o **ejercicios de simulación**... Generar en la persona en cuestión la capacidad de reproducir el fenómeno hipnótico que le estamos sugiriendo y llevarlo a entrar del estado Z1, al estado Z2. Cuando se hace todo, el procedimiento correctamente, lo que hacemos es darle al sujeto la cantidad mínima de **estímulo**, movimiento hacia arriba con el dedo en la parte inferior de su muñeca, para estimular la **respuesta**, que es la subida del brazo... Mientras que nosotros nos concentramos en el desarrollo del ejercicio y prestamos atención a las otras señales que nos indiquen que la persona está entrando en hipnosis, al percatarnos de ellos, hacemos un profundizador de estado... Y profundizamos a la persona en el estado Z2 y continuamos con otro convencedor.*

RECOMENDACIONES ADICIONALES: Si su brazo permanece suspendido en el aire por sí solo, es que ya la persona ha entrado en el estado de trance hipnótico caléptico y está entre los estados Z1 y Z2...

Si al contrario el brazo izquierdo de la persona aún no se mantiene del todo suspendido... Podemos seguir repitiendo el ejercicio, una manera ideal de hacerlo y provocar la catalepsia del brazo es que cuando demos la orden de subir el brazo, le ayudemos sutilmente a subirlo.

Una de las maneras en cómo yo lo hago es que incluso cuando voy a soltarlo, yo tiendo a soltar lentamente todos los dedos, excepto el dedo índice que se encuentra en la parte posterior de su muñeca. Esto le da el mensaje a la persona de que mi mano sigue en su mano de alguna manera, esto permitirá medir el grado o nivel hipnótico en el que se encuentra el sujeto...

Si la persona responde bien, y deja su mano suspendida cuando le retiramos sutilmente el dedo índice, entonces esto quiere decir que hemos logrado nuestro objetivo, y si al contrario aun sentimos que le falta más sugestión para estimularlo a reproducir el fenómeno por sí mismo, entonces simplemente se puede repetir el ejercicio nuevamente si es necesario. Y veras como finalmente la persona terminará entrando en el estado de trance hipnótico deseado, y la hipnosis habrá logrado su objetivo...

PALABRAS FINALES

Bueno campeones y campeonas "{(**<u>FELICIDADES</u>**)}", ya hemos llegado al **FINAL de éste maravilloso Libro EL PODER DE LA HIPNOSIS** en su **EDICIÓN ESPECIAL**, que con tanta dedicación escribí para ti. Fue un largo **proceso de formación** y **aprendizaje** que juntos **TÚ** y **YO** recorrimos en esta jornada **HACIA TÚ ÉXITO** Y **REALIZACIÓN PERSONAL**.

Éste **LIBRO** lo cree y diseñe pensando en **TI**, de manera **SISTEMÁTICA** como un **MANUAL PRÁCTICO DE INSTRUCCIONES** paso a paso; con el objetivo de ir pasándote por un **proceso mental de formación continuo de aprendizaje**, a través de un "{(**PATRÓN DE ACCIÓN**)}" bien preparado y simplificado para brindarte resultados eficaces, óptimos, efectivos y permanentes mediante las herramientas más poderosas y las metodologías de la *HIPNOSIS MODERNA, TRANCE y FENÓMENOS HIPNÓTICOS, HIPNOSIS ERICKSONIANA y FREUDIANA, SUGESTIONES e INDUCCIONES HIPNÓTICAS, HIPNOSIS CONVERSACIONAL, PATRONES HIPNÓTICOS PERSUASIVOS y SHOW DE HIPNOSIS DE ESPECTÁCULO* combinada con la técnicas y metodologías más avanzadas de la *HIPNOSIS PSICOLINGÜÍSTICA y la **PNL APLICADA** (Programación Neurolingüística)*.

Recuerda APRENDIZ, que si realmente deseas profundiza, en este **Arte Magistral** de la **HIPNOSIS** y el **HIPNOTISMO** a niveles superiores… **TE INVITO** a leer la **TRILOGÍA** completa de la SERIE: **PNL Aplicada, Influencia, Persuasión, Sugestión e Hipnosis** – los <u>Volumen 2 y 3</u>, donde aprenderás más *Inducciones, Pruebas Encubiertas, Pruebas de Sugestionabilidad, Convencedores y Profundizadora de Estados Hipnóticos* junto a otras **TÉCNICAS** y **Metodologías Avanzadas**, mientras que al mismo tiempo te enseñare como realizar y crear tus propios ejercicios hipnóticos del alto nivel.

*TE IMAGINAS todo lo que puedes lograr conseguir al aprender a dominar estas técnicas y metodologías avanzadas de **HIPNOSIS** correctamente. **TE PUEDES IMAGINAR** cómo cambiaría tu vida extraordinariamente para bien, al poder conquistar todos tus sueños y objetivos que te propongas alcanzar con la **hipnosis**, gracias a estos principios. ¡**AHORA ES POSIBLE**!*

<u>NOS VEMOS EN LOS SIGUIENTES LIBROS DE LA SERIE…</u>
PNL Aplicada, Influencia, Persuasión, Sugestión e Hipnosis – <u>Volúmenes 2 y 3</u>

> *Si te ha gustado este libro **El Poder de la Hipnosis**, y deseas "**contribuir**" con tu **aporte**, para **apoyarme** a seguir realizando este maravilloso trabajo, que, con todo el cariño, preparado para ustedes. Puedes hacerlo a través del siguiente **Link o Enlace**.*

http://bit.ly/PaypalDonación
Gracias por tu Contribución

Bueno aprendiz, después de haber terminado de leer mi **PRIMER LIBRO** de la **SERIE: PNL Aplicada, Influencia, Persuasión, Sugestión** e **Hipnosis** - Volumen **1** de **3** *"EL PODER DE LA HIPNOSIS" (Manual Teórico-Práctico de Formación en HIPNOSIS, y el Desarrollo de Habilidades Hipnóticas Persuasivas)*, puedes continuar tu formación en **HIPNOTISMO, HIPNOSIS AVANZADA** y **AUTOHIPNOSIS.**

Entonces APRENDIZ, te invita a leer los dos **ÚLTIMO** libros de la **TRILOGÍA.**

"CURSO DE HIPNOSIS PRÁCTICA. Como HIPNOTIZAR, a Cualquier Persona, en Cualquier Momento y en Cualquier Lugar ©-®... **Volumen 2**

"HIPNOSIS AL SIGUIENTE NIVEL. Hipnotismo Avanzado, Autohipnosis, Regresiones y Fenómenos Hipnóticos de Alto Nivel ©-®. **Volumen 3**

Recuerda: TOMAR ACCIÓN y
HACER QUE LAS COSAS SUCEDAN
Y Comenzar a Vivir UNA VIDA MARAVILLOSA
Centrada en Principios, con los Estándares
Más Elevadas de la Integridad y la Rectitud
Y te prometo que si vives estas Normas
Pronto Tú y Yo nos veremos en la
CÚSPIDE DE LA EXCELENCIA

Tu Gran Amigo el **COACH YLICH TARAZONA**

EL CAMINO HACIA LA EXCELENCIA "Solo; cuando pienses en grande, cuando pienses que puedes, cuando tengas la convicción y certeza que lo vas a lograr y determinas salir de tú zona de confort. Y comienzas a perseverar en tú visión y misión de propósito, hasta lograr alcanzar todas y cada una de tus más anheladas metas y pongas en acciones tus planes para ir firmemente tras tus sueños y comiences a creer en ti. Entonces es ahí; que empezaras a disfrutaras de los resultados de haber conquistado tus objetivos antes propuestos" -. YLICH TARAZONA. –

MásterCoach.YlichTarazona@gmail.com
http://www.reingenieriamentalconpnl.com

SOBRE EL AUTOR

BACKGROUND PROFESIONAL:

Coach Transformacional **YLICH TARAZONA**: Reconocido **Escritor, Autor Best-Seller, Orador** y **Conferenciante Internacional** de **Alto Nivel.**

Experto en **PNL** o **PROGRAMACIÓN NEUROLINGÜÍSTICA**, **Reingeniería Cerebral, BioProgramación Mental, Neuro Coaching, Persuasión e Hipnosis.**

Considerado en los distintos medios de comunicación como uno de los **Emprendedores más Destacado** e **Influyente** dentro del campo de la **NEUROCIENCIA MOTIVACIONAL** y **LA EXCELENCIA PERSONAL**; *destinado a ejercer un LEGADO en la vida de miles de personas, a través de su PASIÓN, ENTUSIASMO, DINAMISMO y LIDERAZGO CENTRADO EN PRINCIPIOS.*

Hombre de FE y Convicciones CRISTIANAS; centrado en Principios y Valores.

Fundador de portal **REINGENIERÍA MENTAL CON PNL ®** - Comunidad Virtual **para Emprendedores.** Uno de los **Website de Internet** dedicado a brindar **COACHING** en la **CONSOLIDACIÓN** de Competencias y el **Desarrollo del Máximo Potencial Humano.** *Especialistas en el Entrenamiento, Formación y Adiestramiento de alto nivel a través de la Programación Neurolingüística.*

Creador del **SISTEMA DE COACHING PERSONAL** en **REINGENIERÍA CEREBRAL** y **BIOPROGRAMACIÓN MENTAL** para *Alcanzar Metas, Concretar Objetivos y Consolidar Resultados Eficaces de Óptimo Desempeño*; a través de una serie de **Audios, Podcasters, Tele-Seminarios Online, Talleres Audio-Visuales, Webminars** y **Conferencias Magistrales de Carácter Presencial.**

Co-Creador y Re-Diseñador del "**MODELO de la PNL**" y la formula efectiva "{(E - S.M.A.R.T - E.R)}" *[Para el Establecimiento y Fijación de METAS, plan de acción y principios de planificación estratégicas para alcanzar y consolidar objetivos].*

Creador del *WEBMINARS Audio Visual, TELE-SEMINARIO Online y CONFERENCIA Magistral [Re-Descubriendo Tú Propósito y Misión de Vida].*

Reconocido "**Autor** de la **Serie** de **LIBROS, Secuencias de EBOOK'S** y **CONFERENCIAS MAGISTRALES**" de [**REINGENIERÍA CEREBRAL** y **BIOPROGRAMACIÓN MENTAL ©-®**]. *Entre los más destacados tenemos "Como Mejora Tu Autoestima", "Libérate del Auto-Sabotaje Interno", "Rediséñate y Reinventa tu Vida, Posiciona tú Marca personal o Personal Branding, Reingeniería de los Procesos del Pensamiento entre otros.*

Escrito por el **Máster Coach YLICH TARAZONA**

Autor **Best-Seller** de la serie *[LOS CICLOS MAESTROS DE LA DUPLICACIÓN Y LA MULTIPLICACIÓN en el NETWORKS MARKETING, Leyes y Principios Universales Para Desarrollar Tú Negocio Multinivel de Forma Profesional] Vol. 1, 2 y 3.*

Creador del <u>**SISTEMA INTEGRAL DE COACHING PERSONAL**</u> a través de la **PNL** o **PROGRAMACIÓN NEUROLINGÜÍSTICA** para producir cambios positivos en los patrones del pensamiento, y generar resultados eficaces de alto rendimiento y óptimo desempeño, tanto nivel individual como organizacional. *Dicho **SISTEMA DE ENTRENAMIENTO Offline** y **Online** han marcado las vidas de cientos de emprendedores de forma presencial y ha cambiado los paradigmas mentales de miles de personas a nivel mundial vía virtual. Inspirando a quienes participan, escuchan, ven o leen sus enseñanzas; a vivir de forma extraordinaria centrada en principios.*

<u>**PROPÓSITO, MISIÓN Y VISIÓN PERSONAL**</u>:

MI PROPÓSITO: Transmitir a todos mis lectores fe; y la fortaleza de seguir adelante, siempre con confianza y optimismo pese a las adversidades. **GUIÁNDOLOS COMO SU MENTOR** y **COACH PERSONAL** a encontrar su misión de vida a través de una oportunidad real de crecimiento personal, que les ayude a aclarar sus ideas, establecer sus metas, y elaborar un plan de acción bien definido, que les permita conquistar con éxito sus más anhelados sueños. *Permitiéndoles crear su propio futuro, escribiendo la historia de su propia vida y forjando su propio destino a través un ciclo continuo de tácticas y estrategias creadas para tal fin.*

De igual manera, deseo ayudar a mis lectores, aprendices, participantes y seguidores a cambiar los patrones negativos de pensamientos y las estructuras mentales limitadoras, enseñándoles a consolidar sus competencias y desarrollar el máximo de su potencial humano.

MI MISIÓN: *Llegar a ser un instrumento en las manos de **DIOS**, que me permita impactar en las vidas de cientos, miles y millones de personas alrededor del mundo.*

Dejar una huella que marque la diferencia en las vidas de las personas a quienes enseño y llevo mi mensaje. Así como también, dejarles un legado, que transcienda en el tiempo. Y les permita evolucionar en todos los aspectos transcendentales e importantes de sus vidas, tanto en lo personal, espiritual, emocional, así como también profesional, académica y financieramente.

MI VISIÓN: *Llevar a las personas esperanza y una opción que les permita transformar sus vidas para mejor, poder ayudarles a desarrollar esa semilla de grandeza que todos llevan dentro de su interior, y motivarlos a consolidar, posicionar y expandir el máximo de su potencial humano, al siguiente nivel de éxito.*

Y finalmente poder establecer una conexión y empatía con todos mis lectores, participantes y seguidores, que me permita ir escalando en la relación con cada uno de ellos, en la medida que sea posible. Al mismo tiempo, que les enseño a posicionarse y consolidarse en todos los aspectos de su vida de manera equilibrada...

Ayudándoles a **interiorizar los principios correctos** que les permitan **REINVENTARSE, creando una nueva y mejorada versión de sí mismos**. Abriéndoles nuevos caminos, aperturandoles nuevas oportunidades de éxito, que les permita conducir su vida, a reencontrarse a sí mismo, en el camino a la transformación, y la excelencia personal. Y finalmente; retomar con mayor fuerza, su camino hacia su éxito y excelencia personal...

OTRAS PUBLICACIONES, EDICIONES ESPECIALES, MINI CURSOS, E-BOOK´S Y LIBROS CREADOS POR EL AUTOR

Hola que tal, mi gran amigo y amiga **LECTOR**, fue un placer haber compartido contigo este tiempo de lectura, espero hayas disfrutado al máximo de la información contenida en este libro que con tanto cariño prepare para ustedes.

Si deseas conocer algunas otras de mis obras en *Kindle de Amazon* y *CreateSpace* te invito a visitar los siguientes enlaces. Se despide tú gran amigo el Coach **YLICH TARAZONA**

1.- CÓMO MEJORAR TÚ AUTOESTIMA. Aprende a Programar Tú Mente y Enfocar tus Pensamientos para Conquistar todo lo que te Propones en la Vida.
Kindle de Amazon https://www.amazon.com/dp/B071NS4NPH
Tapa Blanda CreateSpace https://www.createspace.com/6763814

2.- LIBÉRATE del AUTO-SABOTAJE. Aprende a Fortalecer Tú Guerrero Interior, Equilibrar tus Canales Energéticos, Controlar tus Emociones y Dirigir tus Pensamientos.
Kindle de Amazon https://www.amazon.com/dp/B0716BWKR1
Tapa Blanda CreateSpace https://www.createspace.com/7120751

3.- REDISÉÑATE Y REINVENTA TU VIDA. El Arte de REDISEÑAR tú Vida, REINVENTARTE, RENACER y Crear una Nueva y Mejorada Versión de ti Mismo.
Kindle de Amazon https://www.amazon.com/dp/B06XKCSTNZ
Tapa Blanda CreateSpace https://www.createspace.com/7195297

4.- REDESCUBRIENDO TÚ PROPÓSITO DE VIDA. Fundamentos para Vivir una Vida Plena, Centrada en Principios y Conectada con Nuestra Visión y Misión.
Kindle de Amazon https://www.amazon.com/dp/B071FFVVM4
Tapa Blanda CreateSpace https://www.createspace.com/7195692

5.- EL PODER DEL DE METAS. Principios de Planificación Estratégica para Alcanzar y Consolidar tus Sueños y Objetivos paso a paso.
Kindle de Amazon https://www.amazon.com/dp/B071SF2QX7
Tapa Blanda CreateSpace https://www.createspace.com/6684686

6.- POSICIONANDO TÚ MARCA PERSONA. Como CONSOLIDAR y POSICIONAR Tú PERSONAL BRANDING en un Mercado Competitivo a través del "Love Brand".
Kindle de Amazon https://www.createspace.com/6799772
Tapa Blanda CreateSpace https://www.createspace.com/6615804

7.- PROGRAMACIÓN NEUROLINGÜÍSTICA. Guía Práctica de PNL APLICADA - Metodologías Modernas y Técnicas Efectivas para Cambiar tu Vida.
Kindle de Amazon https://www.amazon.com/dp/B072DVXBHR
Tapa Blanda CreateSpace https://www.createspace.com/7119256

8.- EL PODER DE LAS METÁFORAS Y EL LENGUAJE FIGURADO. Historias, Parábolas, Metáforas y Alegorías, Poderosas Herramientas Persuasivas en la Comunicación.
Kindle de Amazon https://www.amazon.com/dp/B01ESBD7WY
Tapa Blanda CreateSpace https://www.createspace.com/6685297

9.- REINGENIERÍA CEREBRAL Y REDISEÑO DEL PENSAMIENTO. Aprende a ReProgramar Tus Procesos Mentales y Generar una Reinvención Personal.
Kindle de Amazon https://www.amazon.com/dp/B0723BVN9G
Tapa Blanda CreateSpace https://www.createspace.com/6685293

10-. EL PODER DE LA HIPNOSIS. Manual Teórico-Práctico de Formación en HIPNOSIS, y el Desarrollo de Habilidades Hipnóticas Persuasivas.
Kindle de Amazon https://www.amazon.com/dp/B076G97F14
Tapa Blanda CreateSpace https://www.createspace.com/7691037

11-. CURSO DE HIPNOSIS PRÁCTICA. Como HIPNOTIZAR, a Cualquier Persona, en Cualquier Momento y en Cualquier Lugar.
Kindle de Amazon https://www.amazon.com/dp/B076G97F14
Tapa Blanda CreateSpace https://www.createspace.com/7691037

12-. HIPNOSIS AL SIGUIENTE NIVEL. Hipnotismo Avanzado, Autohipnosis, Regresiones y Fenómenos Hipnóticos de Alto Nivel.
Kindle de Amazon https://www.amazon.com/dp/B076G97F14
Tapa Blanda CreateSpace https://www.createspace.com/7691037
Próximamente...

13-. EL GRAN LIBRO DE LA HIPNOSIS. Manual de Hipnotismo para aprender HIPNOTIZAR a Cualquier Persona, en Cualquier Momento y en Cualquier Lugar.
Kindle de Amazon https://www.amazon.com/dp/B076G97F14
Tapa Blanda CreateSpace https://www.createspace.com/7691037
Próximamente...

14.- REDES DE MERCADEO MULTINIVEL. Los Ciclos Maestros de la Duplicación y la Multiplicación en el Network Marketing.
Kindle de Amazon https://www.amazon.com/dp/B01IZTHD0M
Tapa Blanda CreateSpace https://www.createspace.com/6614144

15.- *CUADERNO DE PLANIFICACIÓN EMPRESARIAL. **Plan de Acción Mensual Para Desarrollar Exitosamente Tú Negocio Multinivel de Forma Profesional**.*
Kindle de Amazon https://www.amazon.com/dp/B01J1JEVHI
Tapa Blanda CreateSpace https://www.createspace.com/6612779

16.- *NETWORK MARKETING AL SIGUIENTE NIVEL. **Principios Universales Para Desarrollar Exitosamente Tú Proyecto Multinivel de Forma Profesional**.*
Kindle de Amazon https://www.amazon.com/dp/B01MFDJNT9
Tapa Blanda CreateSpace https://www.createspace.com/6619923

17.- *NETWORK MARKETING MULTINIVEL. **Redes de Mercadeo, La Gran Oportunidad de Negocio del Siglo XXI, Rumbo a tu Libertad Financiera**.*
Kindle de Amazon https://www.amazon.com/dp/B01M5H4CG2
Tapa Blanda CreateSpace https://www.createspace.com/6669735

18. *PALABRAS INSPIRADORAS Y FRASES CÉLEBRES. **Colección con más de 800 Pensamientos y Citas Motivadoras de los Líderes Más Grandes de la Historia**.*
Kindle de Amazon https://www.amazon.com/dp/B01J4MGSU0
Tapa Blanda CreateSpace https://www.createspace.com/6615169

19.- *PNL APLICADA A LA COMUNICACIÓN. **Patrones de Persuasión, Hipnosis Conversacional y Oratoria Hipnótica, el Arte de Persuadir, e Influir Positivamente en los Demás**.*
Kindle de Amazon https://www.amazon.com/dp/B01MXT273E
Tapa Blanda CreateSpace https://www.createspace.com/6762851
Próximamente...

20.- *EL ARTE DEL COACHING CON PNL. **Conocimientos, Habilidades, Técnicas, Practicas y Estrategias de Coaching para Lograr Objetivos y Alcanzar lo que te Propones en la Viva**.*
Kindle de Amazon https://www.amazon.com/dp/B01N1N49V8
Tapa Blanda CreateSpace https://www.createspace.com/6762787
Próximamente...

21.- *REINGENIERÍA CEREBRAL y PROGRAMACIÓN MENTAL. **Un Salto Cuántico para la Evolución del SER - La Nueva Era del Pensamiento y El Despertar de la Consciencia**.*
Kindle de Amazon https://www.amazon.com/dp/B01EQML2U4
Tapa Blanda CreateSpace https://tsw.createspace.com/6685305
Próximamente...

22.- *LEYES Y PRINCIPIOS UNIVERSALES DEL ÉXITO. **Principios Bíblicos para Triunfar y Vivir en Abundancia Conforme a la Manera del Señor**.*

Kindle de Amazon https://www.amazon.com/dp/B01MQQWLGT
Tapa Blanda CreateSpace https://www.createspace.com/6762826
Próximamente...

*Para adquirir otras **OPCIONES DE PRESENTACIÓN** y adquirí los **LIBROS** en versiones **TAPA BLANDA ESTÁNDAR** o **PREMIUM**, **TAPA DURA PROFESIONAL CON** o **SIN SOLAPA**, **CON** o **SIN CONTRAPORTADA**, en diferentes calidades de impresiones (**Blanco y Negro**, **Full Color**, **Hoja Ahuesada Premium**) en **Tamaño Bolsillo**, **Impresión Americana** o **Espiral**...*

*Puedes hacerlos a través mis otros **Portales OFICIALES**.*

http://www.lulu.com/spotlight/Coach_YlichTarazona
http://www.autoreseditores.com/coach.ylich.tarazona

*El aprendizaje constante, la formación continua y el estudio permanente son las claves entre los que logramos el éxito, de aquellos que no lo logran. **- Ylich Tarazona. -***

PUBLICACIONES, EDICIONES, LIBROS, E-BOOK Y REPORTES ESPECIALES CREADOS POR EL AUTOR

OTRAS PUBLICACIONES, EDICIONES, LIBROS, E-BOOK Y REPORTES ESPECIALES CREADOS POR EL AUTOR

CONTINUACIÓN DE LA SERIE

Escrito por el **Máster Coach YLICH TARAZONA**

TALLERES, CONFERENCIAS, SEMINARIOS, MINI CURSOS CREADOS POR EL AUTOR

AUDIOLIBROS, PODCASTERS, WEBMINARS, Y VIDEOS CREADOS POR EL AUTOR

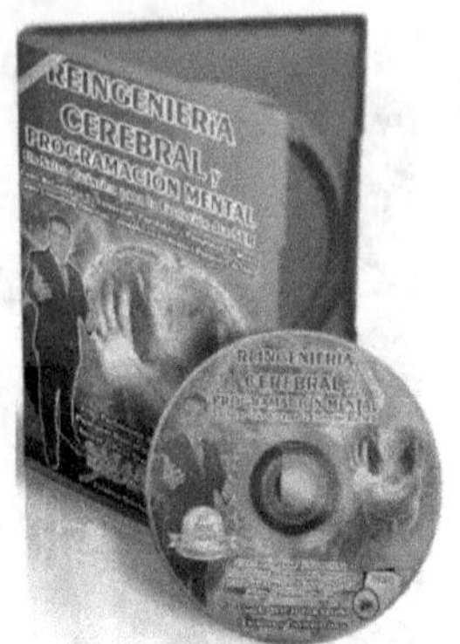

SÍGUENOS A TRAVÉS DE TODAS NUESTRAS REDES SOCIALES (SOCIAL MEDIA Y WEBSITE OFICIAL)

Facebook, Twitter, YouTube, Google +, BlogSpot, Instagram, Pinterest, SlideShare, Speaker, LinkedIn, Skype y Gmail

https://www.amazon.com/Ylich-Eduard-Tarazona-Gil/e/B01INP4SU6
http://www.reingenieriamentalconpnl.com/
http://www.coachylichtarazona.com/

http://www.lulu.com/spotlight/Coach_YlichTarazona

http://www.autoreseditores.com/coach.ylich.tarazona

https://www.facebook.com/coachmaster.ylichtarazona

https://www.youtube.com/user/coachylichtarazona

https://plus.google.com/+ylichtarazona/posts

http://www.spreaker.com/user/ylich_tarazona

http://instagram.com/coach_ylich_tarazona/

https://www.pinterest.com/ylich_tarazona/

https://www.linkedin.com/in/ylichtarazona

http://es.slideshare.net/ylichtarazona

https://twitter.com/ylichtarazona

También puede contactarse directamente con el **AUTOR** vía e-mail por:
MasterCoach.YlichTarazona@gmail.com

Skype: Coaching_Empresarial

Manual Teórico-Práctico de Formación en HIPNOSIS
Y el Desarrollo de Habilidades Hipnóticas Persuasivas
Escrito por el **Máster Coach YLICH TARAZONA**

3ª Edición Especial Revisada y Actualizada por: **Ylich Tarazona** noviembre 2017.
Diseño y Elaboración de Portada por: **Ylich Tarazona**

ISBN-13: 978-1979731751

ISBN-10: 1979731756
SELLO: Independently Published ©

BISAC: Hipnotismo / Hipnosis / AutoHipnosis / Hipnoterapia / Hypnosis
El derecho de **YLICH TARAZONA** a ser identificado como el **AUTOR** de este trabajo ha sido afirmado por *SafeCreative.org, Código de Registro:* **1710184603711**, de conformidad con los **Derechos De Autor En Todo El Mundo**. *Fecha: 18 de Oct de 2017.*